U0085899

世界哲學家叢書

王　廷　相

葛榮晉著

1992

東大圖書公司印行

國立中央圖書館出版品預行編目資料

王廷相/葛榮晉著.--初版.--臺北市：
東大出版：三民總經銷，民81
　　面；　　　公分．--（世界哲學
家叢書）
參考書目：面
含索引
ISBN 957-19-1345-6（精裝）
ISBN 957-19-1346-4（平裝）

1.（明）王廷相-學識-哲學　2.哲
學-中國-明（1368-1644）

126.7　　　　　　　　　　80004609

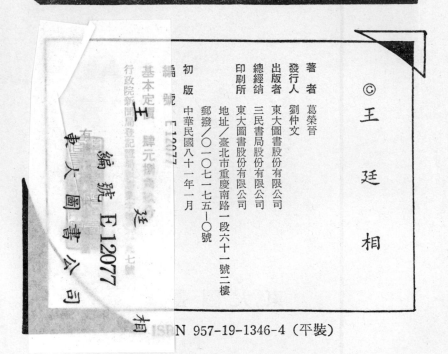

© 王　廷　相

著　者　葛榮晉
發行人　劉仲文
出版者　東大圖書股份有限公司
總經銷　三民書局股份有限公司
印刷所　東大圖書股份有限公司
　　　　地址／臺北市重慶南路一段六十一號二樓
　　　　郵撥／〇一〇七一七五―〇號
初　版　中華民國八十一年一月
編　號　E 12077
基本定價　肆元捌角柒分
行政院新聞局登記證局版臺業字第〇一九七號

編號 E 12077

東大圖書公司

ISBN 957-19-1346-4（平裝）

《世界哲學家叢書》總序

　　本叢書的出版計劃原先出於三民書局董事長劉振強先生多年來的構想，曾先向政通提出，並希望我們兩人共同負責主編工作。一九八四年二月底，偉勳應邀訪問香港中文大學哲學系，三月中旬順道來臺，即與政通拜訪劉先生，在三民書局二樓辦公室商談有關叢書出版的初步計劃。我們十分贊同劉先生的構想，認為此套叢書（預計百冊以上）如能順利完成，當是學術文化出版事業的一大創舉與突破，也就當場答應劉先生的誠懇邀請，共同擔任叢書主編。兩人私下也為叢書的計劃討論多次，擬定了「撰稿細則」，以求各書可循的統一規格，尤其在內容上特別要求各書必須包括 (1) 原哲學思想家的生平；(2) 時代背景與社會環境；(3) 思想傳承與改造；(4) 思想特徵及其獨創性；(5) 歷史地位；(6) 對後世的影響（包括歷代對他的評價），以及 (7) 思想的現代意義。

　　作為叢書主編，我們都了解到，以目前極有限的財源、人力與時間，要去完成多達三、四百冊的大規模而齊全的叢書，根本是不可能的事。光就人力一點來說，少數教授學者由於個人的某些困難（如筆債太多之類），不克參加；因此我們曾對較有餘力的簽約作者，暗示過繼續邀請他們多撰一兩本書的可能性。遺憾

的是，此刻在政治上整個中國仍然處於「一分為二」的艱苦狀
態，加上馬列教條的種種限制，我們不可能邀請大陸學者參與撰
寫工作。不過到目前為止，我們已經獲得八十位以上海內外的學
者精英全力支持，包括臺灣、香港、新加坡、澳洲、美國、西德
與加拿大七個地區；難得的是，更包括了日本與大韓民國好多位
名流學者加入叢書作者的陣容，增加不少叢書的國際光彩。韓國
的國際退溪學會也在定期月刊《退溪學界消息》鄭重推薦叢書兩
次，我們藉此機會表示謝意。

　　原則上，本叢書應該包括古今中外所有著名的哲學思想家，
但是除了財源問題之外也有人才不足的實際困難。就西方哲學來
說，一大半作者的專長與興趣都集中在現代哲學部門，反映著我
們在近代哲學的專門人才不太充足。再就東方哲學而言，印度哲
學部門很難找到適當的專家與作者；至於貫穿整個亞洲思想文化
的佛教部門，在中、韓兩國的佛教思想家方面雖有十位左右的作
者參加，日本佛教與印度佛教方面卻仍近乎空白。人才與作者最
多的是在儒家思想家這個部門，包括中、韓、日三國的儒學發展
在內，最能令人滿意。總之，我們尋找叢書作者所遭遇到的這些
困難，對於我們有一學術研究的重要啟示（或不如說是警號）：
我們在印度思想、日本佛教以及西方哲學方面至今仍無高度的研
究成果，我們必須早日設法彌補這些方面的人才缺失，以便提高
我們的學術水平。相比之下，鄰邦日本一百多年來已造就了東西
方哲學幾乎每一部門的專家學者，足資借鏡，有待我們迎頭趕
上。

　　以儒、道、佛三家為主的中國哲學，可以說是傳統中國思
想與文化的本有根基，有待我們經過一番批判的繼承與創造的發

展，重新提高它在世界哲學應有的地位。為了解決此一時代課題，我們實有必要重新比較中國哲學與（包括西方與日、韓、印等東方國家在內的）外國哲學的優劣長短，從中設法開闢一條合乎未來中國所需求的哲學理路。我們衷心盼望，本叢書將有助於讀者對此時代課題的深切關注與反思，且有助於中外哲學之間更進一步的交流與會通。

最後，我們應該強調，中國目前雖仍處於「一分為二」的政治局面，但是海峽兩岸的每一知識份子都應具有「文化中國」的共識共認，為了祖國傳統思想與文化的繼往開來承擔一份責任，這也是我們主編《世界哲學家叢書》的一大旨趣。

傅偉勳　韋政通

一九八六年五月四日

自　序

　　《王廷相》一書，經過兩年多的醞釀、構思、撰寫，終於完成了。在書稿完成之際，我要特別感謝《世界哲學家叢書》主編傅偉勳教授和韋政通教授。由於他們的盛情邀請，使我有機會為「文化中國」這一宏偉工程承擔一份責任，盡一點微薄之力。

　　王廷相對中國學術，特別對古代哲學作出過巨大的理論貢獻，但是從清初以來，在中國學術史和思想史中，他竟無一席之地，被人們遺忘長達三百餘年，這是極不公正的。北京大學張岱年教授最早發掘王廷相其人其書的價值。他第一次在所著《中國哲學大綱》（一九三七年初稿，一九四三年印為講義，一九五八年由商務印書館正式出版，一九八二年由中國社會科學出版社再版）中指出，王廷相是一個「獨立思想家，講學不屬於朱陸二派，而獨以張子為宗。信持唯氣的宇宙本根論」。一九五七年，張先生又在所著《中國唯物主義思想簡史》一書中，再次指出，王廷相「是一個著名的博學之士」，他「對唯心主義的批判是比較深刻的，犀利的，他繼承發展了張載的唯物主義學說，把唯物主義哲學更向前推進了」。從此，王廷相作為重要的哲學家登上了中國哲學史的寶座，揭開了整理與研究王廷相著作和思想的序幕。一九五九年，由侯外廬教授等編的《王廷相哲學選集》，由科學出

版社印行。一九六五年，經修訂後，交由中華書局再版。由於張
岱年、侯外廬等著名學者的倡導，學術界才開始真正重視與加強
對王廷相思想的研究。我認為，如果不能全面地發掘和研究王廷
相的思想，既不能客觀地闡述明代哲學的全貌，也不能科學地揭
示宋明時期哲學發展的基本線索和規律。基于這一想法，我於一
九七七年開始，沿着老一輩學者開闢的道路，在王廷相研究上，
繼續艱苦地向前探索，力求準確地剖析和把握他的思想體系，如
實地恢復他在中國思想史（特別是中國哲學史）上應有的地位。

　　經過十餘年的艱苦研究，在廣泛收集和占有資料的基礎上，
我發現王廷相不但是一位著名的哲學家和文學家，而且是一位傑
出的社會改革家和有成就的科學家，在中國學術史上占有重要的
地位。在哲學上，由於他的博大精深的哲學體系，王廷相不但是
明代最偉大的哲學家、氣論學派的主帥和奠基者之一，而且也是
從北宋張載到清初王夫之氣論思想發展的重要里程碑式的人物。
他是中國哲學史上當之無愧的第一流的哲學家。根據這一結論，
《王廷相》一書共十三章，分成三個部分：㈠第一、二章，主要
是從共性與個性相結合的高度，揭示了王廷相哲學思想體系產生
的社會歷史條件與學術文化背景。它既是明代中期社會矛盾和政
治危機的反映，也是程朱理學衰頹和實學思潮興起的必然產物。
正因為王廷相能夠置身於當時的社會矛盾和文化論爭之中，所以
在哲學上他合乎規律地返回到張載，創造性地發展了中國的氣論
哲學思想。㈡第三章至第十二章，依據「明道」與「實用」相統
一的原則，全面地闡述了王廷相的思想體系。第三章至第十章，
主要是論述他的本體論、辯證法、宇宙論、天人論、形神論、知
行論、人性論、人格論，屬於「明道」部分的內容；第十一章至

第十二章，主要是從經濟和政治兩方面，論述他的實政論，屬於「實用」部分的內容。第二部分，是全書的重點。(三)第十三章，根據上述分析，對王廷相在中國哲學史上的歷史地位與作用作出了公正的評價，恢復了他在中國學術史上的本來面貌與地位。這是全書的結論。

在編寫《王廷相》一書的過程中，為了達到本書的撰寫目的，我曾給自己提出過四條遵循的原則：(一)堅持從第一手資料出發，客觀地不帶偏見地發掘與評價王廷相的思想，力求避免使用某些生硬的不恰當的學術概念，更忌亂套政治術語。有時為了說明問題，有意識地多引證一些史料，也是必要的。(二)注意使用比較研究方法。對王廷相的思想既要作橫向比較，又要作縱向比較，還要作適當的中外對比。只有在比較中，才能恰當地揭示王廷相在中國思想史上的地位和作用。(三)注意揭示王廷相哲學體系的固有的內在邏輯聯繫，剖析他的哲學範疇和命題的本來意義，切不可離開「本義」而望文生義和隨意解釋。(四)對王廷相哲學思想的評價，應持客觀的分析態度。既要看到他對中國古代哲學的巨大的理論貢獻，又要看到他的歷史侷限性和自身固有的思想矛盾，還要進一步對這些矛盾和缺陷作出說明。

我雖然給自己提出了嚴格要求，主觀上也力求實現，但是由於自己學術水平所限，缺點和錯誤在所難免。我懇切地希望得到學術界的批評指正。

葛　榮　晉

一九九一年十二月於北京

王 廷 相 目次

第一章 生平和著作

王廷相是明代最卓越的哲學家，也是一位著名的文學家和政治家，在中國學術史上，佔有重要的地位。但是，四百多年來，他一直被正統的封建文人斥爲「乖僻」，致使在四十年前出版的學術著作中竟無這位學者的名字。爲了恢復他在中國學術史上的歷史地位，全面地闡述他的生平和著作，是必要的。

一、銳意改革的一生

王廷相，字子衡，號浚川，又號平崖，別號河濱丈人❶。河南儀封（今河南省蘭考縣）人。生於明憲宗成化十年（1474），卒於明世宗嘉靖二十三年（1544），終年七十一歲。

王廷相的先世是山西潞州（今山西省長治縣）人，其父以上「皆隱迹弗耀」，非世家豪族出身。幼年「聰慧奇敏，讀書即解大義，好爲文賦詩，留心經史」❷。明成化二十二年（1486）十

---

❶ 「河濱丈人」別號，僅見於《儀封東王世族家譜》（載於 1985 年《文獻》第一輯）。

❷ （明）高拱：＜浚川王公行狀＞，見《高文襄公文集》卷 4（康熙丙寅重刊本）。

三歲，補邑庠弟子員。明弘治八年（1495）二十二歲，舉於鄉。
十五年（1502），登進士第，選翰林庶吉士。十七年（1504），
授兵科給事中，呈上〈擬經略邊關事宜疏〉，「條陳時政，靡所
顧忌」。「當道者覘公有經濟才，靡不以大用相期」❸。

明正德三年（1508），由於宦官劉瑾中以罪，謫亳州判官。
在亳州致力於教育改革，培養出許多如薛蕙等才名播天下的學
士。四年（1509），升高淳知縣，不久即「巡鹽山東，抉奸剔
蠹，權貴歛迹」❹。五年（1510），授監察御史，巡按陝西。他
通令各地修理城池，加強戒備，並且向皇帝建議從「草廬行伍之
中」，大膽提拔「籌策絕人、膽略出衆」的將材，建議潼關增設
兵備副使一員，還提出了一些其它有關軍事部署和行動策略的意
見❺。由於他在巡按陝西期間，敢於主持正義，追究科歛饋送銀
兩，清查淹禁獄囚，禁革攢造黃冊積弊，懲治貪官污吏，薦舉賢
良官吏，嚴肅法度，使貪官污吏「望風解印綬」而去。當時，權
閹廖鐺鎮守陝西，「朘削無度，人苦其毒」，王廷相「章明條
例，陰阻其計」，嚴加制裁❻。八年（1513），王廷相督學北畿，
權閹納賄「干及學政」，他即「對使焚其書」。權閹恨之，遂串
通廖鐺，栽贓誣陷，致使王廷相逮下詔獄，貶爲贛楡縣丞。十一
年（1516），他以「治行卓異」，升寧國知縣。十二年（1517），
升松江府同知。旋升四川按察司提學僉事、山東提學副使，皆能
「正學術、嚴考核」。他針對當時「專尚彌文，罔求實學；求之

---

❸　同❷。

❹　同❷。

❺　見王廷相《浚川奏議集》卷1、卷2，《明史‧王廷相傳》。

❻　同❷。

倫理，昧於躬行」的弊端，發布〈督學四川條約〉，改革教育和科舉制度，主張「學者讀書，當以經國濟世為務」，以期「內聖外王之業」，頗得士人稱贊❼。

明嘉靖元年（1522），王廷相升任山東提學副使，恰值青州礦工暴動。王廷相呈上〈治盜議〉，提議「以不治之法治之」。二年（1523），晉升湖廣按察使，王廷相「數決疑獄」，湘民以「青天」呼之。他稽查官署開支，以絕奸弊；優恤民壯，以均勞逸。三年（1524），升山東布政司右布政。六年（1527），升副都御史，巡按四川，奉命鎮壓芒部沙保、向信暴動，受到嘉靖皇帝嘉獎。他還通令四川各地「清審獄囚」，以釋民冤；改革銀糧收解制度，以防侵欺。七年（1528），王廷相升兵部右侍郎，督修三邊，閱視邊防，建議改革邊防弊病，以增強邊防力量。旋轉兵部左侍郎，他「嚴核官府冗冒」，清查「騰驤四衛勇士」，宿弊澄清，政績卓著。八年（1531），王廷相呈上〈乞行義倉疏〉，建議推行「義倉之法」，以救河南等地災荒。

明嘉靖九年（1530），王廷相晉升南京兵部尚書。在南京期間，裁減南京進貢馬快船隻，改造平船起運竹木，以省軍民之苦；嚴懲南京司苑局、神宮監太監私佔正軍、受財賣放之罪；節省快船冗費，定擬各省府馬船科價工食，以紓民力；革退龍江等關口「稽察權利之官」，禁革安慶、九江等地點閘官軍「索賄」，以除民害；清查南京神宮監太監侵蝕草場蘆課銀兩，以清宿弊；乞革南京內外守備佔收草場銀兩，以足國課。南京「兵民得安，咸感德，繪像祀焉」❽。

---

❼　見王廷相《浚川公移集》卷3。

❽　同❷。

　　明嘉靖十二年（1533），王廷相升都察院左都御史，掌管院事。他呈上〈遵憲綱考察御史疏〉，規定御史六項職責：卽除奸革弊，以防因循；伸寃理枉，以防苛刻；揚淸激濁，以防偏私；完銷勘合，以防淹滯；淸修簡約，以防擾民；撫按協和，以防其傲。在〈再擬憲綱未盡事宜疏〉中，又續例三事：卽巡視倉庫，巡察盜賊，撫恤軍士。經過這一整頓，「利巧、黨附、貪污之徒，悉皆罷去，中外稱快」❾。是年，大同兵變，王廷相主張「重立賞格」，以平定之❿。

　　明嘉靖十三年（1534）二月，王廷相升兵部尚書，提督團營，仍掌院事。在〈請議南京外守備軍權疏〉中，他認爲南京是「祖宗根本重地」，魏國公徐鵬舉兵權「過重」，不宜「世官」，建議改行「推代」，以防尾大之弊。明世宗遂「解鵬舉兵權」。十四年（1535），王廷相力辯言官馮恩不實之罪，以伸臺諫敢言之氣⓫。是年，遼東兵變，王廷相主張嚴懲肇事禍首，以正朝綱。十五年（1536）十月，王廷相晉升太子少保，遵世宗恩詔，查處各地寃、假、錯案，以正法度。他針對團營廢墜，兵制侵馳諸弊端，呈上〈修舉團營事宜疏〉，提出「選軍」、「惜馬」、「訓練」等項改革措施，「營務悉頓改觀」⓬。

　　明嘉靖十八年（1539）二月，明世宗將巡游承天，朝廷內外皆知勞費，莫敢言者。王廷相呈上〈乞留聖駕南巡疏〉，條悉利害，建議罷行⓭。嘉靖中，嚴嵩秉權，貨賄公行。王廷相

---

❾　同❷。

❿　見王廷相《浚川奏議集》卷9，〈請定剿捕大同叛軍賞格疏〉。

⓫　見《浚川奏議集》卷9，〈請辯馮恩罪狀疏〉。

⓬　（明）張鹵：〈少保王肅敏公傳〉，見《王氏家藏集》卷首。

⓭　王廷相：《浚川奏議集》卷9。

不畏權貴，呈上〈天變自陳疏〉，以斥貪污、奔競之風。他說：
「《記》曰：大臣法，小臣廉。古之士風如此，天下烏乎不治？
社稷烏乎不安？臣觀今日朝野之風，不大類此，廉靖之節僅見，
貪污之風大行。一得任事之權，便爲營利之計；賄賂大開，私門
貨積；但通關節，罔不如意，濕薪可以點火，白晝可以通神。是其
清平之世所宜有者乎？在先朝豈無賄者？餽及百兩，人已駭其多
矣。今也動稱數千，或及萬數矣。豈無貪者？暮夜而行，潛更其
迹，猶恐人知矣。今也納賄受賂，公行無忌，豈非士風之大壞
乎？大臣貪濁而日在高位，則小臣得於觀感之下者，將無不惟利
是圖矣。京官貪濁而安處無事，則外官被其鼓動之風者，亦無不
惟利是圖矣。大小效尤，內外徵利，由今之道，不變其俗，則在
上者日以封殖，在下者日以剝削，民窮盜起，而國事日非矣。豈非
時政之大害乎？」又說：「臣觀今日士大夫之風，殊與此異。恬
退者衆誚其拙，奔競者咸嘉其能，　·登士宦之途，卽存僥幸之
志：或以諂諛舐，或以賄賂求，或以奉承得。甚至一官有缺，各
趨權勢之門，講論年資體例應得之故。先講者卽定，則後講者或
不能得，以是無不爭先趨走，搶而論之，往來頻數，閽者厭煩
矣。旣講而不得，則又喧嚷騰謗，雖吏部亦難以處措，故京師有
講搶嚷之嘲。斯人也，自以爲得計，而不知有識者已見笑於側
矣。夫恬靜者君子之流也，奔競者小人之類也。奔競者進，則恬
靜者必退。由是以小人引小人，而朝廷之上無君子矣。朝無君
子，則法揆何由而清？紀綱何由而振？奸宄何由而除？是奔競之
風熾，世道不祥之機也。豈非時政之大蠹乎？」❹

---

❹　見王廷相：《浚川奏議集》卷9。

　　明嘉靖十九年（1540），世宗為方士所惑，擬以太子監國，文武大臣「愕不敢言」。王廷相呈上〈議太子監國等事疏〉，抗疏諫止，其事報罷❶。

　　明嘉靖二十年（1541），王廷相因勛臣郭勛事牽連，以「徇私慢上」罪，罷歸田里。王廷相「閉門謝客，著述日富」❶。二十三年（1544），以疾卒於家。

　　由上述可知，王廷相是明代中期一位耿直、清廉，胸懷經世宏願的官吏。他的一生，是勇於社會改革、敢於同宦官、權奸等腐朽勢力進行鬥爭、力圖拯救明王朝社會政治危機的改革家的一生。

二、著作及其考訂

　　王廷相一生勤於著述，老而不倦。現存的主要著作有《王氏家藏集》和《王浚川所著書》。

（一）關於《王氏家藏集》

　　《王氏家藏集》，由王廷相親自編定於明嘉靖十五年(1536)，「藏於家而傳於世」。據高拱〈浚川王公行狀〉載，王廷相「在翰苑有《溝斷集》，為侍御有《臺史集》，在贛榆有《近海集》，在松江有《吳中稿》，在四川有《華陽稿》，在山東有《泉上稿》，守制時有《家居集》，在湖廣有《鄂城稿》，為侍

----

❶　見王廷相：《浚川奏議集》卷10。
❶　見（明）焦竑：《國朝獻徵錄》卷39。

郎有《小司馬稿》，在南京有《金陵稿》，總括之爲《王氏家藏集》云」❼。由此斷定，王廷相親自編定的《王氏家藏集》，是由上述十部著作滙編而成。但是，應當指出，王廷相並不是按時間順序把這十部著作全部收入，而是將其中部分詩文按照不同體例，重新編定。如《華陽稿》上卷爲雜體詩，下卷爲雜體文，凡兩卷。收入《王氏家藏集》的雜體文只有〈張魏公論〉等二十四篇，其餘九篇雜文未收入。《華陽稿》未收入《王氏家藏集》的雜體詩，共計二十四首。已收入《王氏家藏集》的《華陽稿》的詩文，按照不同文體，分別編入各卷中。那種認爲《王氏家藏集》是由《華陽稿》等十部著作的全部詩文的滙編的觀點，是不符合事實的。

最初，由王廷相編定的《王氏家藏集》，凡四十一卷。隨着時間的推移，後人在四十一卷本的基礎上，或增或減，目前至少有二十卷本、三十卷本、五十四卷本、五十六卷本、六十卷本、六十五卷本、六十八卷本等七種版本，流傳於世。

(二)關於《王浚川所著書》

《王浚川所著書》，是由後人編定於明嘉靖末年，晚於《王氏家藏集》是可以肯定的。它是由王廷相的八種著作構成，凡四十二卷。卽：

(1)《愼言》，凡十三卷，成書於明嘉靖六年（1527），付梓於明嘉靖十二年（1533）。

(2)《雅述》，凡兩卷，成書於明嘉靖十七年（1538）四

---

❼ 見《高文襄公文集》卷4。

月。同年十月，由新安後學謝鎰「命工鋟梓」於世⑱。

（3）《內臺集》，凡七卷。明嘉靖十五年（1536）秋，由巡按山東監察御史張鵬將王廷相在都察院「與諸名公鉅卿往來辯論、問答、贈送之作，辭與文若干篇」，按不同體例編輯而成，「刻之東省以傳」⑲。

（4）《浚川內臺集》（一名《覆奏語略》），凡三卷。由王廷相後學、巡按山東監察御史李復初在張鵬《內臺集》的基礎上，「竊錄續作」，編定於明嘉靖十八年（1539）冬⑳。

（5）《浚川公移集》，凡三卷；《浚川駁稿集》，凡兩卷。這兩部著作都是王廷相親自編定、後由直隸巡按監察御史郭廷晃於嘉靖二十二年（1543），「捐公廩若干，鋟本於泗上，與同志者共焉」㉑。

（6）《浚川奏議集》，凡十卷。由王廷相後學將其四十七篇題本、疏滙編而成，鋟刻於嘉靖年間。

（7）《喪禮備纂》，凡兩卷。是王廷相家居守制時的作品。後由張鹵等人於嘉靖四十年（1561）鋟梓於世㉒。

（三）佚失著作

除《王氏家藏集》和《王浚川所著書》外，王廷相還有一些著作現已佚失。

---

⑱　見謝鎰：＜刻雅述篇敍＞。
⑲　見張鵬：＜刊內臺集序＞。
⑳　見李復初：＜內臺集敍＞。
㉑　見郭廷晃：＜浚川公移駁稿序＞。
㉒　見張鹵：＜喪禮備纂序＞。

（1）曾刻行於世而後佚失的著作。據（明）高拱〈浚川王公行狀〉云：除《王氏家藏集》等著作外，王廷相還有《射禮圖注》、《攝生要義》、《歸田稿》、《闡玄述》等四部著作曾刊行於世，後因兵燹、水患等原因，現已佚失。

（2）書簡佚失。王廷相一生，往來書信甚多。現在保存下來的只有《王氏家藏集》卷二十七、二十八、二十九，共五十三首，其餘均已佚失。例如，俞憲在〈王浚川集序〉中指出：他與王廷相「往來翰札，猶有存者」。今查王廷相的文集均不見這些「往來翰札」，說明它是佚失了。根據薛蕙〈覆浚川〉、〈與浚川書〉等文章，他與王廷相之間就「仙佛異同之論」、「佛老指趣」等問題，曾多次通信辯難。而這些書札既不見於薛蕙的《西原先生遺書》，也不存於王廷相的著作中，可見是佚失了。

（3）未收錄於《王氏家藏集》的著作。《王氏家藏集》既然不是《華陽稿》等十部著作的全部詩文的滙編，未收入的詩文卽成爲它的佚文。如《華陽稿》未收入《王氏家藏集》的文章有九篇：〈四川志序〉、〈選詩外編序〉、〈跪坐說〉、〈送工部侍郎陳公督木告成詩序〉、〈祭清樂楊先生文〉、〈祭巽齋張先生文〉、〈送別石君錫詩序〉、〈壽封君巽齋張先生八十歲序〉、〈趙清獻公奏議序〉。未收入《王氏家藏集》的雜體詩，共二十四首：〈紫石驛早發〉、〈贈黃給事臣都趙〉、〈括硤石驛壁間詩成四韻〉、〈敍洲寄晁汝吉十一韻〉、〈栴木寺〉、〈西園〉、〈菊〉、〈寄楊正夫〉、〈晴〉、〈江晚〉、〈王獻可杜陵草堂〉、〈密橘與吳總兵〉、〈涪州訪劉惟馨不遇〉（二首）、〈古意寄牛道徵〉、〈蜀城春懷呈劉子〉、〈代書酬張元承〉、〈九日再游浣溪遇雨〉、〈松潘擊破國師寺請兵應援中丞馬公督

師出〉(三首)、〈涪陵作〉、〈贈楊正夫亞卿上都〉、〈入飛仙谷〉、〈鹽井〉、〈賴雅公舘雨坐〉、〈踽行篇寄何仲默〉等。由《華陽稿》佚文情況看，其它九部著作未收入《王氏家藏集》的詩文，亦當屬佚文。倘若有幸發現原本或書目後，與《王氏家藏集》加以對照，即可知道佚失了什麼。

（4）散見於明清他人著作中的佚文。王廷相的佚文和語錄，明清史籍中亦有保存。例如明代郭維藩的《杏東先生文集》、許宗魯的《少華山人文集》、薛蕙的《西原先生遺書》、李開先的《李開先集》、李詡的《 戒庵老人漫筆 》、余繼登的《 典故紀聞》、清代孫奇逢的《 中州人物考 》、崔維雅纂修的《 儀封縣志》、陳鶴的《明紀》、張廷玉的《明史·王廷相傳》等等，均載有王廷相的佚文和語錄。如能遍查明清史籍特別是與王廷相關係密切的學者的著作 ， 是會搜集到一些有價值的王廷相的 佚 文的。

1959年，由侯外廬等編輯的《王廷相哲學選集》（科學出版社），收有《慎言》（節選）、《雅述》（節選），以及由《王氏家藏集》和《内臺集》中選出的二十篇文章，共計六萬餘字。1965年，經過增訂，由中華書局再版的《王廷相哲學選集》，共計十五萬字。1976年，《王氏家藏集》作爲明代編著叢刊之一，由臺北偉文圖書公司影印發行。1989年 9 月，由中華書局出版的《 王廷相集 》（全四冊），近百萬字，包括《 王氏家藏集 》和《王浚川所著書》的全部著作，是目前海内外收集資料最全的王廷相的著作集。

第二章 王廷相哲學思想產生的社會條件與文化背景

　　王廷相哲學思想產生於明朝中期，並不是偶然的，而是有其深厚的社會根源和文化背景。它既是當時社會矛盾和政治危機的回應，也是程朱理學衰頹和實學思潮興起的必然產物。正是在這種社會歷史條件下，王廷相從程朱理學出發而合乎規律地回到張載，登上了明代氣學的殿堂。

一、對明代中期社會政治危機的回應

　　王廷相生活的時代，即明憲宗、孝宗、武宗、世宗四朝，正是明王朝開始由盛世轉向衰世，各種社會矛盾空前尖銳，出現了嚴重的社會政治危機的時代。

　　社會政治危機的第一個重要表現，是遍布於全國各地的風起雲湧的農民戰爭。明朝田制，分為「官田」和「民田」兩種。所謂「官田」，是指皇帝、皇族、勳戚、宦官等占有的土地；所謂「民田」，是指普通地主和廣大農民占有的土地。明朝初年，由於朱元璋推行「計民授田」和「毋許兼併」的政策❶，所以，土

---

❶　見《明史・食貨志》。

地兼併現象，不甚嚴重。從明英宗以後，土地兼併活動愈演愈烈。在京畿，皇帝帶頭設立越來越多的「皇莊」。明孝宗時，京畿皇莊只有五座，而到了明武宗就由五座劇增到三十六座，占田三萬七千五百餘頃。朱元璋曾賜給各地藩王莊田多至千頃，賜給勳戚莊田多至百頃。隨着各地藩王、勳戚的增加，這種恩賜莊田的數量也越來越大。明憲宗時，外戚王鎮占田二千二百頃，宦官汪直占田二萬餘頃。明武宗時，宦官谷大用占田一萬頃；外戚王源的莊田由二十七頃擴大爲二千二百餘頃，增加了八十餘倍。據弘治二年（1489）統計，順天府的各項莊田共計三百三十二座，到了明武宗正德十六年（1521），蔓延到北直隸的莊園已達二十萬九百餘頃。各地的勢要之家也都採取各種卑劣手段，「強奪田畝」。如明憲宗時，大同、宣化幾十萬頃的肥沃土地「悉爲豪強占種」❷。被兼併的廣大農民，忍氣吞聲，「控訴無所」，越來越多地淪爲佃戶。以吳中地區爲例，「有田者什一，爲人佃者什九」❸。

隨着明朝中期土地兼併的加劇，賦稅、田租和各種徭役也日益繁重。一方面，封建國家除了「遼餉」、「剿餉」、「練餉」等正供外，還有各種雜派。據《續文獻通考》卷2云：自正統元年至成化二十三年，僅五十三年時間，田賦就增加了四倍。另一方面，田租、高利貸，也十分苛重。以蘇州、松江爲例，「一畝之收，不能至三石，少者不過一石有餘，而私租之重者至一石二三斗，少亦八九斗」，使廣大農民「今日完租而明日乞貸」❹。

---

❷ 《明成化實錄》卷56。

❸ 顧炎武：《日知錄》卷10，〈蘇松二府田賦之重〉。

❹ 同❸。

正如當時一首民謠所說：「一畝官田七斗收，先將六斗送皇州。止留一斗完婚嫁，愁得人來好白頭」❺。（明）李開先在〈一笑散〉中，也形象地揭露說：「奪泥燕口，削鐵針頭，刮金佛面細搜求，無中覓有。鵪鶉嗉裏尋豌豆，鷺鷥腿下劈精肉，蚊子腹裏刳脂油。虧老先生下手！」在這種情況下，廣大勞動人民被迫背井離鄉，賣兒鬻女，造成流民劇增，「田卒污萊」，「府庫匱竭」，使社會生產遭到了嚴重破壞。一場風起雲湧的農民戰爭，不可避免地在全國各地相繼爆發。

「河北山東傳盜檄，千城百邑戒黃巾」❻。明英宗正統十三年（1448），佃農鄧茂七因反對地主的苛重剝削，於福建沙縣舉行起義，轉戰於浙、閩、贛地區，歷時達四、五年之久。同年，廣東南海黃蕭養舉行起義，自稱「順民天王」，率眾十餘萬，戰船千餘艘，圍攻廣州。明憲宗成化六年（1470），李原率廣大流民在湖北荊襄地區舉行農民暴動，義軍迅速發展到一百多萬人。明武宗正德三年（1508），山東農民舉行起義；正德四年（1509），王浩八率眾於江西萬年縣姚源洞起義，藍廷瑞率義軍在四川起義。正德五年（1510），京畿地區爆發了以劉六、劉七為首的農民戰爭。這次農民戰爭，迅速發展到十餘萬人，歷時三年，轉戰於河北、山東、山西、河南、湖北、江西、安徽、江蘇等八省，並三次進逼北京，給封建統治者以沉重的打擊。正德十一年（1516），謝志珊、藍天鳳等發動贛南起義。明世宗嘉靖元年（1522）至十二年（1533），先後爆發了兩廣農民起義，山東青

---

❺ 《廣治平略·輿地篇》。

❻ 《王氏家藏集》卷18，〈聞驚〉。

州礦工起義，湖廣農民起義，陝西、山西農民起義等。在各地的
農民戰爭中，廣大農民提出了奪取政權和奪回土地的要求。鄧茂
七自稱「鏟平王」，李原自稱「太平王」，設置官署，建立農民
政權。劉六、劉七公開地提出了「虎賁三千，直抵幽燕之地；龍
飛九五，重開混沌之天」❼的口號，充分表達了廣大貧苦農民推
翻朱明王朝，建立農民政權的願望。在中國農民戰爭史上，鄧茂
七提出的「免饋」（指正田租以外的附屬實物地租）的口號和謝
志珊、藍天鳳領導的贛南農民的「占田」鬥爭，實際上是明末李
自成的「均田免糧」口號的先聲，具有重要的歷史意義。

　　社會政治危機的第二個重要表現，是國內民族矛盾的激化。
由於明王朝推行大漢族主義，對少數民族實行殘酷的經濟剝削和
民族壓迫，所以在雲、貴、川等地爆發了多次的民族起義。明憲
宗成化十六年(1480)，廣西傜族起義。明孝宗弘治八年(1495)，
廣西府江、平樂等地僮族舉行暴動；十五年（1502），瓊州黎族
人民起義；十七年（1504），思恩土官岑濬舉兵攻占上林、武緣
等縣。明武宗正德三年（1508），廣西柳州僮族舉行暴動；八年
（1513），鎮筸等地苗族暴動；十年（1515），嶺西傜族暴動；
四川松潘衛藏族暴動；十四年（1519），松潘藏族再度起義；十
六年（1521），雲南彌勒州苗族暴動。明世宗嘉靖四年（1525），
廣西田州土官岑猛率兵攻占鄰境；五年（1526），四川芒部隴
政因襲位誘殺隴壽，奪其印信，舉行武裝暴動；廣東傜族暴動，
攻占肇慶府，斬殺守備李松；六年(1527)，四川芒部少保等再度
舉行起義，攻占鎮雄府，擄知縣程洸，奪其印信，王廷相奉命鎮

---

❼　見《皇明資治通紀》卷23。

壓。同年，雲南土舍安銓以改流失職，舉行暴動，川、貴鎮巡官
奉命鎮壓。七年（1528），雲南武定府土舍鳳朝文暴動，伍文定
督兵鎮壓。十四年（1535），廣西田州土目盧蘇舉行暴動，等
等。

　　社會政治危機的第三個表現，是「北虜南倭」問題。所謂
「北虜」，主要是指來自塞北蒙古封建貴族的不斷侵擾。從明英
宗「土木之變」後，他們多次率兵南侵，「犯我邊障，擾我邊
鄙」，燒殺掠奪，無所不為。所謂「南倭」，指倭寇在我國沿
海地區（從遼東半島到山東半島，再到江蘇、浙江、福建、廣東
等地）的不斷侵犯、騷擾。「北虜南倭」，嚴重地威脅着廣大勞
動人民的生命和財產安全，也直接威脅着明王朝的政治統治，使
明王朝處於「內憂」、「外患」的境地。

　　社會政治危機的第四個重要表現，是明王朝政治腐敗，統治
階級內部矛盾愈演愈烈。在朝廷內部，不但貪污、奔競之風甚囂
塵上，而且宦官和官僚集團之間的矛盾也十分尖銳。明初，朱元
璋鑒於宦官之禍，規定「內官不得識字預政」。但是，後來的皇
帝為了加強自己的專制統治，往往重用宦官，使之胡作非為，飛
揚拔扈，濫用酷法，冤假錯案堆積如山，引起了封建正直官僚的
強烈不滿。這種鬥爭，有時竟達到白熱化的程度。以宦官劉瑾秉
政為例：明武宗正德元年（1506），太監劉瑾提督十二團營，把
持朝廷。戶部尚書韓文、大學士劉健、謝遷請誅亂政內臣馬永成
等八人。明武宗非但不聽，反而命劉瑾掌司禮監，丘聚、谷大用
提督東西廠，張永督十二團營兼神機營，魏彬督三千營，各據要
位。武宗以天下奏章付劉瑾，命錦衣衛點視六科官，罷戶部尚書
韓文、工部尚書楊守隨、左都御史張敷華；杖給事中艾洪等二十

一人於闕下，下尚寶卿、崔璿等人於獄中，矯旨杖御史王良臣於午門；矯詔以大學士劉健、韓文等五十三人爲奸黨，榜示朝堂，宣戒羣臣；敕各鎮守太監預刑名政事；逮各邊巡撫都御史及管糧郎中下獄；令京官告假違限及病滿一年的文武官員皆致仕；矯旨跪羣臣奉天門外，下三百餘人於錦衣衞獄。謫王廷相亳州判官。正德五年，劉瑾謀反事發，被執下獄，伏誅；武宗皇帝下令：正德二年後所更政令如舊；釋劉瑾所謫戍諸臣，王廷相亦被召爲御史，巡按陝西；懲治劉瑾同黨，下吏部尚書張綵都察院獄，罷曹元文淵閣大學士，其餘或論死、或謫戍，或閑住，或爲民，或除名，一時朝署爲淸。再如，正德十一年（1516），宦官江彬寵幸，他與錢寧、張忠等人擅權爲奸，諸司奏章多阻格不上，並誘導武宗巡游太原、宣府等地。武宗返京師，將巡兩畿、山東等地，六科十三道文武大臣疏諫。江彬怙權，下兵部郎中黃鞏等人於錦衣衞獄，令修撰舒芬等百有七人跪於午門，或罷黜爲民，或廷杖而死，或謫戍瘴方。正德十六年，武宗崩，楊廷和秉權，下江彬等人於獄，伏誅；治江彬奸黨，詔釋寃獄。

統治集團內部的矛盾，還突出地表現在中央集權和地方藩王之間的矛盾。明初，朱元璋把他的子孫分封在全國各地；此後，歷代皇帝繼續分封，形成龐大的藩王集團。他們時常利用人民對朝廷的不滿，舉兵叛亂，爭奪皇位。正德五年（1510），安化王朱寘鐇以誅劉瑾爲名，打着「淸君側」的旗號，組織「討賊軍」，反對明武宗朱厚照。正德十四年（1519），江西寧王朱宸濠起兵南昌，欲奪皇位，改元順德，兵圍安慶，直逼南京。武帝被迫親征，命王守仁直搗南昌，生擒宸濠。這些鬥爭，歸根到底，都是封建統治集團內部爭權奪利的鬥爭。

總之，自明英宗以後，朱明王朝內外交困，矛盾重重，危機四伏。正如王廷相所說：「自今觀之：北虜犯邊無忌，而武備馳矣；剝削偏於畿甸，而寇賊昌矣；田野蕪以不治，而稅逮矣；豪右侈以踰分，俗靡而財窮矣」❽。 他以陝西為例， 具體地分析道：「近年以來，寧夏之變（係指安化王朱寘鐇叛亂），人罷震驚；漢南之賊，民遭殘害。又況侵漁之政，不惜夫財盡而民窮；貪濫之官，罔知夫本傷而末萃；牧羊之子，幸分狼虎之餘；羅省之夫，不數鷹鸇之獲。 加以征賦頻繁， 力彼困憊， 雖蒙寬恤之詔，未盡逋負之蠲；……以致軍民流亡，盜賊蜂起。若不及時大加芟除，極力整頓 ， 將見為惡者益肆其猖狂 ， 受害者終無以控訴；民情或為之日離，大政或因之日弛；雖逢聖智之才，難施拯救之策」❾。這說明，王廷相對於當時的社會政治危機是有切身體會和深刻認識的。

面對如此嚴重的社會政治危機，特別是遍及全國各地的農民戰爭，如何探索和總結朱明王朝衰敗的歷史教訓，尋求起死回生的治國之道，是當時統治階級必須認真思考和解決的重大政治問題。在統治階級內部，除了那些竊取大量社會財富和位居高官的反動勢力，依舊醉生夢死，對社會危機痲木不仁外，清醒的地主階級改革派，勇於正視社會矛盾，尋求新的思想武器，提出新的「拯救之策」。王廷相的思想，正是地主階級改革派尋求解決當時的社會政治危機的「拯救之策」的回應。

---

❽　《王氏家藏集》卷30，〈策問〉十四。
❾　《浚川公移集》卷3，〈巡按陝西告示條約〉。

二、理學的衰頹和實學的興起

隨着明朝社會政治危機的加劇，在思想文化領域，出現了由程朱理學向明清實學轉化的歷史趨向和社會思潮。

朱明王朝建立後，最高統治者由於加強思想控制的需要，大力提倡程朱理學，並把它奉爲法定的正統思想。朱元璋明確規定：科舉考試，「四書主朱子《集注》，《易》主程朱《傳義》，《書》主蔡沈《傳》及古注疏，《詩》主朱子《集傳》，《春秋》主《左氏》、《公羊》、《穀梁》、胡安國、張洽《傳》，《禮記》主古注疏」⑩。永樂十二年（1414），明成祖朱棣命胡廣等纂修五經、四書及宋儒性理諸書，名曰《五經大全》、《四書大全》、《性理大全》，頒佈於兩京六部、國子監及天下府、州、縣學⑪。明孝宗朱祐樘亦請學士張元禎講授《太極圖》、〈西銘〉等書⑫。在最高統治者的支持下，各地以講授宋明理學爲基本內容的書院如雨後春筍，遍布全國。如正統年間，南康知府翟溥福，倡衆興復朱熹在廬山創建的白鹿洞書院；揚州知府王恕，創立資政書院；長沙通判陳鋼修建岳麓書院。成化年間，南陽知府段堅創立志學書院，講說五經要義及濂、洛諸儒遺書；江西提學副使邵寶，修濂溪書院，改建白鹿洞書院；貴溪縣令重建象山書院。正德年間，御史張士隆巡鹽河東，建正學書院。嘉靖年間，廣德判官鄒守益建復初書院；六安知府歐陽德建龍津書院；

---

⑩　參見《明會要》卷47。
⑪　參見《明會要》卷26。
⑫　參見《明會要》卷14。

山東提學副使鄒善建愿學書院；東昌知府羅汝芳建見泰書院，等
等。由於最高統治者的大力表彰，正統八年（1443），以元儒吳
澄從祀孔廟。成化年間，二程祖籍保定博野縣知縣裴泰建言請立
祀，命有司春秋祭祀。弘治八年（1495），封宋儒楊時將樂伯，
從祀孔廟。正德二年（1507），以宋儒胡安國、蔡沈、眞德秀從
祀孔廟。嘉靖九年（1530），以宋儒陸九淵從祀孔廟。爲了表彰
孔孟及宋儒，最高統治者命孔子五十六代孫孔希學襲封衍聖公，
置官署，復孔氏及顏、孟大宗子孫徭役；授周敦頤十二代孫周晃
翰林院五經博士，子孫世襲，以奉周子祀事；授程子十七代孫程
克仁翰林院五經博士，子孫世襲，以奉程子祀事；授朱熹裔孫墅
爲五經博士，奉祀婺源，等等。

　　由於明代統治者「以理學開國」，使程朱理學處於神聖不可
侵犯的統治地位，所以學者非孔孟之書不讀，非程朱之學不講，
一切皆以孔孟程朱爲是非的標準。嘉靖皇帝詔曰：「朕歷覽近代
諸儒，惟朱熹之學醇正可師，祖宗設科取士，經書義一以朱子傳
注爲主。比年各處試錄文字，往往詭誕支離，背戾經旨。此必有
一等奸僞之徒，僞道學之名，鼓其邪說，以惑士心，不可不禁」。
「今後若有創爲異說，詭道背理，非毀朱子者，許科道官指名劾
奏」⓭。明代陳鼎亦指出：「我太祖高皇帝即位之初，首立太學，
命許存仁爲祭酒，一宗朱子之學。令學者非五經、孔孟之書不
讀，非濂、洛、關、閩之學不講」。如有「專詆周、程、張、朱
之說」者，「命有司聲罪杖遣，悉焚其所著書」⓮。

⓭　　（明）余繼登：《典故紀聞》卷17。
⓮　　《東林列傳》卷2，<高攀龍傳>。

　　這種尊崇程、朱，排斥他說的文化專制主義，對於鞏固明王朝統治固然有一定作用，但也給封建統治帶來了嚴重後果：一是思想僵化，二是道德虛偽，三是人才空乏。明初儒者如宋濂、方孝孺、曹端、薛瑄、吳與弼、胡居仁等，只是「篤信程朱」，墨守「宋人矩矱」。正如薛瑄所云：「自考亭（朱熹）以還，斯道已大明，無煩著作，直須躬行耳」⑮。劉觀亦云：「朱子及吳文正之言，遵信之足矣，復何言」⑯。恪守朱說，眾人一口，千篇一律，正如李贄所云：「矮子觀場，隨人說研，和聲而已」⑰。所以，王廷相批評說：「大抵近世學者，無精思體驗之自得，一切務以詭隨為事。其視先儒之言，皆萬世不刊之定論，不惟遵守之篤，且隨聲附和，改換面目，以為見道；致使編籍繁衍，浸淫于異端之學而不自知，反而證之於《六經》仲尼之道，日相背馳，豈不大可哀耶」⑱。

　　程朱理學獨霸明代哲學論壇，使不少人只知空談心性之學，死背程朱之書，醉心於功名利祿，對於經世致用的「實學」卻一竅不通。他們滿口仁義，行若狗彘，是一群欺世盜名的偽君子。正如李贄所云：這些「态似聖人模樣」的理學家，其實都是「口談道德而心存高官、志存巨富」⑲的假道學家。在現實問題面前，這些假道學家，是一批無用的迂腐之徒。王廷相對於這種現狀憂心忡忡，深惡痛絕。他指出：

---

⑮　《明史・薛瑄傳》。
⑯　《明史・劉觀傳》。
⑰　李贄：《續楚書》卷2，〈聖教小引〉。
⑱　《王氏家藏集》卷27，〈答許廷綸〉。
⑲　李贄：《楚書》卷2，〈又與焦弱侯〉。

　　洪惟我國家建學校以養賢，擇師儒以立教，復責守令以提調之權，專憲臣以督學之任，勅諭諄復，條章大備，無非所以求有用之才，贊無為之治而已。夫何近歲以來，為之士者，專尚彌文，罔崇實學！求之倫理，昧於躬行；稽諸聖謨，疏于體驗；古人之儒術，一切盡廢；文士之藻翰，遠邇大同。已愧于經明行修之科，安望有內聖外王之業❷❶？

　　歷代以來，人主教養人材，蓋圖以治理天下云爾。故學者讀書，當以經國濟世為務。其習作文義，不過為入仕之媒也。今之父兄師友，以訓教期待子弟者，遂以習作文詞，進取科第為要事。其教之體驗擴充，以達經濟之術者，百無一二焉。嗚呼！良可哀矣❷❶！

　　程朱理學和陸王心學非但不能培養出經國濟世之才，完成「內聖外王之業」，而且在日益嚴重的社會政治危機面前，充分暴露了它的軟弱無能，反而加速和助長了這種社會危機。

　　王廷相不但批判程朱理學，而且對王陽明的「致良知」說也痛加駁斥。他指出：

　　近世好高迂腐之儒，不知國家養賢育才，將以輔治，乃倡為講求良知，體認天理之說，使後生小子澄心白坐，聚首虛談，終歲囂囂于心性之玄幽，求之興道致治之術，達權

---

❷❶　《浚川公移集》卷3，〈督學四川條約〉。
❷❶　同❷❶。

應變之機，則闇然而不知。以是學也，用是人也，以之當
天下國家之任，卒遇非常變故之來，氣無素養，事未素
練，心動色變，舉措倉皇，豈不誤人家國之事者幾希矣！
此于南宋以來儒者泛講之學又下一等。為社稷計者不及時
而止之，待其日長月盛，天下盡迷，則救時經世之儒滅其
跡矣。誰主張是？誰綱維是？邊鎮梗而不能制，四夷强而
不能御，盜賊橫而不能滅，奸權肆而不敢犯，禍亂紛沓，
誰為屬饜？主盟世道者不可不加之慮矣㉒。

　　從上述引文中，清楚地反映出王廷相對宋明理學與當時社會
危機之間的矛盾有着深刻的認識。正因為宋明理學不能醫治當時
社會出現的各種「弊病」，拯救日益嚴重的社會危機，所以，它
的統治地位發生了動搖，呼喚以新的理論修正、補充和代替它，
就是必然的了。在此情況下，地主階級改革派紛紛開始探討「明
朝何以衰」的癥結所在。由於時代的侷限，他們不可能從歷史發
展規律上找出原因，而只能歸罪於理學末流的「空寂寡實之學」。
由此，王廷相便由理學轉向實學，認為「士惟篤行可以振化矣，
士惟實學可以經世矣」㉓。從思想發展的邏輯看，理學的衰頹是
實學思潮興起的原因，實學思潮的興起是理學衰頹的必然結果。
可見，王廷相思想的產生，不但是當時尋求解決社會政治危機的要
求的反映，也是當時宋明理學衰頹和實學思潮興起的必然結果。
沒有後一個社會文化背景，王廷相哲學思想的產生是不可能的。

㉒　《雅述》下篇。
㉓　《王氏家藏集》卷22，<送涇野呂先生尚寶考績序>。

三、從程朱理學回到張載氣學

王廷相哲學思想體系的形成，固然是明代中期社會危機和實學思潮興起的反映，同時，也是程朱理學自身內在矛盾發展的結果。王廷相通過程朱而上承張載，並且根據當時社會的要求，對它進行改造和發展，逐步形成了自己的氣學思想體系。

程朱理學，是一個龐大的充滿矛盾的思想體系。在這一思想體系中，有兩個基本矛盾：一是理本論與氣本論的矛盾，即「析理與氣爲二物」的矛盾；二是理本論與心本論的矛盾，即「析心與理爲二」的矛盾。這就內在地決定了程朱理學必然向兩個不同方向轉化：或是轉向氣學，或是轉向心學。

「理」這一哲學範疇，是程朱哲學思想體系的基石。「理」作爲宇宙萬物的本體，只是一個絕對的、寂然不動的無人身的理性。它既是宇宙萬物的本原，又是人類道德的最高原則。既然理是這樣一個懸空無着落的東西，於是在氣那裏找到了自己的「掛搭處」。氣是一種具有造作特性、流行發育、生動活潑的物質實體。由氣內部的陰陽對立，造作出各種事物（包括物理現象和心理現象）。理借助於氣而派生出萬物的過程，也就是理自己跟自己的對置過程。再進一步通過「格物窮理」的認識論，破除物與理之間的障礙，使理自己跟自己結合，從物返回到理。可以簡要地把程朱哲學體系的邏輯結構概括爲「理 —— 氣 —— 物 —— 理」這樣一個理論模式。在這個邏輯結構中，當程朱從「形而上」看，承認「理先氣後」、「理本氣末」即理是本體（本源），氣是理的派生物的時候，他們是理本論者；但是從「形而下」的

範圍看，當程朱承認「氣爲物本」❷、「理在氣中」❷、「道不
離氣」❷的時候，在他們的思想體系中，包含有豐富的氣本論思
想。這些思想， 同程朱的理本論是自相矛盾的。 當他力倡「格
物」說卽通過「格物」達到「窮物理」的時候，符合人類從具
體到抽象的認識過程，具有經驗論色彩；當他把「格物窮理」歸
根到底說成是「致吾之知」❷，使「理」自己結合自己的時候，
他們實際上堅持的是由內向外的先驗論。然而，在理學家看來，
把「格物窮理」說成是窮外物之「理」，是無論如何也格不出封
建道德的。這就同他們的致知的根本目的發生了矛盾。按照這個
「格物致知」方法走下去，非但不能達到他們追求「明人倫，講
聖言，通世故」的修養目的，而且會直接動搖他們的整個思想體
系。

　　正因爲程朱理學包含有「析心與理爲二」的內在矛盾，所以
當着社會危機而帶來程朱理學衰頹的時候，首先從程朱理學中分
化出來，並對它進行批評的， 是以王陽明 (1472-1529) 爲代表
的心學。王陽明緊緊抓住程朱理學中的這一內在矛盾，轉向了陸

---

❷　關於「氣爲物本」，朱熹論證說：「天地初間只是陰陽之氣。這一
　　個氣運行，磨來磨去，磨得急了，便拶許多渣滓；裏面無處出，便
　　結成個地在中央。氣之清者便爲天，爲日月，爲星辰，只在外，常
　　周環運轉。地便只在中央不動，不是在下。」「陰陽是氣，五行是
　　質。有這質，所以做得物事出來。」（《朱子語類》卷1）。

❷　關於「理在氣中」，朱熹說：「氣則能醞釀凝聚生物也。但有此
　　氣，則理便在其中。」（《朱子語類》卷1）。

❷　關於「道不離器」，朱熹說：「道亦器，器亦道，有分別而不相離
　　也。」「道不離乎器，器不離乎道。」（《朱子語類》卷75）。

❷　朱熹：《大學章句》第五章。

九淵（1139-1193）。他要為陸九淵辯誣洗寃，表示「欲冒天下
之譏，以為象山一暴其說，雖以此得罪，無恨」❷。王陽明指出
朱熹格物說的根本錯誤，是「析心與理為二」。他說：「朱子所
謂格物云者，在即物而窮其理也。即物窮理，是就事事物物上求
其所謂定理者也，是以吾心而求理於事事物物之中，析心與理而
為二矣。夫求理於事事物物者，如求孝之理于其親之謂也。……
（理）果在于親之身，則親沒之後，吾心遂無孝之理歟？」❷ 又
說：「先儒解格物為格天下物。天下之物，如何格得？且謂一草
一木亦皆有理，今如何去格？縱格得草木來，如何反來誠得自家
意（即封建道德）？」❸ 由此引出了「心即理」❸ 的結論。他認
為「物理不外于吾心。外吾心而求物理，無物理矣」❸。從「心
即理」到「心外無理」、「心外無物」，進而提出「致良知」和
「知行合一」說，王陽明終於拋棄了朱熹的「即物窮理」中的合
理思想，從根本上否定了朱熹哲學中的實學思想因素。王陽明所
以批評程朱，是因為在他看來，程朱承認「即物窮理」在一定意
義上就是對經驗論的讓步。只有徹底地清洗掉程朱哲學中的這一
實學思想，並把「理」從外物安置到人心之中，才能解決「析心
與理為二」的矛盾。

　　王陽明的「心即理」的命題，雖然立足於「正人心」，從理
論上解決了程朱理學中的內在矛盾，並且企圖以它來挽救當時出

---

❷　《王陽明全集》卷32，〈年譜〉一。

❷　《傳習錄》中，〈答顧東橋書〉。

❸　《傳習錄》下。

❸　《傳習錄》上。

❸　同❷。

現的社會危機，但是，隨着社會危機的加深，統治階級中的某些有識之士，便發現王陽明的「心學」也和程朱理學一樣，同樣不能拯救當時出現的社會危機。正如當時楊慎 (1488-1559) 好友蔣芝所說：

> 宋儒格物致知之說久厭聽聞，良知及知行合一之說一出，新人耳目。如時魚鮮笋，肥美爽口，盤清陳前，味如嚼冰；若久而厭飫，依舊是鵝鴨蔬菜上也。又如真旦看厭，却愛裝旦；《北西廂》聽厭，乃唱《南西廂》；觀聽旣久，依舊是真旦，《北西廂》出也❸❸。

旣然「心學」也不能拯救當時的社會危機，那麼就必然會有人揚棄程朱與陸王，在同理學與心學的辯論中，而轉向氣學。其代表人物，就是明代著名的哲學家王廷相。

王廷相是怎樣從宋明理學轉向氣學的呢？在程朱的「理 ── 氣 ── 物 ── 理」這一邏輯結構中，只要再向前邁進一步，拋棄那個凌駕於氣之上，能生氣的「理」，就可以獲得一幅眞正同自然科學相符合的世界圖景。這就是 (1)氣以及由它所派生的宇宙萬物，都是不依賴於人的意志而存在的客觀物質。氣是宇宙的最後本原，在它之上或之前不存在任何神秘的東西。理只是「氣之理」❸❹，理寓於氣，並非是超於形氣之外的某種神物。 (2)人的

---

❸❸ 楊慎：《太史升庵全集》卷75。

❸❹ 朱熹有時認爲理是氣之條理。他說：「氣之所聚，理卽在焉。」（《朱文公文集》卷49，<答王子合>）；「如陰陽五行錯綜不失條理，便是理。」（《朱子語類》卷1）。

認識既不是通過「格物」去追求那個懸空的「理」，也不是「明吾心之理」，而是窮外物之理，卽通過人腦去反映客觀事物的規律。王廷相正是從程朱出發，再向前邁進一步，拋棄理學，而跨進了氣學的殿堂，提出了「元氣之上無物、無道、無理」❸❺的宇宙觀，重新回到了張載的氣一元論。王廷相在批評朱熹的「氣根于理而日生」時，明確地指出：

朱子曰：「性者，理而已矣，不可以聚散言。其聚而生，散而死者，氣而已矣。所謂精神魂魄，有知有覺者，皆氣所為也，故聚則有，散則無。若理，則初不為聚散而有無也」。由是言之，則性與氣原是二物，氣雖有存亡，而性之在氣外者卓然自立，不以氣之聚散而為存亡也。嗟乎！其不然也甚矣！且夫仁義禮智，儒者之所謂性也。自今論之，如出于心之愛為仁，出于心之宜為義，出于心之敬為禮，出于心之知為智，皆人之知覺運動為之而後成也。苟無人焉，則無心矣；無心，則仁義禮智出於何所乎？故有生則有性可言，無生則性滅矣，安得取而言之？是性之有無，緣于氣之聚散。若曰超然于形氣之外，不以聚散而為有無，卽佛氏所謂「四大之外，別有真性」矣，豈非謬幽之論乎？此不待智者而後知也。精神魂魄，氣也，人之生也；仁義禮智，性也，生之理也；知覺運動，靈也，性之才也。三物者，一貫之道也。故論性也不可以離氣，論氣也不得以遺性，此仲尼「相近」、「習遠」之大旨也。

---

❸❺　王廷相：《雅述》上篇。

又曰：「氣之已散者，既散而無有矣，其根于理而日生者，則固浩然而無窮」。吁！此言也，窺測造化之不盡者矣。何以言之？氣，游於虛者也；理，生於氣者也。氣雖有散，仍在兩間，不能滅也，故曰「萬物不能不散而為太虛」[36]。理根于氣，不能獨存也，故曰「神與性皆氣所固有」[37]。若曰「氣根于理而生」，不知理是何物？有何種子，便能生氣？不然，不幾于談虛駕空之論乎？今為之改曰：氣之已散者，既歸于太虛之體矣，其氤氳相感而日生者，則固浩然而（無）窮，張子所謂「死而不亡」[38]者如此。造化之生息，人性之有無，又何以外于是而他求也哉[39]。

王廷相在批評程頤的「陰陽者氣也，所以陰陽者道也」的觀點時，指出：「此大節之不合者也。余嘗以為元氣之上無物，有元氣卽有元神，有元神卽能運行而為陰陽，有陰陽則天地萬物之性理備矣，非元氣之外又有物以主宰之也。今曰所以陰陽者道也，夫道也者，空虛無着之名也，何以能動靜而為陰陽？」[40]在這裏，王廷相深刻地剖析了程朱哲學中的「析理與氣為二物」的內在矛盾，並且認為只有拋棄它的「超然于形氣之外」的「理」，並從中剝離出它的「氣為物本」和「理不離氣」的合理思想，把

---

[36]　見張載：《正蒙・太和篇》。

[37]　見張載：《正蒙・乾稱篇》。

[38]　同[37]。

[39]　王廷相：《王氏家藏集》卷32，〈橫渠理氣辯〉。

[40]　《王氏家藏集》卷28，〈答薛君采論性書〉。

「氣」作為萬物的終級本原，回到張載的「氣 —— 物 —— 氣」的
圖式，才能眞正克服這一矛盾。

正因如此，王廷相對張載高度地評價說：

> 《正蒙》，橫渠之實學也❹。
>
> 《正蒙》「太虛不得不聚而為萬物，萬物不得不散而為太
> 虛」，此自完好❷。
>
> 張子曰：「太虛不能無氣，氣不能不聚而為萬物，萬物不
> 能不散而為太虛；循是出入，皆不得已而然也」。「氣之
> 為物，散入無形，適得吾體；聚而有象，不失吾常」。「聚
> 亦吾體，散亦吾體，知死之不亡者，可與言性矣」❸。橫
> 渠此論闡造化之秘，明人性之源，開示後學之功大矣❹。

王廷相不但在宇宙觀上繼承了張載的氣學思想，在人性論上
也回到了張載。張載論及性與氣的關係時，曾指出：「聚亦吾
體，散亦吾體，知死之不亡者，可與言性矣」❸。這是張載「以
氣釋性」的基本觀點。程朱從理本論出發，反對張載的「以氣釋
性」的看法，大力宣傳「性即理」❻的思想。王廷相發揮張載的
「以氣釋性」的基本思想，但極力反對張載的性二元論，指出

---

❹ 王廷相：《愼言・魯兩生篇》。
❷ 《王氏家藏集》卷27，〈答何粹夫〉。
❸ 均見張載：《正蒙・太和篇》。
❹ 同❸。
❺ 同❸。
❻ 見《二程全書》卷22上。

「人有二性，此宋儒之大惑也」❼，認爲宋儒「所謂超然形氣之外復有所謂本然之性者，支離虛無之見與佛氏均也」❽。王廷相雖然駁斥張載的性二元論，但對張載的以氣釋性的思想持肯定的態度，並把它吸收到自己的「性生於氣」❾的思想體系中。同時，他也吸取了程顥性論中的某些合理思想。他指出：「明道先生曰：性卽氣，氣卽性，生之謂也❺⓪。又曰：論性不論氣，不備；論氣不論性，不明。二之，便不是❺①。又曰：惡亦不可不謂之性❺②。此三言者，於性極爲明盡，而後之學者，梏於朱子本然氣質二性之說，而不致思，悲哉！」❺③王廷相在綜合張載和程顥性論的合理思想的基礎上，「以爲人物之性無非氣質所爲者，離氣言性，則性無處所，與虛同歸；離性言氣，則氣非生動，與死同途；是性與氣相資，而又不得相離者也」❺④。正因爲王廷相旣能堅持張載的「以氣釋性」的基本立場，又能善於從程顥性論中吸取積極思想因素，還能克服張載性二元論的錯誤。所以王廷相在人性論上出於張載而又高於張載。

---

❼　《王氏家藏集》卷28，〈答薛君采論性書〉。

❽　《王氏家藏集》卷33，〈性辯〉。

❾　王廷相：《雅述》上篇。

❺⓪　《二程遺書》卷1曰：「生之謂性，性卽氣，氣卽性，生之謂也。人生氣稟，理有善惡，然不是性中元有此兩物相對而生也。有自幼而善，有自幼而惡，是氣稟有然也。善固性也，然惡亦不可不謂性也」。

❺①　見《二程遺書》卷6。

❺②　同❺⓪。

❺③　王廷相：《雅述》上篇。

❺④　同❼。

　　王廷相在認識論上也批判地繼承了宋儒的觀點。在宋明理學的演變過程中，朱熹最先提出「重行」的思想。但是在他的知行學說中，一方面承認程頤的「知先行後」，「論其先後，當以致知爲先」❺❺，另一方面又修正了程頤的「知重行輕」說，提出了「行重知輕」和「知行互發並進」論❺❻。這就使朱熹的認識論中存在「知先行後」與「行重知輕」的矛盾。從這一矛盾出發，可能向兩個相反方向發展：一是向內求知的知行觀；一是向外「窮理」的知行觀。王陽明針對程朱的「知先行後」說，提出了「知行合一」論。王陽明在「求理于吾心」思想指導下，自然不會同意知來源於行的觀點。他說：「外心以求理，此知行之所以爲二也；求理于吾心，此聖門知行合一之敎」❺❼。可見，王陽明的「知行合一」論是建立在「求理于吾心」基礎上的，是以「合行于知」爲特徵的。王陽明雖然從「心學」角度克服了朱熹的內在矛盾，但他拋棄了朱熹知行觀中的合理因素。而王廷相則在批評程朱的「知先行後」說的同時，批判地繼承了朱熹的「行重知輕」和「知行互發並進」的合理思想，在「重行」的基礎上，不但克服了朱熹知行學說的矛盾，而且也糾正了張載的「德性所知」的錯誤，從而提出了「知行兼舉」❺❽的認識論，把知行學說發展到一個新的認識水平。

　　由此可見，從思想淵源上，王廷相的哲學體系，不但批判地

---

❺❺　朱熹：《朱子語類》卷9。

❺❻　關於朱熹的「知行互發並進」論，詳見《朱子語類》卷9、卷13、卷14、卷46、卷113、卷117等。

❺❼　王陽明：《傳習錄》中，〈答顧東橋書〉。

❺❽　王廷相：《愼言·小宗篇》。

繼承了程朱理學中的某些合理成份，而且通過程朱直接地繼承了
張載的氣學思想，同時也克服了張載哲學中的某些錯誤思想（如
「德性所知」、「天地之性」等），使他的氣學比張載更加徹底
更加完善，從而達到了一個新的理論水平。

王廷相所以能夠從程朱理學回到張載氣學，除了時代的原因
外，是與他的「論道當嚴，仁不讓師」❺⁹的科學態度分不開的。
在明代，非毀程朱雖有殺頭危險，但是，王廷相爲了追求眞理和
捍衞孔子之道，依據「講學以明道爲先，論道以稽聖爲至」的原
則，認爲凡是背離孔子之道的宋儒之論均在「刺辯」之列。「儒
者之爲學，歸明道而已」❻⁰。「假使於道有背馳，雖程朱之論，
亦可以正而救之」❻¹。基於這種認識，王廷相在批評薛蕙的「一
惟主於伊川」的態度時，一方面承認二程思想中的「協聖合天，
精義入神之旨，則因遵而信之矣」❻²，不必持懷疑態度。但是，
另一方面，在程氏思想中，「反求吾心，實有一二不可強同者，
故別加論列，以求吾道之是」❻³，決不能因爲「伊川，吾黨之先
師」而採取「依附余論以取同道之譽」❻⁴的態度。在從程朱理學
向張載氣學的轉變過程中，如果沒有這種追求眞理的科學態度和
大無畏的懷疑精神，要完成這一轉變，也是不可能的。

---

❺⁹　《王氏家藏集》卷28，＜答薛君采論性書＞。

❻⁰　王廷相：＜愼言序＞。

❻¹　《王氏家藏集》卷33，＜太極辯＞。

❻²　同❺⁹。

❻³　同❺⁹。

❻⁴　同❺⁹。

四、直承「仲尼純正之道」

從宋明哲學史看，王廷相完成了從程朱理學向張載氣學的歷史回歸，繼承和發展了張載的氣論思想。從整個中國哲學史看，王廷相在同佛老「異端」和宋儒以及歷史上的一切「異學」的辯論中，直承「仲尼純正之道」，把孔子思想作爲建構自己思想體系，用以判斷理論是非的根據。

在王廷相看來，只有孔子「乃可宗而信之」❺，「其爲道也，範圍乎造化，經綸乎名理，中正以爲常，變通而不執，智者不能辯，博者不能少」❻，可謂博大精深、無與倫比矣。正因爲如此，所以它才能夠成爲經國治世的大道。帝王「由之則治，迷之則危，去之則亂，確乎可守而不可畔也」❼。王廷相認爲社會的治亂和國家的安危一刻也離不開孔子之道。他還認爲，「《六經》之道，仲尼刪述焉，博而有要，閱而愈精，施之天下，中庸廣遠，萬世不可易也」❽。基於這一基本認識，王廷相在判定眞理標準上，主張孔子之道是「萬世衡準」。他說：「《易》、《書》、《詩》、《儀禮》、《春秋》、《論語》，聖人之純也，萬世人道之衡準乎！」❾又說：「仲尼之教，萬世衡準」❿。

---

❺　《王氏家藏集》卷28，＜答薛君采論性書＞。
❻　《王氏家藏集》卷28，＜與彭憲長論學書＞。
❼　王廷相：＜雅述序＞。
❽　王廷相：《愼言‧文王篇》。
❾　同❽。
❿　《王氏家藏集》卷33，＜石龍書院學辯＞。

孔子思想旣是治國之本，也是判定「萬世人道」的標準。

但是，這一「萬世不可易」的孔子之道，竟被佛老「異端」和後世諸儒「蕪雜」，使它失去了純潔性。王廷相具體地剖析了孔子之道被後世諸儒「雜之」的歷史，指出：

(一)**先秦時期** 他認爲自戰國以來，「上無聖帝明王袪邪衞道，立民之常，故九流異端之學，紛然竝作，以惑愚蒙」[71]。在先秦儒家中，王廷相比較贊賞孟子，認爲「孟之言也，閎大高明」。卽使像先秦儒家的兩位主要代表人物孟子和荀子，雖然都是「持仲尼之論，明仁義者」，但是孟子之言，「其究也近聖」；而荀子之言，「蕪衍無緒，其究也離詭」[72]，還不是純正的仲尼之道。至於其餘的九流異端之學背離仲尼之道，就可想而知了。

(二)**兩漢時期** 王廷相指出：自漢興以來，不但一般「諸儒鄙俗，復寡神鑒」，就是像董仲舒這樣的儒家代表人物，雖「推明孔子，以罷黜百家爲任」，可惜他不是命世之才，「亦不能拔本塞源，使仲尼之道獨昭日星之天也。況自泥於五行災異之術，已畔出於聖人之蹊徑矣，又安以號召正論於斯人乎哉！」[73]董子之說也是一種附會牽合之論。

(三)**漢唐時期** 王廷相認爲，這一歷史時期，由於「佛老異端」的興起，更加背離了孔子的純正之道。他說：自兩漢經魏晉至隋唐，「世逖風漓，異端竊起，而老、佛清淨無爲之論出，世乃爲之大惑；由是百氏九流，紛然雜遝，各競所長，而六經中正

---

[71] 同66。

[72] 同68。

[73] 同68。

純雅之道荒矣」❼❹。佛老「異端」背離孔子的中正純雅之道,是不言而喻的。

(四)宋明時期 王廷相認為,自宋代理學興起以來,「援邪附儒,亂道之正」的現象,更為嚴重。宋儒不但自己「惑氣運者因之以盜國,信讖緯者因之以行刑,泥風水者棄親以謀利,尚術數星命者憑虛妄想而棄人事之實」,而且宋儒還「附會其說以訓經著論」,使後世儒生「少而習之,長而行之,老而安之,不知無是理而為邪,豈不大可哀邪!」❼❺宋儒雖然力駁佛、老,以挽返仲尼之道為己任,但是,由於「才性有限,不能拔出流俗,亦未免沾帶泥苴,使人不得清澄宣朗,以睹孔門之景,良可恨矣!」❼❻在宋明理學家中,王廷相除了稱贊張載和程明道外❼❼,對於以朱熹為代表的閩學和以王陽明為代表的心學,雖然承認「閩越之學,篤信先哲,美矣」,但是都不如張載和程明道,指出他們「泛談博取,詮釋未真,要之猶有可議,次也」❼❽。

總之,在王廷相看來,自孔子死後,仲尼純正之道不但「異

---

❼❹ 同❻❼。

❼❺ 同❻❻。

❼❻ 同❻❼。在〈與彭憲長論學書〉中,王廷相亦有類似的說法。他說:「若以近世儒者躋而竝之,仆恐言也寡所會,道也寡所一,有不勝其倫擬者矣。何也?體道之妙、由於識,具識之至謂之聖,是故聖人所以為道之宗也。下此者,神靈未澄,識鑒或滓,雖力學深久,取舍決擇之間或亦未免支離局促,參之聖軌而不盡合也。」(《王氏家藏集》卷28)。

❼❼ 他說:「關、洛之學似孟子,程伯子純粹高明,從容於道,其論得聖人之中正,上也。」(《慎言·文王篇》)。

❼❽ 同❻❽。

端起而正義鑿，斯道以之蕪雜」，而且後世諸儒「擬議過貪，則
援取必廣；性靈弗神，則詮擇失精。由是旁涉九流，淫及緯術，
卒使牽合傅會之妄，以迷乎聖人中庸之軌」❼❾。可見，對孔子
之道的背棄，既有來自儒學外部的佛老異端之學，也有來自儒學
內部的諸儒之「自雜」。如果對這些異端怪誕之論不及時加以批
駁，揭露其亂道之實，「百世之後，迷其本源，邪正同途，仲尼
之道將與巫史異端同祖宗，竝賞罰也，豈不大可懼乎！」❽⓿

　　在這樣的文化學術背景下，擺在王廷相面前的一個重要歷史
任務，就是如何正本清源，撥亂反正的問題。如何正本清源、撥
亂反正呢？王廷相對於佛老異端之說採取徹底否定的態度，而對
於諸儒之論則採取分析的態度。由於後世儒者之言既有合於孔子
之道的地方，也有背離孔子之道的地方。所以，對於諸儒之論，
「合於聖者，即聖人也，則信而守之；戾於聖者，即異學也，則
辯而正之，斯善學道者也」❽❶。由此出發，他批評了兩種錯誤做
法：一曰「舍置古人之善」的全盤否定態度，二曰「習以守之」
的全盤肯定態度。對於第一種錯誤態度，王廷相指出：「若夫人
者，舍置古人之善，昧昧焉炫其私智，摘其疵而議之，斯輕躁迫
切之徒，非忠厚之道也」。對於第二種錯誤態度，王廷相指出：
「若曰出於先儒之言，皆可以篤信而守之，此又委瑣淺陋，無以
發揮聖人之蘊者爾，夫何足與議於道哉！」「若曰天下之理，先
儒言之，皆善而盡，但習以守之可也，是不知道無終窮，忽忽孟
浪之徒爾，謂之誣道」❽❷。這種全盤肯定的態度，實際上是一種

❼❾　同❻⓿。
❽⓿　同❻❻。
❽❶　同❻❻。
❽❷　同❻❻。

「貴耳賤目，任書籍而不任心靈」的錯誤做法。正因爲王廷相對
於先儒之言採取了科學的分析態度，所以他在批評諸儒錯誤思想
的同時，也能善於吸取「古人之善」，使他能夠出於先儒而又勝
於先儒，這是他比他同時代的許多學者高明的地方。

　　不管是批評異端之說還是刺辯諸儒之論，其目的都是爲了直
承「仲子純正之道」，恢復和發展孔子的思想。他在〈愼言序〉
中說：「講學以明道爲先，論道以稽聖爲至。斯文也，間於諸儒
之論，雖尠涉於刺辯，其於仲尼之道，則衞守之嚴，而不敢以異
論雜之，蓋確如也。知我罪我，其惟《春秋》，敢竊附於孔氏之
徒云」。說明他是自覺地以捍衞孔子之道爲己任的。

　　由上可知，在如此廣泛的中國歷史文化背景下，如果沒有王
廷相的「運在我心思之神以爲決擇取舍之本」的獨創精神，善於
容納古人之善的博大胸懷，以及敢於蔑視權威、追求眞理的大無
畏氣槪，王廷相是不可能建立起自己的獨立的思想體系的。王廷
相思想的產生，固然是明代社會客觀需要的產物，但是如果沒有
王廷相本人的淵博知識和主觀條件，也是不可能的。

第三章　元氣實體論

在本體論上，王廷相力倡元氣實體論，肯定元氣是宇宙萬物的物質實體和終極根源。他的元氣實體論，既是中國古代元氣學說發展的高峰，又是王廷相用以批駁佛老、宋明理學和中國歷史上一切錯誤思想體系的銳利武器。王廷相是明代氣學的最大代表人物，他的思想是明代哲學發展的最高成就。

一、元氣是一種物質實體

王廷相針對道家把宇宙本體說成「無」，佛教把宇宙本體說成「空」，在同他們的辯論中，明確地把元氣這一宇宙本體規定為物質實體。他說：「天內外皆氣，地中亦氣，物虛實皆氣，通極上下造化之實體也」❶。程朱雖然也講「實體」，但他們是以理為實體，而王廷相則是以元氣為實體。這是有原則區別的。所謂「實體」，有兩層涵義：一是承認元氣的客觀實在性，這就從根本上排除了把元氣說成「心」或「理」的產物的可能性；二是承認元氣的永恒存在，這就從根本上否定在元氣之上或之前有某種東

---

❶ 《慎言・道體篇》。

西存在，從而堵塞了通向一切宗教神秘主義的道路，確定了元氣
在宇宙中的絕對本原地位。

在王廷相看來，元氣所以能夠作爲宇宙萬物的實體，是由它
自身的特性所決定的。元氣這一物質實體同具體的天地萬物相
比，具有哪些特性呢？概括起來，有以下五點：

(一)無形無象

天地萬物都是有象的，即是形而下者。而作爲宇宙實體的元
氣，則是無形無象的，即是形而上者。王廷相指出：

> 太古鴻蒙，道化未形，元氣渾涵，范睉無朕。不可以象
> 求，故曰太虛❷。
> （元氣）不可以爲象，故曰太虛❸。
> （元氣）不可以象名狀，故曰太虛耳❹。
> 先於天者，太虛之氣爾。無形也，無象與數也，故曰太
> 極❺。

王廷相把元氣規定爲無形無象，同二程的「氣是形而下者，道是
形而上者」❻和朱熹的「理也者，形而上之道也」、「氣也者，
形而下之器也」的理本論，是直接對立的。程朱「以理爲本」，

❷ 《王氏家藏集》卷41，＜答天問＞。
❸ 同❶。
❹ 同❶。
❺ 《雅述》上篇。
❻ 《河南程氏遺書》卷15。

極力反對張載的「太虛卽氣」的氣本論。二程認爲「子厚以『清虛一大』名天道，是以器言，非形而上者」❼。「立『清虛一大』爲萬物之源，恐未安」❽。朱熹也反對張載的「清虛一大」之說，認爲「本要說形而上，反成形而下，最是于此處不分明」❾。王廷相把氣由「生物之具」的「形而下者」，上升爲「生物之本」的「形而上者」，從而恢復了元氣作爲萬物本體的絕對性，這是王廷相的重要理論貢獻之一。

(二)無偏無待

宇宙間的具體事物都是有所待（有待於他物），有所偏（有固定的屬性），不過是整體元氣的一部分。而元氣本身則是「混全之稱」。王廷相針對朱熹的萬物「各自全具一太極」❿的觀點，批評說：

> 儒者曰：「太極散而爲萬物，萬物各具一太極」，斯言誤矣。何也？元氣化爲萬物，萬物各受元氣而生，有美惡，有偏全，或人或物，或大或小，萬萬不齊，謂之各得太極一氣則可，謂之各具一太極則不可。太極，元氣混全之稱，萬物不過各具一支耳，雖水火大化猶涉一偏，而況於人物乎⓫。

❼　《河南程氏粹言》卷1。
❽　《河南程氏遺書》卷2上。
❾　《朱子語類》卷99。
❿　《朱子語類》卷94。
⓫　同❺。

正因爲元氣不滯於一偏，而通乎一切，所以它才能夠成爲有所偏、有所待的萬物的本原。倘若元氣也是有待有偏，那麼它就喪失了宇宙本原的資格，而降爲普通一物了。朱熹把整體與部分、普遍與特殊混而爲一，是錯誤的。

（三）無始無涯

宇宙間的具體事物，在時空上都是有限的，卽有始有終，在此卽不在彼；而元氣則是無始無終，無內無外的。王廷相指出：

> 有虛卽有氣，虛不離氣，氣不離虛，無所始無所終之妙也。不可知其所至，故曰太極⑫。

從元氣無始無終這一基本觀點出發，王廷相尖銳地批評了「氣有始」、「氣有窮」的錯誤思想。《周易乾鑿度》卷上說：「夫有形生于無形，乾坤安從生？故曰：有太易，有太初，有太始，有太素也。太易者，未見氣也；太初者，氣之始也；太始者，形之始也，太素者，素之始也」。《列子‧天瑞篇》除了將「乾坤」改成「天地」之外，幾乎一字不差地把它抄襲下來。這種宇宙生成論的錯誤，在於否認氣的無限性，承認在氣之先還有一個非物質的東西存在，氣是由它派生出來的，因而是有始的。王廷相一針見血地指出：「《列子》曰：『太易者，未見氣也；太初者，氣之始也；太始者，形之始也；太素者，質之始也。』此語甚有病，非知道者之見。天地未形，惟有太空，空卽太虛，沖然元

---

⑫ 同❶。

氣。氣不離虛，虛不離氣，天地日月萬形之種，皆備於內，一氤
氳萌蘖而萬有成質矣。是氣也者，乃太虛固有之物，無所有而
來，無所從而去者。今曰『未見氣』，是太虛有無氣之時矣。又
曰『氣之始』，是氣復有所自出矣，其然，豈其然乎？元氣之上
無物，不可知其所自，故曰太極」[13]。這一批評，是切中要害
的。

在空間上，元氣也是無限的。唐代柳宗元在回答屈原的「天
極焉加？」時，提出了「無極之極，漭瀰非垠」[14]的著名論點。
王廷相繼承了這一思想，在回答同一問題時亦說：「太虛茫茫無
涯，夫安系安加？」並且進一步運用反證的邏輯詰問道：「或曰
『有窮』，天際之外，當是何物？或曰『天外有天』，彼天之外，
又何底止？……是故古之聖人，置而不論。嘵嘵私議，龐及外
際，非欺謾之儒，則怪誕矣」[15]。

王廷相深刻地認識到，如不堅持元氣的無限性，就有可能導
向承認在元氣之外還有某種神物存在，從而滑向宗教神秘主義。
只有堅持元氣的無限性，才能堵塞一切通向宗教神學的道路。

(四)無生無滅

一切具體事物都是有生有滅的，而元氣則是無生無滅的。王
廷相通過對「氣」這一物質實體及其聚散的分析，揭示出氣的永
恒性與物的暫時性的辯證統一。他在《慎言・道體篇》中指出：

---

[13] 同[5]。
[14] 柳宗元：〈天對〉。
[15] 同[2]。

> 有聚氣，有游氣。游聚合，物以之而化。化則育，育則
> 大，大則久，久則衰，衰則散，散則無；而游聚之本，未
> 嘗息焉。

王廷相關於氣無生滅的思想，是在批駁程朱的「氣之終始」的思
想而提出來的。張載認爲，氣有聚散而無息滅，氣聚而成萬物，
物散卽復歸本原之氣。二程針對張載的「氣無息滅」的觀點，質
問說：「若謂旣返之氣復將爲方伸之氣，必資於此，則殊與天地
之化不相似。天地之化，自然生生不窮，更何復資於旣斃之形，
旣返之氣，以爲造化？……天之氣，亦自然生生不窮。至如海
水，固陽盛而涸，及陰盛而生，亦不是將已涸之氣卻生水。自然
能生，往來屈伸只是理也！」⑯ 又說：「凡物之散，其氣遂盡，
無復歸本原之理。天地間如洪爐，雖生物銷鑠亦盡，況旣散之
氣，豈有復在？天地造化又焉用此旣散之氣？其造化者，自是生
氣。至如海水潮，日出則水涸，是潮退也，其涸者已無也，月出
則潮水生也，非卻是將已涸之水爲潮，此是氣之終始」⑰。朱熹
發揮二程的思想亦說：「氣之已散者，旣化而無有者，其根於理
而生者，則固浩然而無窮」⑱。在程朱看來，氣是有生有滅的，
它不斷地從理中產生出來，又不斷地息滅。它的生滅始終，不過
是理的往來屈伸而已。氣聚物生，不過是理之伸來；氣散物死，
不過是理之屈往。只有理才是不生不滅、無始無終的。程朱通過
否定「氣本」論的手法，企圖把張載的氣化論納入他的理一元論

---

⑯ 《河南程氏遺書》卷15。
⑰ 同⑯。
⑱ 《朱子語類輯略·鬼神》。

的思想體系。王廷相敏銳地觀察到他們割裂「氣化」與「氣本」
的統一關係的手法，一針見血地指出：「氣者造化之本，有渾渾
者，有生生者，皆道之體也。生則有滅，故有始有終；渾然者充
塞宇宙，無迹無執，不見其始，安知其終？世儒止知氣化而不知
氣本，皆于道遠」⑲。把「氣本」與「氣化」、「渾渾者」與「生
生者」、無限與有限統一起來，認爲氣之聚散卽「生生者」是有
生有滅、有始有終的，而氣之本體卽「渾渾者」則是無生無滅、
無始無終的。整個物質世界，是「氣本」與「氣化」、無限與有
限的辯證統一的整體。由此出發，王廷相進一步對程朱的「氣之
終始」的思想提出了批評，他說：「『氣之已散者，旣散而無有
矣，其根於理而生者，則固浩然而無窮。』吁！此言也，窺測造
化之不盡者矣。何以言之？氣，游于虛者也；理，生於氣者也。
氣雖有散，仍在兩間，不能滅也，故曰『萬物不能不散而爲太
虛。』理根于氣，不能獨存也，故曰『神與性皆氣所固有。』若
曰氣根於理而生，不知理是何物，有何種子，便能生氣？不然，
不幾于談虛駕空之論乎？今爲之改曰：氣之已散者旣歸於太虛之
體矣，其氤氳相感而日生者，則固浩然而〔無〕窮，張子所謂
『死而不亡』者如此。造化之生息，人性之有無，又何以外于是
而求也哉！」⑳這樣一來，王廷相在同程朱的辯論中恢復和發展
了張載的思想。從張載到程朱，再到王廷相，恰好經過了一個否
定之否定的辯證發展過程。

　　王廷相在同程朱的「以理爲實體」的思想的辯證中，對作爲

⑲　同❶。
⑳　《王氏家藏集》卷33，＜橫渠理氣辯＞。

造化之本的氣（元氣）的特性，能夠作出上述如此系統明確的規定，在中國哲學史上是少見的。正因爲元氣是一種無形無象、無偏無待、無始無涯、無生無滅的物質實體，所以它才能夠取代「理」的絕對地位，而成爲宇宙萬物的終極根源。

(五)元氣是「實有之物」

元氣雖是無形無象、無偏無待、無始無終、無生無滅，不同於具體事物，但是它並不是「無」，也不是「空」，而是「實有之物」。「氣雖無形可見，卻是實有之物，口可以吸而入，手可以搖而得，非虛寂空冥無所索取者。世儒類以氣體爲無，厥觀誤矣」㉑。在此基礎上，王廷相從有限和無限辯證統一的角度，提出了「道體不可言無，生有有無」的著名論點。他論證說：

> 道體不可言無，生有有無。天地未判，元氣混涵，清虛無間，造化之元機也。有虛卽有氣，虛不離氣，氣不離虛，無所始、無所終之妙也。不可知其所至，故曰太極；不可以爲象，故曰太虛，非曰陰陽之外有極有虛也。二氣感化，羣象顯設，天地萬物所由以生也，非實體乎？是故卽其象，可稱曰有；及其化，可稱曰無，而造化之元機，實未嘗泯。故曰道體不可言無，生有有無㉒。
> 虛者氣之本，故虛空卽氣；質者氣之成，故天地萬物有生。生者，「精氣爲物」，聚也；死者，「游魂爲變」，

㉑　王廷相：《內臺集》卷4，〈答何柏齋造化論〉。

㉒　同❶。

歸也。歸者，返其本之謂也。返本，復入虛空矣㉓。

王廷相依據「有虛即有氣」（或「虛空即氣」）這一命題，尖銳地揭露了佛敎「以空爲本」和道家「以無爲本」的錯誤思想。他指出：佛老「以造化本體爲『空』爲『無』，此古今之大迷！」「老氏謂『萬物生於有』，謂形氣相禪者；『有生于無』，謂形氣之始本無也。愚則以爲萬有皆具於元氣之始，故曰『儒之道本實本有』，無『無』也，無『空』也」。又說：「老氏之所謂虛，其旨本虛無也，非愚以元氣爲道之本體者，此不可以同論也」㉔。在「空」、「無」問題上，佛老認爲「空」、「無」即是空無所有，「本虛無也」，是超越於萬物之上的非物質的絕對。而王廷相則認爲「空」、「無」並非一無所有，而是「以元氣爲道之本體」，所以是「本實本有」的。從而在「空」、「無」問題上劃清了實體論與空無論的界限，這在宇宙本體探索上是極爲重要的。

在批評佛、老的空無論的同時，王廷相也以元氣實體論批評了何瑭（1489-1541）的「道體兼有無」的二元論思想。何瑭從佛敎的立場出發，認爲「道體兼有無，陰爲形，陽爲神，神無而形有，其本體蓋未嘗相混也」。認爲本體是「陰陽合一而未分者也。陰有陽無，陰形陽神，固皆在其中矣」㉕。王廷相針對這一觀點，指出：「愚謂道體本有本實，以元氣而言也。元氣之上無物，故曰太極，言推究於至極，不可得而知，故論道體必以元氣

㉓　《愼言・五行篇》。

㉔　同㉑。

㉕　同㉑。

為始。故曰有虛即有氣，虛不離氣，氣不離虛，無所始無所終之妙也。氣為造化之宗樞，安得不謂之有？」又說：「愚以元氣未分之時，形、氣、神冲然皆具，且以天有定體，安得不謂之有？不謂之實？」「若論天地水火本然之體，皆自太虛種子而出，道體豈不實乎？豈不有乎？」「愚謂天地、水火、萬物皆生於有，無『無』也，無『空』也。其無而空者，即橫渠之所謂『客形』耳，非元氣本體之妙也。今柏齋（何瑭號）謂『神為無，形為有』，且云『有者始終有，無者始終無』，所見從頭差異如此，安得強而同之？」❻　王廷相進一步從思想淵源上指出：何瑭的「道體兼有無」的觀點，「出自釋氏仙佛之論」。但是，何瑭反過來硬說王廷相的元氣實體論與老子的「有生於無」的觀點無別。王廷相指出，這一歪曲，說明何瑭「不惟不知愚，（即）老氏亦不知矣」。王廷相不但把「道體本有本實」與「道體兼有無」的觀點加以對立，而且也把他的元氣實體論與佛老的虛無論對立起來，從而捍衞了元氣實體論的原則立場，這是十分可貴的。最後還應當指出，王廷相在同佛老與程朱的辯論中，上承張載而提出的元氣實體論思想，實開啓明清元氣實體哲學的理論先河。明清之際的王夫之在《張子正蒙注・太和篇》中說：「陰陽 —— 太極之實體」。「所聚所散，為清為濁，皆取給于太和絪縕之實體」。戴震在《孟子字義疏證・天道》中亦說：「陰陽五行，道之實體也；血氣心知，性之實體也」。自王廷相開始，明清的實學家都承認元氣是一種物質實體，並把元氣實體論作為明清實學思潮的哲學基礎。提出元氣實體論，是王廷相對中國本體論學說的重要理

---

❻　同❷。

論貢獻。

二、元氣是造化之本

正因爲元氣是一種具有無限性和永恒性的物質實體，所以它才能夠成爲宇宙萬物的本原或本體。

宇宙萬物，大至天上的日月星辰，變化無常的風雨雷電，高入雲端的崇山峻嶺，奔騰無羈的大海河流；小至地上的飛禽走獸，水中的游魚蝦鱉，以及形形色色的花草樹木等，都是從哪裏來的呢？王廷相作爲偉大的哲學家，他從元氣本原論與元氣本體論相結合的高度，回答了這一根本問題。

從宇宙生成過程來看，王廷相認爲，元氣是本，天地萬物是末，元氣是「天地萬物之宗統」[27]。他說：

太虛造化始，一氣判兩儀。萬物從此出，厥理亦隨之[28]。天地未判，元氣混涵，清虛無間，造化之元機也。……二氣感化，羣象顯設，天地萬物所由以生也[29]。

如果把上述觀點同王廷相以前的元氣本原論加以對比，就不難發現他們之間的思想繼承關係了。北宋以前，中國氣學的主要形態是元氣本原論。元氣本原論發端於西漢。《淮南子·天文訓》曰：「天墜（卽天地）未形，馮馮翼翼，洞洞灟灟（濁），故曰

---

[27]　同[23]。

[28]　《王氏家藏集》卷9，<咏懷>第八。

[29]　同❶。

太始。太始生虛霩（廓），虛霩生宇宙，宇宙生元氣。元氣有涯垠，清陽者薄靡而爲天，重濁者凝滯而爲地。……天地之襲精爲陰陽，陰陽之專精爲四時，四時之散精爲萬物」。這裏，元氣雖然被視作天地萬物的本原，但它並不是終極根源，因爲在元氣之前還有「太始」、「虛霩」、「宇宙」等神秘東西存在。眞正把它從神秘主義思想體系中剝離出來成爲元氣一元論的，當推東漢的王充、張衡、王符和何休等人。王充在《論衡》中援引緯書說：「元氣未分，渾沌爲一」，「及其分離，清者爲天，濁者爲地」，「天地合氣，萬物自生」。張衡在《靈憲》中指出：「元氣剖判，剛柔始分，清濁異位，天成于外，地定于內。天體于陽，故圓以動；地體于陰，故平以靜。動以行施，靜以合化，堙鬱構精，時育庶類」。王符則在他們思想的基礎上，在《潛夫論·本訓》篇中，以更加系統的方式，闡述道：「上古之世，太素之時，元氣窈冥，未有形兆，萬精合並，混而爲一，莫制莫御。若斯久之，翻然自化，清濁分別，變成陰陽。陰陽有體，實生兩儀。天地壹鬱，萬物化淳。和氣生人，以統理之」。東漢末年經學大師何休亦說：「元者，氣也。無形以起，有形以分，造起天地，天地之始也」[30]。逮及魏、晉、隋、唐，隨着玄學、佛學的興起，元氣本原論雖趨於衰落，但在哲學上依然存在。（魏）稽康說：「夫元氣陶鑠，眾生禀焉」[31]。唐代的柳宗元在回答屈原的〈天問〉時，明確指出：在天地以前，「闇黑晰眇，往來屯屯，龐昧革化，惟元氣存」。元氣經過「呴炎吹冷，交錯而功」[32]，便

---

[30]　《春秋公羊傳解詁》。
[31]　《稽康集·明膽論》。
[32]　同[14]。

形成天地。「彼上而玄者，世謂之天；下而黃者，世謂之地；渾然而中處者，世謂之元氣」❸。通過這一歷史回顧，我們發現王廷相同他的先輩相比，就元氣化生天地萬物這一點而言，王廷相並沒有比他的先輩提供更多的新內容，不過是簡單繼承而已。但是，王廷相在同宋明理學的辯論中，吸取自然科學的最新成就，他畢竟還是把元氣本原論向前推進了一步。這主要表現在如下兩方面：

(1)元氣到底如何演化出天地萬物呢？在這個問題上，唐以前的元氣本原論者，一般認為，混沌的元氣，清濁分開，清輕的氣上浮而為天，重濁的氣下沉而為地。再由天地相合化生出萬物。但是，王廷相有自己的一套比較獨特的宇宙演化論。他認為元氣包含太虛真陽之氣和太虛真陰之氣，真陽之氣感於真陰之氣形成天。一化而為日、星、雷、電，成為火；一化而為月、雲、雨、露，成為水。水火相感，如同「日滷之成鹼，煉水之成膏」一樣，水中的渣滓沉澱蒸結成地，地就是土。土既含金又能長木，金木是水火土三物之所自生。王廷相說：

> 天者，太虛氣化之先物也，地不得而並焉。天體成，則氣化屬之天矣；譬人化生之後，形自相禪也。是故太虛真陽之氣感于太虛真陰之氣，一化而為日、星、雷、電，一化而為月、雲、雨、露，則水火之種具矣。有水火，則蒸結而土生焉。日滷之成醎，煉水之成膏，可類測矣。土則地之道也，故地可以配天，不得以對天，謂天之生之也。有

---

❸　柳宗元：〈天說〉。

土，則物之生益衆，而地之化益大。金木者，水火土之所
出，化之最末者也❸❹。

　　王廷相在同五行家的辯論中，運用當時自然科學的成就，把
「五行」這一概念引入他的宇宙演化論，提出「一（元氣）──
二（陰陽二氣）── 五（卽水、火、土、金、木）── 萬（卽萬
物）」的宇宙演化模式。王廷相還進一步把自然演化同人類社會
聯繫起來，指出「有太虛之氣而後有天地，有天地而後有氣化，
有氣化而後有牝牡，有牝牡而後有夫婦，有夫婦而後有父子，
有父子而後有君臣，有君臣而後名敎立焉」❸❺。這一宇宙生成理
論，較之他以前的元氣本原論，是更加嚴密更加系統了，反映了
人類從抽象到具體的認識過程。他所描繪的某些細節雖不科學，
但這一宇宙演化論大體上反映了宇宙從無機物到有機物，再到人
類社會的發展過程，則是具有一定價値的。

　　(2)同一本原的元氣何以能夠變化出宇宙間的千差萬別的事物
呢？在這個問題上，王廷相以前的元氣論者，皆以稟氣之多少來
回答。王充在《論衡》中認爲：「俱稟元氣，或獨爲人，或爲禽
獸；並爲人，或貴或賤，或貧或富；富或累金，貧或乞食；貴至
封侯，賤至奴僕；非天稟施有左右也，人物受性有厚薄也」。「共
一元氣，氣有多少，故性有賢愚」。但是，用稟氣之多少（或厚
薄），是難以說明宇宙的多樣性的。因爲量之多少，是不能構成
質的差異的。於是，王廷相另闢蹊徑，將佛敎唯識理論和朱熹的

────────────

❸❹　同❶。

❸❺　同❶。

「種子說」❸❻改造成爲元氣種子說。他說：

> 愚嘗謂天地、水火、萬物皆從元氣而化，蓋由元氣本體具
> 有此種，故能化出天地、水火、萬物❸❼。
> 天地之間，無非氣之所爲者，其性其種，已各具于太始之
> 先矣。金有金之種，木有木之種，人有人之種，物有物之
> 種，各個完具，不相假借❸❽。

宇宙萬物之種具於元氣之中，人的精神又是從何而來呢？王廷相
認爲，人的精神亦在元氣之中，他說：

> 愚以元氣未分之時，形、氣、神冲然皆具❸❾。

因爲元氣本身包含有人類精神的種子，所以在宇宙演化過程中，
才會出現像人這種形神結合的高級動物。
　　總之，宇宙間的事物，所以千差萬別，乃是因爲元氣具有

---

❸❻　唯識宗認爲，識有八種，其中最根本的是「阿賴耶識」（亦叫藏
　　識），由前七識（眼、耳、鼻、舌、身、意末那等識）而留印於第八
　　識，即構成一切事物的種子（潛能）。再由「阿賴耶識」所包藏的
　　各種性質不同的種子變現出外界的各種現象。朱熹站在理一元論立
　　塲上，認爲氣是理生成萬物的材料。他說：「且如天地間，人物草
　　木禽獸，其生也莫不有種，定不會無種子，白地生出一個物事，這
　　個都是氣。」（《朱子語類》卷1）
❸❼　同❷❶。
❸❽　《王氏家藏集》卷33，＜五行辯＞。
❸❾　同❷❶。

「萬物之種」。在宇宙「氤氳萌蘗」的長河中,「萬物之種」才
逐漸地顯現出來。元氣種子說,是王廷相用以說明世界差異性的
基本理論。但是應該指出,王廷相的元氣種子說,如同整個元氣
本原論一樣,自身包含着一個不可克服的內在矛盾:承認萬物的
統一性,就不能同時承認元氣含有不同性質的種子,因爲這樣就
等於否定了統一性。相反地,否認元氣含有性質不同的成分而又
難以說明事物的多樣性。這是整個元氣本原論的致命弱點。除非
以元氣本體論代替元氣本原論,這個矛盾是無法解決的。王廷相
終於在張載的氣本體論的基礎上,進一步把元氣本原論和氣本體
論統一起來,構造了自己的氣本體論體系。

氣本體論最早見於《莊子》。《莊子‧知北游》曰:「人之
生,氣之聚也;聚則爲生,散則爲死」。東漢王充在《論衡‧
論死篇》中亦用冰水之喻描述人的生死:「氣之生人,猶水之爲
冰也。水凝爲冰,氣凝爲人;冰釋爲水,人死復神(復歸於神
氣)」。這些只是氣本體論的思想萌芽,還未構成氣本體論的體系。
眞正從宇宙論的高度系統地闡明氣本體論的,當推北宋張載。張
載在他的先輩提供的思想資料的基礎上,受到玄學和佛學體用之
辯的啓迪,第一次提出了氣本體論的基本思維模式。他在《正
蒙》中指出:

凡可狀,皆有也;凡有,皆象也;凡象,皆氣也❹。
氣之爲物,散入無形,適得吾體;聚爲有象,不失吾常。
太虛不能無氣,氣不能不聚而爲萬物,萬物不能不散而爲太

---

❹ 《正蒙‧乾稱篇》。

虛。太虛無形，氣之本體❹；其聚其散，變化之客形爾。氣
聚則離明得施而有形，氣不聚則離明不得施而無形。方其
聚也，安得不謂之客（有）？方其散也，安得遽謂之無❷？

王廷相對張載上述觀點極爲讚賞，認爲「橫渠此論，闡造化之
秘，明人性之源，開示後學之功大矣」。他在張載氣體論的基
礎上，進一步補充和發展了這一思想。他說：

> 兩儀未判，太虛固氣也；天地旣生，中虛亦氣也，是天
> 地萬物不越乎氣機聚散而已。是故太虛無形，氣之本體清
> 通而不可爲象也；太和氤氳，萬物化醇，生生而不容以息
> 也，其性命之本原乎❸！
> 氣至而滋息，伸乎合一之妙也；氣返而游散，歸乎太虛之
> 體也。是故氣有聚散，無滅息。雨水之始，氣化也，得火
> 之炎，復蒸而爲氣。草木之生，氣結也；得火之灼，復化
> 而爲烟。以形觀之，若有有無之分矣，而氣之出入于太虛
> 者，初末嘗滅也。譬冰之于海矣，寒而爲冰，聚也；融渐
> 而爲水，散也。其聚其散，冰固有有無也，而海之水無
> 損焉。此氣機開闔、有無、生死之說也。三才之實化極
> 矣❹。

---

❹ 這裏所謂本體，是指氣所固有的本然狀態。
❷ 《正蒙·太和篇》。
❸ 《慎言·乾運篇》。
❹ 同❶。

從上述可知，氣本體論的基本論點是：（一）氣作爲構成宇宙萬物的物質實體，是無形無象、無生無滅的，因而是絕對的、無限的。（二）氣雖無滅息，但氣有兩種存在形態：一是聚而爲萬物，一是散而爲太虛。聚與散不是氣之生滅，而是氣之形態的轉化。太虛是無形之氣，萬物是有形之氣，太虛是氣之散，萬物是氣之聚。就其形態言，有聚散、有無、生死之別；就其實體言，氣仍常存，無生無滅。

把氣本體論同元氣本原論相比，至少有兩點不同：（一）元氣本原論說的是，元氣與萬物是本與末、根與枝、派生與被派生的關係，它是從宇宙本原論上立論的。氣本體論說的是，氣與萬物是體與用的關係，它是從宇宙本體上立論的。（二）元氣本原論是用禀氣多少或種子說來解釋宇宙的多樣性，而氣本體論則是從氣構成萬物的方式上來闡明世界多樣性的。氣本體論比元氣本原論在思維水平上，無疑是前進了一步。氣本體論是宋元明清時期元氣學說的主要形態。王廷相雖是元氣本原論者，但是在王廷相的思想中，元氣也是氣，如說：「無形亦是氣……無形，元氣也」❹❺。這種元氣（氣），既是宇宙的本原，又是宇宙的本體。這樣他就把元氣本原論和氣本體論統一起來，把元氣本原論歸結爲氣本體論，富有鮮明的時代特徵。

在張載那裏，雖然承認氣處於永恒運動變化之中，包含有氣無生滅的思想❹❻，但是把氣作爲一種無生無滅、永恒運動，從一種形態轉化爲另一種形態的物質實體，作爲一種物質轉化和守恒

---

❹❺ 同❹❶。

❹❻ 例如，張載說：「聚亦吾體，散亦吾體，知死之不亡者，可以言性矣。」（《正蒙‧太和篇》）已初步具有質量守恒的意義。

的思想，還是由王廷相第一次明確提出來的。「氣有聚散、無滅息」的命題，實際上是對質量守恆定律的一種表述和概括。而這個定律是在十八世紀由俄國的羅蒙諾索夫和法國的拉瓦錫從實驗中證實的。生活在十六世紀的王廷相，通過觀察自然現象能夠提出這一理論見解，比俄法科學家整整早了兩個多世紀，不能不說是一個偉大的發現。這是王廷相在宇宙論上的一個重要理論貢獻。

三、元氣之上無物、無道、無理

既然元氣是宇宙萬物的終極根源，那末就必然會引出「元氣之上無物、無道、無理」❹的結論。

所謂「元氣之上無物、無道、無理」，就是說，由於元氣具有至高無上性，所以它是宇宙萬物的終極根源。既然元氣是宇宙的終極根源，這就意味着在元氣之上或之前，不允許再有「理」「道」之類的神秘東西存在，它是自本自根的。從「元氣之上無物」這一命題出發，王廷相對歷史上一切企圖凌駕於元氣（氣）之上的做法進行了全面的批評，充分地表現了他的大無畏的戰鬥精神。

(一)有虛即有氣

宋明時期，有無之辯的焦點是：有和無是否同屬於實有？有和無誰產生誰？中唐以前，如《莊子‧知北遊》的「不游乎太

---

❹　同❺。

虛」，《黃帝內經・天元紀大論》的「太虛寥廓」等，係指廣袤
無限的宇宙空間。而第一次從哲學上對「無」、「空」、「太虛」
作出重要理論說明的，當是唐代的劉禹錫和柳宗元。劉禹錫在
《天論》中指出：「若所謂無形者，非空乎？空者，形之希微者
也」。「古所謂無形，蓋無常形爾，必因物而後見爾」。柳宗元
稱贊劉禹錫「獨所謂無形爲無常形者，甚善」。在劉、柳看來，
空間並不是虛無，而是充滿着無常形的細微的物質。北宋張載在
劉、柳的基礎上，進一步明確地提出了「太虛卽氣」的著名論
斷，認爲太虛雖然無形，卻是實有之物 —— 氣的一種存在形態。
他說：「天地之道，無非以至虛爲實，人須于虛中求出實。……
金鐵有時而腐，山岳有時而摧，凡有形之物卽易壞，惟太虛無動
搖，故爲至實」❹。至實之太虛，實爲廣袤無限之氣，氣聚而成
有形之萬物，萬物散而復歸爲無形之太虛。太虛之氣只有隱顯、
出入、幽明之別，而無「有無之分」。「知虛空卽氣，則有無、
隱顯、神化、性命通一無二，顧聚散、出入、形不形，能推本所
從來，則深於《易》者也」。那種鼓吹「有無之分」的人，實爲
「諸子淺妄」，「非窮理之學也」❹。

　　王廷相繼承和發展了張載的思想，在「太虛卽氣」、「虛空
卽氣」的基礎上，進一步從有限與無限辯證統一的角度，提出了
「道體不可言無，生有有無」的命題。他論證說：

　　　　道體不可言無，生有有無。天地未判，元氣混涵，清虛無

---

❹　《張載集・張子語錄中》。
❹　張載：《正蒙・太和篇》。

間，造化之元機也。有虛卽有氣，虛不離氣，氣不離虛，無所始無所終之妙也。不可知其所至，故曰太極；不可以為象，故曰太虛，非曰陰陽之外有極有虛也。二氣感化，羣象顯設，天地萬物所由以生也，非實體乎！是故卽其象，可稱曰有；及其化，可稱曰無。而造化之元機，實未嘗泯。故曰：道體不可言無，生有有無[50]。

虛者氣之本，故虛空卽氣；質者氣之成，故天地萬物有生。生者，「精氣為物」，聚也；死者，「游魂為變」，歸也。歸者，返其本之謂也。返本，復入虛空矣[51]。

作為造化之元機的元氣（清虛之氣），雖然不可以為象、無所始無所終，但它在生化過程中，氣聚而成有形有象、有生有滅的天地萬物，天地萬物散而復歸於無形之太虛。以形觀之，元氣雖有幽顯、有無兩種存在形態，但它實未嘗泯。

王廷相依據「有虛卽有氣」這一思想，首先批評了佛、老。他指出：「老氏謂『萬物生於有』，謂形氣相禪者；『有生於無』，謂形氣之始本無也。愚則以為萬有皆具於元氣之始，故曰儒之道本實本有，無『無』也，無『空』也」。又說：「老氏之所謂虛，其旨本虛無也，非愚以元氣為道之本體者，此不可以同論也」[52]。在「空」「無」問題上，佛老認為「空」卽是空無所有，「形氣之始本無也」，「無」是凌駕於萬物之上的非物質的絕對。而以張載、王廷相為代表的氣本體論者，則認為作為造化

[50] 同[1]。
[51] 同[23]。
[52] 同[21]。

之本體的太虛雖無形無狀，但並非一無所有，而是「以元氣爲道之本體」，所以是「本實本有」的。這是兩種根本對立的空無觀。

王廷相如同張載一樣，不但承認作爲宇宙本體的元氣是「有」，而且也承認由元氣派生出來的天地萬物亦是「有」。佛教認爲「一切皆空」，「外境本空」，山河大地只是「唯識」、「唯心」所造，並且錯誤地把萬物與太虛割裂開來，否認萬物是太虛之氣凝聚的結果。張載在《正蒙・太和篇》中尖銳地批評說：「若謂萬象爲太虛中所見之物，則物與虛不相資，形自形，性自性，形性、天人不相待而有，陷於浮屠以山河大地爲見病之說」。王廷相繼張載之後，進一步揭露說：「天內外皆氣，地中亦氣，物虛實皆氣，通極上下造化之實體也。是故虛受乎氣，非能生氣也；理載於氣，非能始氣也。世儒謂『理能生氣』，卽老氏道生天地矣；謂理可離氣而論，是形性不相待而立，卽佛氏以山河大地爲病，而別有所謂眞性矣，可乎？不可乎？由是，『本然之性超乎形氣之外』，『太極爲理而生動靜、陰陽』，謬幽誣怪之論作矣」❸。指出虛與實皆是氣的不同存在形態，佛教把世界說成「見病」（主觀幻覺），割裂本體與現象的關係，完全是一種謬幽誣怪之論。

(二)太極卽元氣

太極之說，始於《易傳》。《易傳》云：「易有太極，是生兩儀，兩儀生四象，四象生八卦」。後世解《易》者，或以「氣」

---

❸　同❶。

解太極，或以「理」解太極。王廷相指出：「《易》自邵、朱以來，如先天、後天、河圖、五行，任意附入者已多，及求諸六十四卦，何曾具此？後學自少至老讀其遺文，迷而不省，又爲衍其餘說，日膠月固而不可解，使四聖之《易》雜以異端之說，悲哉！」❺❹所以王廷相以元氣實體論破此異端之說，在太極問題上展開了兩種不同思想的論爭。王廷相指出：

> 太極之說，始于「易有太極」之論。推極造化之源，不可名言，故曰太極。求其實，卽天地未判之前，大始渾沌清虛之氣也❺❺。
>
> 太極者，道化之極之名，無象無數，而天地萬物莫不由之以生，實混沌未判之氣也，故曰元氣❺❻。

這裏所謂太極，含有雙重意義：(1)就元氣不可名言，卽無形無象、無始無終、無生無滅、無邊無涯來說，可稱爲太極。太極卽指元氣的無限性。這是就物質存在的形式說的。(2)就造化之源來說，是指天地未判之前，太極混沌之氣（或「太虛之氣」、「大始混沌清虛之氣」）本體而言。這是一個實體性的概念。合言之，所謂太極，卽是元氣及其無限性。

是以氣解太極還是以理言太極？這是宋明時期太極之辯的根本分岐之點。

王廷相根據「太極卽元氣」的原則，批評了周濂溪的「無極

---

❺❹ 同❷❶。

❺❺ 《王氏家藏集》卷33，＜太極辯＞。

❺❻ 同❺。

而太極，太極生二、五」的宇宙觀。周濂溪在《太極圖說》中，認爲宇宙的最後本源是「無極而太極」，由太極而生陰陽，由陰陽而生五行，由五行而生萬物。就「一（太極）——二（陰陽）——五（水火木金土）——萬（萬物）」的宇宙模式而言，王廷相並不籠統地加以反對，反對的只是周濂溪不以「氣」解釋太極。他說：

> 大抵老氏、周子不以氣爲主，誠以爲無矣，與柏齋以神爲無同義，與橫渠「氣之爲物，散入無形，適得吾體」，太相懸絕。夫同道相賢，殊軌異趨，柏齋又安能以橫渠爲然？嗟乎！以造化本體爲「空」爲「無」，此古今之大迷！雖後儒扶正濂溪無極之旨，曰「無聲無臭，實造化之樞紐，品滙之根柢」，亦不明言何物主之，豈非談虛說空乎[57]？

周濂溪不明言太極卽元氣，只是說「無極而太極」，實際上就是以「無」、「空」解釋太極。以太極爲「空」、爲「無」，就等於承認老子的「有生于無」和佛教的「一切皆空」的命題，「豈非談虛說空乎」？從而揭露了周濂溪太極說的佛老本質。

周濂溪雖未明言氣卽太極，但也未明言理卽太極。朱熹在周濂溪的基礎上，從理一元論出發，明確地提出了「太極卽理」的觀點。他說：「太極非是別爲一物，卽陰陽而在陰陽，卽五行而在五行，卽萬物而在萬物，只是一個理而已，因其極至，故名曰

---

[57] 同[21]。

太極」。又說：「總天地萬物之理，便是太極」。「無極而太極
……只有此理而已」❺❽。王廷相針對朱熹「以理言太極」的謬
論，指出：

南宋以來，儒者獨以理言太極而惡涉於氣。如曰：「未有
天地，畢竟是有此理」。如曰：「源頭只有此理，立乎二
氣五行萬物之先」；如曰：「當時元無一物，只有此理，
便會動靜生陰陽」；如曰：「才有天地萬物之理，便有天
地萬物之氣」。嗟乎！支離顛倒，豈其然耶？
萬理皆出於氣，無懸空獨立之理。造化自有入無，自無為
有，此氣常在，未嘗漸滅。所謂太極，不于天地未判之氣
主之而誰主之耶？故未判，則理存于太虛；既判，則理載
于天地。程子所謂「冲漠無朕，萬象森然已具」，正此謂
耳。若謂「只有此理，便會能動靜生陰陽」，尤其不通之
論！理，虛而無着者也。動靜者，氣本之感也；陰陽者，
氣之名義也。理無機發，何以能動靜？理虛無象，陰陽何
由從理中出？此論皆窒礙不通，率易無當，可謂過矣。嗟
乎！元氣之外無太極，陰陽之外無氣。以元氣之上，不可
意象求，故曰太極。以天地萬物未形，渾淪冲虛，不可以
名義別，故曰元氣。以天地萬物既形，有清濁、牝牡、屈
伸、往來之象，故曰陰陽。三者一物也，亦一道也，但有
先後之序耳。不言氣而言理，是捨形而取影，得乎❺❾？

---

❺❽　同❿。
❺❾　同❺❺。

這就是說，就其實質來說，太極是「天地未判之氣」（元氣），「以元氣之上，不可意象求，故曰太極」。如程朱那樣「不言氣而言理」，這是一種支離顛倒的錯誤。實際上，「萬理皆出于氣，無懸空獨立之理」—— 元氣未判，「理存于太虛」；既判，「現載于天地」，「元氣之外無太極」。如果離氣而言理，就等於捨形而取影，此乃不通之論。

（三）元氣爲道之本

在道的問題上，也存在着王廷相和老、莊的分歧。如把「道」看成先於天地、超乎萬物，產生萬物的非物質的絕對，卽是老莊的道論；如把「道」視作事物的規律而存在於事物之中，則是王廷相的道論。王廷相在張載的「由氣化，有道之名」的基礎上，提出了「元氣爲道之本」的著名論點。「天地之先，元氣而已矣。元氣之上無物，故元氣爲道之本」。他說：

> 元氣卽道體。有虛卽有氣，有氣卽有道。氣有變化，是道有變化。氣卽道，道卽氣，不得以離合論者⑩。

王廷相既然認爲「元氣之上無物」，把元氣視作「天地萬物的宗統」，也就必然會否定先於天地，脫離萬物而存在的神秘的「道」。把「道」代之以物質性的元氣，並把「道」視作存在於事物之中的規律，提出「離氣無道，離造化無道」⑪的命題，無疑是正確的。

---

⑩　同⑤。

⑪　同①。

　　王廷相依據「元氣爲道之本」的觀點，深刻地揭露了老、莊的「道生天地」的謬說。老子云：「道生一，一生二，二生三，三生萬物」❷。莊子亦云：道「自本自根，未有天地，自古以固存，神鬼神帝，生天生地」❸。北宋邵雍繼老、莊之後，亦認爲「道爲天地之本，天地爲萬物之本」❹。王廷相針對這些謬論，指出：

> 老莊謂道生天地，……愚謂天地未生，只有元氣，元氣具，則造化人物之道理卽此而在，故元氣之上無物、無道、無理❺。
> 有元氣則有生，有生則道顯。故氣也者，道之體也；道也者，氣之具也。以道能生氣者，虛實顚越，老莊之謬談也。儒者襲其故智而不察，非昏罔則固蔽，烏足以識道❻！

在「離氣無道」的基礎上，王廷相進一步提出了「元氣無息，故道亦無息」的辯證法命題。他說：

> 有形亦是氣，無形亦是氣，道寓其中矣。有形，生氣也；無形，元氣也。元氣無息，故道亦無息。是故無形者，道

---

❷　《老子》四十二章。
❸　《莊子・大宗師》。
❹　《皇極經世・觀物內篇》。
❺　同❺。
❻　同㉓。

之氐（抵）也；有形者，道之顯也❻❼。

這一「道化」的觀點，不僅是對董仲舒以來的「天不變，道亦不變」的形而上學思想的批評，而且也是直接爲王廷相的變法思想提供理論根據，具有重要的理論意義和現實意義。

(四)理根於氣

理氣關係是宋明哲學爭論的中心問題。「理」和「氣」的觀念，雖然起源於先秦，但在先秦諸子中還未有以「理」與「氣」對舉的例證。只有到了宋代，「理」與「氣」才成爲一對重要哲學範疇。北宋張載講「氣」，也講「理」，如他說：「理不在人皆在物」，「萬物皆有理」，「天地之氣，雖聚散，攻取萬涂，然其爲理也順而不妄」。把理視作氣的運動變化的內在必然性和條理性，理是從屬於氣的。但他並未把理氣關係作爲中心問題進行探討。把理氣關係作爲中心問題，進行論證的，是宋代的程朱。王廷相在同程朱的辯論中，把被理學家視作唯一的最高精神實體的「理」，還原成宇宙間形形色色的事物的規律，肯定氣是理的基礎，從而把理氣關係看作是物質及其運動變化規律的關係。

是理爲氣之本還是氣爲理之本？朱熹在講到萬物生成時，雖然承認理氣不相離，說「天下未有無理之氣，亦未有無氣之理」❻❽，但是強調理爲氣本。他說：「有是理便有是氣，但理是本」❻❾。

---

❻❼　同❶。

❻❽　《朱子語類》卷1。

❻❾　同❻❽。

王廷相針對這種理為氣本的思想，駁斥說：「夫萬物之生，氣為理之本，理乃氣之載，所謂有元氣則有動靜，有天地則有化育，有父子則有慈孝，有耳目則有聰明是也。非大觀造化、默契道體者，惡足以識之？」⑩ 把「理為氣之本」改造成「氣為理之本」，即把顛倒了的理氣關係再顛倒過來，從而把「理」納入他的元氣論，這是王廷相的理氣觀的重要內容之一。

是理生於氣還是氣生於理？朱熹說：「太極生陰陽，理生氣也」⑪。王廷相針對這種理生氣的觀點，批評說：

> 氣，游於虛者也；理，生於氣者也。氣雖有散，仍在兩間，不能滅也。故曰：「萬物不能不散而為太虛」。理根於氣，不能獨存也，故曰「神與性皆氣所固有」。若曰「氣根於理而生」，不知理是何物？有何種子，便能生氣⑫？

在王廷相看來，氣作為通極上下造化的實體，無時不在，無處不生，元氣之上無理，所以離氣而言理，並把理視作獨存的東西，就是「談虛駕空之論」，就是「謬幽誣怪之論」。這就擊中了「氣根於理」的要害。

在理氣問題上，王廷相還進一步揭露了朱熹所謂「理一分殊」的形而上學性質。由於程朱把理視作宇宙唯一的精神本體，

---

⑩ 同⑤。

⑪ 朱熹：＜太極圖說解＞。

⑫ 同⑳。

而不看成天地萬物的規律，所以只講「理一」而不講「理萬」，
認爲萬物之「理」全具「一個」本體之理，割裂了「理一」與
「理萬」的辯證關係。王廷相針對這種形而上學觀點，批評說：
「天地之間，一氣生生，而常而變，萬有不齊，故氣一則理一，
氣萬則理萬。世儒專言理一而遺理萬，偏矣。天有天之理，地有
地之理，人有人之理，物有物之理，幽有幽之理，明有明之理，
各有差別。統而言之，皆氣之化，大德敦厚，本始一源也；分而
言之，氣有百昌，小德川流，各正性命也」❼❸。王廷相把「理一」
與「理萬」在「氣」的基礎上統一起來，既講「理一」，又講
「理萬」，從而克服了程朱在理氣觀上的片面性，揭示了一般與
個別的辯證關係。

綜觀上述，在理氣問題上，張載提出了「萬物皆有理」的學
說，肯定理在物中，但還沒有明確地提出理氣關係問題。程朱雖
正式提出理氣關係，但斷言理本氣末。王廷相在與程朱的辯論
中，主張「理根于氣」，全面地批判了程朱的理氣觀，爲明清之
際黃宗羲、方以智、王夫之等人的宇宙觀奠定了理論基礎。

（五）五行「皆出自元氣之種」

五行之說，始見於《尙書》。王廷相認爲，《尙書》所謂五
行，並不神秘，它是流行於天地之中，切於民用，不可一日而缺
的五種物質材料——金、木、水、火、土。但是，「逮夫末世，
聖王不作，正道湮窒，處士橫議，怪誕紛起，始有以五行傅會于
臟腑者矣，始有傅會於四時者矣，始有傅會於星緯地理者矣。下

───────────────

❼❸　同❺。

至于唐，始傅會于生命之術矣；再及于宋，則傅會于陰陽造化矣」❼。「遂使後之儒者援緯附經，擬議造化，其隨聲附和者，浸淫爲怪誕之談而不知其非」❼。所以，王廷相舉起捍衞聖道的旗幟，對這一切傅會之論，特別是對以五行論造化的謬論，提出了尖銳的批評，並在批評中恢復了五行說的本來意義。

王廷相根據元氣一元論，認爲五行「皆自元氣變化出來」❼。根據氣聚結的程度和積聚時間的長短，其生成次序是：「五行之性，火有氣而無質，當作最先；水有質而不結，次之；土有體而不堅，再次之；木體堅而易化，再次之；金體固而不鍊，當以爲終」。「夫天地之初，惟有陰陽二氣而已。陽則化火，陰則化水。水之渣滓便結成地。渣滓成地卽土也。金、木乃土中所生。五行本然先後之序如此」❼。根據「火─水─土─木─金」這一生成順序，他點名批評了朱熹。指出朱熹說的「五行之序，木爲之始，水爲之終，而土爲之中」以及「水一、木三、土五，皆陽之生數；火二、金四，皆陰之生數」，都是出於「緯書假合之論」。他還針對朱熹的「天一生水」❼之說，批評道：「此緯書之辭，而儒者援以入經也。何以言之？水、火者，陰陽始化之妙物也。故一化而爲火，日是也；再化而爲水，雨露是也。今曰『天一生水，地二生火』，戾于造化本然之妙，可乎？夫有地

❼　《王氏家藏集》卷37，＜答顧華玉雜論＞。

❼　同❷。

❼　同❷。

❼　《王氏家藏集》卷33，＜五行辯＞。

❼　朱熹認爲，「大抵天地生物，先其輕清，以後重濁。天一生水，地二生火，二物在五行中最輕清，金木復重于水火，土又重于金木。」（《朱子語類》卷94）。

卽有土矣，何至天五方言生土？若曰天地以造化言，尚未有土
矣，何天三生木，地四生金，將附于何所乎？其牴悟不合又如
此」⑦。

王廷相針對金生水，水生木的觀點，指出「金木非造化之
本」。他說：

> 夫金乃水土與火三精凝結，化理最後；水則陰精所化，萬
> 物爲質之本。五行家曰「金生水」，自今觀之，厥類懸絕
> 不侔，厥理顛倒失次，安有生水之理？夫木以火爲氣，以
> 水爲滋，以土爲宅，此天然至道。五行家曰「水生木」，
> 無土，將附木于何物？水多，火滅，土絕，木且死矣，夫
> 安能生⑧？

王廷相不但批評了「以五行論造化」的思想，還進一步揭露
了「以五行配四時」的觀點。五行家認爲：春木、夏火、秋金、
冬水；土無所歸，配於四季。王廷相根據氣無滅絕之理，質問
道：「五行之氣，渾于太虛，何日無之？既曰春木矣，季土矣，
何水火土金，日輪次而仍在？不幾于自爲矛盾乎？若曰日逢甲
乙，木氣獨生矣，其水火金土將歸何所？不幾于誕而害義乎？氣
無滅絕之理，又非遯避而然，故曰緯人私智強合，非聖人實正之
論也」⑧。又質問道：「春止爲木，則水火土金之氣孰絕滅之乎？
秋止爲金，則水火土木之氣孰停留之乎？土惟旺于四季，則餘月

---

⑦　同⑦。
⑧　同⑦。
⑧　同㉓。

之氣孰把持而不使之運乎？又安有今日爲水，明日爲火，又明日爲土、爲金、爲木乎？」❽「土之氣在天地之內，何日不然，何處不有，何止流行于季月（四季之末月，卽三、六、九、十二月），何季月之晦（每月之末天）尚存，而孟月（四季之首月，卽一月、四月、七月、十月）之朔（每月之初一）卽滅？其滅也歸于何所？其來也孰爲命之？聖人精義之學，決不如是」❽。在王廷相看來，四時並非由五行主宰，而是「日有進退，乃成寒暑；寒暑平分，乃成四時」，與五氣之布沒有關係。氣與四時的眞正關係，是「春夏陽漸達於上，火氣薰蒸而遠，水泉涌溢，土釋而潤泛，金氣鬱熱，化石成曠，木發育而茂。秋冬陰漸盛于上，火氣斂而近，水泉消涸而冰，土結燥而凍，金以石寒而不滋，木氣歸根而凋落」❽。五行家「謂水汪於冬，猶爲痼疾。夫夏秋之時，膚寸云靄，大雨時行。萬流涌溢，百川灌河，海潮爲之嘯違，不于此時而論水旺，乃于泉閉涸之時而強配以爲旺，豈不大謬」❽！在同五行家的辯論中，王廷相堅持氣爲萬物之本和氣之永恆性的思想，抓住「五行說」的內在矛盾以及它與客觀現實之間的矛盾，從而有力地揭露了它的荒謬性，是王廷相理論鬥爭的成功經驗之一。

(六)象者氣之成，數者象之積

宋代先天象數學，始於邵雍（1011-1077）。王廷相指出：

---

❽　《王氏家藏集》卷33，〈五行配四時辯〉。
❽　同⓱。
❽　同❶。
❽　同㉑。

「《易》雖有數，聖人不論數而論理，要諸盡人事耳，故曰：『得其義則象數在其中』。自邵子以數論天地人物之變，棄人爲而尚定命，以故後學論數紛紜，廢置人事，別爲異端，害道甚矣」⑧⑥。又說：「邵子假四時定局，作《先天圖》以明《易》，皆非《易》中所有之本旨；排甲子死數，作《經世書》，以明天人之究，殊非天道人事之自然，此實異端，竊附儒者」⑧⑦。所以，王廷相奮然以元氣實體論爲武器，批評了邵雍的先天象數學。

邵雍以象數論造化，認爲「太極不動，性也。發則神，神則數，數則象，象則器，器之變，復歸於神也」。「太極一也，不動；生二，二則神也。神生數，數生象，象生器」⑧⑧。邵雍按照「一分爲二」的規律進一步論證說：「太極旣分，兩儀立矣。陽上交于陰。陰下交于陽，四象生矣。陽交于陰，陰交于陽，而生天之四象，剛交于柔，柔交于剛，而生地之四象，于是八卦成矣。八卦相錯，然後萬物生焉。是故一分爲二，二分爲四，四分爲八，八分爲十六，十六分爲三十二，三十二分爲六十四。故曰『分陰分陽，迭用剛柔，故易六位而成章』也。十分爲百，百分爲千，千分爲萬。猶根之有幹，幹之有枝，枝之有葉。愈大則愈少，愈細則愈繁。合之斯爲一，衍之斯爲萬」⑧⑨。太極生出陰陽（動靜）二象，動者爲天，天有陰陽，陰陽相交，則分出太陽、太陰、少陽、少陰，是爲天之四象 —— 日、月、星、辰。靜者爲

---

⑧⑥　同❺。

⑧⑦　王廷相：《雅述》下篇。

⑧⑧　邵雍：《皇極經世・觀物外篇》。

⑧⑨　同⑧⑧。

地，地有剛柔，剛柔相交，而分出太剛、太柔、少剛、少柔，是
爲地之四象 —— 水、火、土、石。天之四象與地之四象「相錯」，
按照「一分爲二、二分爲四、四分爲八、八分爲十六、十六分爲
三十二、三十二分爲六十四……」等比級數，而生出萬物。王廷
相指出：這只是聖人推論畫《易》之原，而非論天地造化本然之
妙用也。邵雍以此論造化，主要錯誤有二：(1)顚倒了元氣和象數
的關係。在王廷相看來，太極卽是太虛之氣，太虛之氣本無象數。
只有由太虛之氣所派生的天地萬物才有象數。他說：「天者，太
極已形也，形則象數具而八卦章矣。先于天者，太虛之氣爾，無形
也，無象與數也，故曰太極」⑩。又說：「據《先天圖》論之，
有陰陽，有天地，有四時，有象數 ，皆太極已形之餘 ，而謂之
『先天』，何居？義不符名，率然標取，學者迷而不察，豈不可
哀！」⑨ 如邵雍所謂先天之象數是根本不存在的。(2)顚倒了象數
和器物的關係。是象數在先還是器物在先呢？邵雍認爲數生象，
象生器，象數先於器物。而王廷相則繼承了《左傳》的「物生而
後有象，象而後有滋，滋而後有數 」的觀點 ， 認爲「 象者氣之
成，數者象之積」⑨ 。卽認爲凡有形象器物乃是氣之所成，凡數
乃是器物之所積。把顚倒了的象數和器物的關係，再顚倒過來，
從而堅持了元氣本原論的立場。

　　邵雍依據先天象數學，在《皇極經世·觀物內篇》中，人爲
地把天地人物分成日月星辰、水火土石、暑寒晝夜、雨風露雷、
性情形體、走飛草木、目耳鼻口、色聲氣味等四種；又有《易》

---

⑩　同⑤。

⑨　同⑥。

⑨　同❶。

《書》《詩》《春秋》、皇帝五霸、虞夏商周、文武周召、秦晋
齊楚、意言象數、仁義禮智、聖賢才術；又有所謂元會運世、歲
月日時等，一切都是「四而分之」。王廷相根據「天地道化不
齊」的觀點，駁斥說：「天地道化不齊，故數有奇耦之變，自然
之則也。太極也，君也，父也，不可以二者也。天地也，陰陽
也，牝牡也，晝夜也，不可以三者也。三才不可以四，四時不可
以五，五行不可以六。故曰：『物之不齊，物之情也』。夔一足，
人兩足，蟾蜍三足，馬四足，蜘蛛六足，蟹八足，蚭蛆（蜈蚣）
四十足，蚿（馬陸）百足，是豈物之所能爲哉？一天之道也。邵
子于天地人物之道，必以四而分之，膠固矣」❾❸。這種人爲的
「四而分之」，「異于造化萬有不齊之性，戾于聖人物各付物之
心」，完全是一種「牽合傅會，舉一而廢百」的謬說。

　　邵雍依照一年十二月，一月三十日，一日十二時，一時三十
分的數字，提出所謂「元、會、運、世」說，認爲一元有十二
會，一會有三十運，一運有十二世，一世有三十年。一元共有十
二會，三百六十運，四千三百二十世，十二萬九千六百年，即爲
宇宙由始到終變化的一個周數。此後將另有天地照此模式重新開
闢。其中人物如此循環，以至無窮。王廷相揭露了這種宇宙循環
論，指出：「君子以數知天地之始終，世以爲然，吾以爲罔焉。
天地開闢，人物禪化久矣，而不可追稽也。何所遵據而知之？」❾❹
又說：「天運之久近，人不可得而知者也。歷家雖能測候玄渾
之象，其天地消毀之期，何所據而能知之？天之道，茫茫無窮

---

❾❸　同❷❸。
❾❹　《王氏家藏集》卷33，＜數辯＞。

也，安可以十二萬九千六百年定其終始乎？詭僻無據，大觀乎道者決不爲之。謂邵子爲仲尼之徒，吾不知矣」⑮。「天之開，尙未有地矣，安能有人？尙未有人矣，孰從而傳以記之？書契之前之日固不可得而知矣。……天地之運，如環無端，運周一元，礎之轉獨不再始乎？日周十二時，天之運獨不在子乎？一元之上，安知其不有一元耶？何所據而知堯舜爲會之午、今爲未耶？又何據而知一元卽減沒也哉？」⑯這完全是一種「索隱芒昧，欺迷後學」的說法。邵雍把天地之終始定爲十二萬九千六百年，純屬「詭僻無據」之辭，切不可信之。

邵雍根據「元、會、運、世」之說，認爲「天開于子，地僻于丑，人生于寅，必待一萬八百年」。王廷相以他的宇宙演化論駁斥說：「生成固有序矣，數何拘若是？又何齊若是？豈非以十二辰之數，而強附之耶？地闢，物卽生之，陸也草木昆蟲，水也蛟螭魚鱉，人亦類也，與俱生矣。蓋氣化之不容已如此，安能若是久乎？自堯至于玆止三千餘年爾，今視之亦甚遠。四萬八百年物始生焉，謂實理然乎哉？」⑰由於王廷相缺乏現代地質學知識，不能科學地說明宇宙及其生物的演化過程，謂人物生於地闢之後一萬八百年太「久遠」，未必妥當，但他以樸素的求實態度駁斥邵雍「分天地人各當一會」的宇宙模式，則是合理的。

由上可知，「元氣之上無物、無道、無理」的命題，是王廷相用以批駁宋明一切具有代表性的各種先驗論的理論綱領，也是他的大無畏的戰鬥精神和科學態度的集中表現。在王廷相生活的

⑮　《王氏家藏集》卷33，〈經世書作歷辯〉。

⑯　同⑭。

⑰　同㉘。

年代，科學還很不發達，他以蔑視權威的戰鬥精神，敢於批評各種謬說，還是很了不起的。 雖然他的論點還有不少非科學的地方，對此我們就不能過於苛求古人了。

第四章 陰陽氣化論

王廷相既講「元氣實體論」，又講「陰陽氣化論」。在他看來，氣不但具有客觀實在性，又有內在矛盾性。氣是實體與過程的統一，是一種運動着的物質實體。「氣」以及由氣所構成的宇宙萬物並非「寂然不動」，而是一個「生生不息」的氣化過程。在氣化過程中，「變」與「常」、「動」與「靜」是統一的，「漸化」與「驟變」也是統一的；變化的根本原因是陰陽的對立統一。陰陽氣化論，包含着豐富的樸素辯證法思想。

一、氣化是「常」與「變」的統一

王廷相如同他以前的許多思想家一樣，承認「變」是宇宙的根本法則。他認爲，元氣及由它所派生的天地萬物莫不在變易之中，整個宇宙猶如一條川流不息的大河。他說：「子在川上，見水之逝，晝夜不息，乃發爲嘆❶，意豈獨在水哉？天道、人事、物理，往而不返，流而不息，皆在其中，不過因水以發端耳」❷。又說：「《易》卽時措之道，無有窮已，故曰：生生

---

❶ 《論語·子罕篇》云：「子在川上曰：逝者如斯夫，不舍晝夜」。
❷ 《雅述》上篇。

之謂易」❸。

　　王廷相主張「氣有不常（變）」，也主張「氣有常」。他說：
「天地之間，一氣生生，而常而變」❹。承認氣在生化過程中，
「隨時變易」，但也包含有不變之「常」。張載認為「氣之為物，
散入無形，適得吾體；聚為有象，不失吾常」❺。這裏說的「變」
是指氣之聚散，「常」是指氣無生滅。這是從常住性（永恆性）
和變動性來說明氣的「常」與「變」的內容的。程頤從理一元論
出發，認為「天地之化，雖廓然無窮，然而陰陽之變、日月寒暑
晝夜之變，莫不有常，此道之所以為中庸」❻。這裏說的「變」
是指氣變、物變，而變中之「常」乃是指主宰「天地之化」、「日
月寒暑晝夜之變」的「理」（或道）。他由此出發極力反對張載
的「氣無生滅」的思想，認為「屈伸往來只是理，不必將既屈之
氣，復為方伸之氣。生生之理，自然不息」❼。把氣看成是有生
有滅、有始有終的東西，只承認氣之「變」，而否定氣之「常」，
這是一種割裂氣常與氣變的形而上學觀點。王廷相在同程氏的辯
論中，根據張載的氣無生滅的思想，系統地闡述了「氣常」和
「氣變」的關係。他說：「造化自有入無，自無為有，此氣常
在，未嘗漸滅」❽。又說：「氣，游于虛者也；理，生于氣者
也。氣雖有散，仍在兩間，不能滅也。故曰：萬物不能不散而為

---

❸　《慎言・見聞篇》。
❹　同❷。
❺　《正蒙・太和篇》。
❻　《河南程氏遺書》卷15。
❼　同❻。
❽　《王氏家藏集》卷33，〈太極辯〉。

太虛」❾。就氣聚而成物（「自無爲有」）、氣散而爲太虛（「自有入無」）而言，稱之爲氣變；而氣作爲萬物本源則「此氣常在，未嘗澌滅」，稱之爲「氣常」。無論是「氣變」還是「氣常」，皆是「一氣生生」過程中所固有的，並非程氏所說的理「常」而氣「變」。這是王廷相常變觀的第一層含義。

　　但是，王廷相並不是簡單地重複張載，而是隨着理論思維和哲學論爭的發展，以反映事物運動變化的必然性和偶然性的觀念，豐富和補充了關於「常」和「變」這對範疇的客觀內容。王廷相所謂「常」，有時是指「氣化」過程中的「常次」、「常規」，卽必然性和普遍規律而言；所謂「變」，有時是指「氣化」過程中的反常現象或偶然現象而言。例如，在自然界，他認爲「四時寒暑，其機由日之進退，氣不得而專焉。日南至而寒甚，北至而暑甚」，這是四時寒暑的必然現象和普遍規律，可以稱之爲「常」。但是，「陰雨之氣，雖夏亦寒；晴明之日，雖冬亦熱，此不可以時拘者也。向陽多暖，背陰多寒；窪下春先，高峻雪積，此不可以南北大分拘者也」。—— 這一切，「皆變也，非常也」❿。再如，「陰遏乎陽，畜之極，轉而爲風。大遏則大吹，小遏則小吹。夏無巨風者，陽盛之極，陰不能以遏之也。陽伏于陰，發之暴，聲而爲雷。其聲緩者，厥伏淺；其聲迅者，厥伏固。冬而雷收其聲者，陰盛之極，陽不得以發之也」。意謂夏無巨風，冬無響雷，這是氣候變化的「常規」。但是，有時夏天偶有巨風，冬天偶有響雷，「時有之者，變也，非常也」⓫，是

---

❾　《王氏家藏集》卷33，〈橫渠理氣辯〉。
❿　《愼言・乾運篇》。
⓫　同❿。

一種偶然發生的變異現象。這是王廷相常變觀的第二層含義。

在「常」與「變」問題上，王廷相雖然比張載前進了一步，但是，在總的前進中也有局部的倒退。當王廷相有時把「常」規定爲「氣種有定」的時候，他由辯證法陷入了形而上學。他說：「萬物巨細柔剛各異其材，聲色臭味各殊其性，閱千古而不變者，氣種之有定也」⑫。又說：「草木之枝幹花葉，各有定形，以有定種故也」⑬。在這裏，他肯定「氣種有定」的物種不變論，在生物學上，是錯誤的。

二、氣化是「動」與「靜」的統一

「動」和「靜」的關係，也是王廷相氣化論的重要內容之一。張載雖然有時承認「柔亦有剛，靜亦有動」⑭，但是由於他過分地誇大了靜止的作用，把靜止看成絕對的，把運動看成相對的，所以他認爲太虛本體「至靜無感」，只有天地萬物才是變動不居的。萬物之動，乃是「靜之動也」，由太虛「至靜」所產生的。他說：「天行何嘗有息？正以靜，有何期程？此動是靜中之動，靜中之動，動而無窮，又有甚首尾起滅？自有天地以來以迄于今，蓋爲靜而動」⑮。由於動是「靜中之動」，是「爲靜而動」，所以他錯誤地引出了「日月之形，萬古不變」⑯的結論。

---

⑫　《愼言・道體篇》。
⑬　《愼言・五行篇》。
⑭　《橫渠易說・上經・坤》。
⑮　《橫渠易說・上經・復》。
⑯　《正蒙・參兩篇》。

程朱等人進一步誇大了這一理論缺陷，提出了「以靜制動」的觀點，認爲「太極只是理，理不可以動靜言」。只有在物質的「氣」的世界裏才有動靜，「方其動時則無了那靜，方其靜時則無了那動」[17]，把動和靜割裂開來。由此做出「以靜制動，理便是靜底，事便是動底」[18]的結論。王廷相在同程朱的辯論中，闡述了氣化過程中「動」和「靜」的辯證關係。他認爲動中有靜，靜中有動，動和靜是互相蘊涵的，並不是彼此分離的。他論證說：「靜而無動則滯，動而無靜則擾，皆不可久，此道筌也，知此而後謂之見道。天動而不息，其大體則靜，觀於星辰可知已[19]；地靜而有常，其大體則動，觀於流泉可知已」[20]。在這裏，王廷相雖然以「動靜互涵」論正確地批評了程朱的形而上學思想，但是還沒有解決動和靜何者是絕對的問題。只有到了清初王夫之提出「動靜皆動」[21]這一光輝論點之後，才第一次明確地解決了運動是絕對的、而靜止是相對的問題。這種「動靜皆動」的思想是對中國

---

[17]　《朱子語類》卷94。

[18]　《朱子語類》卷67。

[19]　《愼言‧乾運篇》云：「天亦有定體，遠不可測也。觀恒星河漢終古不移，可以驗之。七曜麗天，而非附天也，故自爲運行。其動也，乘天之機也」。

[20]　《愼言‧見聞篇》。

[21]　王夫之不但承襲了王廷相的「動靜互涵」的思想，認爲「方動卽靜，方靜旋動；靜卽含動，動不舍靜」（《思問錄外篇》），而且還進一步把運動分爲兩種，卽「動動」和「靜動」。他說：「止而行之，動動也；行而止之，靜亦動也。」（《張子正蒙注‧太和篇》）；「靜者靜動，非不動也。」（《思問錄內篇》）；「此動字不對靜字言，動、靜，皆動也；由動之靜，亦動也。」（《讀四書大全說》卷10）。

古代辯證法思想的重大發展。可以說，它是宋元明清時期關於動靜辯論的一次科學的總結，也是中國古代動靜觀的最高理論思維成果。

從張載的「爲靜而動」到王廷相的「動靜互涵」，再到王夫之的「動靜皆動」，說明辯證法思想的發展，是一個由低級到高級、由片面到全局、由錯誤到正確的前進運動。在動靜觀上，王廷相是從張載到王夫之的一個重要發展環節。

三、氣化是「漸化」與「驟變」的統一

氣化過程是「常」與「變」、「動」與「靜」的統一，也是「漸」與「驟」的統一。「驟由漸來」，是王廷相關於氣化形式的基本觀點。

中國古代許多思想家（例如老子、荀子、王符等）對運動變化形式都有所探討；已朦朧地觀察到事物由量變到質變的過程。但是眞正從哲學上將它概括成「漸化」和「驟變」兩種形式，則始於張載。張載把運動變化形式分成「漸化」和「著變」兩種。他說：「變，言其著；化，言其漸」[22]。他還承認，著變與漸化是互相轉化的。「變則化，由粗入精也；化而裁之謂之變，以著顯微也」[23]。這是張載對辯證法思想發展的重要貢獻。朱熹受張載思想的影響，亦認爲運動變化有「漸化」和「頓變」兩種形式。「化是逐旋不覺化將去」；「變是倏忽之變」，「忽然而變」[24]。

---

[22] 《橫渠易說·上經·乾》。

[23] 《橫渠易說·繫辭下》。

[24] 《朱子語類》卷74。

「變」與「化」既對立又聯結:「變者化之漸,化者變之成」❷。
王廷相承襲張載和朱熹的思想,在運動變化形式上,也承認「漸
化」與「驟變」,承認「驟由漸來」。他說:

> 四時寒暑,其機由日之進退,氣不得而專焉。日南至而寒
> 甚,北至而暑甚,其積既深,不可驟變也。日出而蒼涼,
> 夜陰之積未遽消,光不甚于旁達也。日中而暄熱,晝陽之
> 積盛,光復熾于下射也❷。
> 日有南北之躔,故陰陽有寒暑。然寒而暖,暖而暑,暑而
> 涼,涼而寒,其所由來漸矣❷。
> 「變有要乎?」曰:「漸。春不見其生而日長,秋不見其
> 殺而日枯,漸之義也至矣哉!」❷

王廷相不但在自然界承認氣化過程是「驟變」由「漸化」而來,
而且在社會領域承認變化也是由「漸化」到「驟變」的過程。他
說:「世變有漸,若寒暑然,非寒而突暑,暑而突寒也」❷。由
於王廷相過分地強調「漸化」,所以在社會問題上,他雖然主張
變法,但反復強調自上而下的一點一滴的改良,反對根本性的社
會革命。他說:「善繼政者因之,故有所損益而民不駭,有所變

---

❷　《周易本義》卷1。
❷　同❿。
❷　同❷。
❷　《慎言·御民篇》。
❷　同❷。

革而民相信。突然大變，持挈于勢而爲之者，昧道也，亂道也，儒之迫者乎！」❸⓿ 在談到王安石變法失敗的原因時 ， 他指出：「彼以財利言，非救弊也。變之迫，非以漸也」❸❶ 。這集中地反映了他的地主階級改革派的政治立場。

王夫之繼王廷相之後，對運動變化的形式作了更加深入的研究，提出了「質日代而形如一」和「推故而別致其新」❸❷的學說。王夫之認爲，整個宇宙的運動變化，是一個「新故相資而新其故」的過程，卽是一個「新從故生」、「新故密移」的上升運動。他說：「張子曰：『日月之形，萬古不變』。形者，言其規模儀象也，非謂質也。質日代而形如一，無恒器而有恒道也。江河之水，今猶古也，而非今水之卽古水。燈燭之光，昨猶今也，而非昨火之卽今火。水火近而易知，日月遠而不察耳。爪髮之日生而舊者消也，人所知也。肌肉之日生而舊者消也，人所未知也。人見形之不變而不知其質之已過 ， 則疑今茲之日月爲邃古之日月，今茲之肌肉爲初生之肌肉，惡足以語日新之化哉！」❸❸這種「質日代而形如一」的觀點還只限於保持事物原有狀態範圍的部分質變。如再向前發展卽發展到「變而生彼」，「推故而別致其新」的偉大飛躍，致使舊事物消滅，新事物產生。這些精彩的辯證法思想，不僅是對張載的「日月之形、萬古不變」的觀點的否定，也是對王廷相過分強調漸變、忽視突變的思想的重大糾正。

---

❸⓿　同❷❽。

❸❶　同❷。

❸❷　《周易外傳・無妄篇》。

❸❸　《思問錄外篇》。

四、陰陽是「造化之橐籥」

王廷相不但說明了「氣化」的形式，還進一步探討了「氣化」的根源。「氣化」的根源在哪裏呢？爲了回答這一問題，我們必須深入地闡述王廷相關於「一」和「兩」即「陰陽相待」的學說。

「一」和「兩」的思想，在我國由來已久。但從哲學上正式提出「一」和「兩」這對範疇，則始於張載。張載在探討「氣化」根源時，曾提出過「動非自外」的著名論斷。他說：「凡圓轉之物，動必有機；旣謂之機，則動非自外也」❸❹。這是說，「氣化」的根源在物質世界內部而不在其外。是從物質世界內部還是從物質世界之外去尋找氣化的根源，這是辯證法和形而上學的根本分歧之一。朱熹從他的理一元論出發，認爲「氣化」的根源在外而不在內。他說：「有理便有氣流行，發育萬物」❸❺。「氣所以能動靜者，理之爲之宰也」❸❻。又說：「理有動靜，故氣有動靜；若理無動靜，則氣何自有動靜乎？」❸❼把「氣」之外的「理」看成氣化的根源，這是以形而上學的外因論對張載的「動非自外」的辯證法思想的否定。王廷相指出，這是一種「支離顛倒」的觀點。他批評朱熹說：「若謂只有此理便會能動靜生陰陽，尤其不通之論！理，虛而無着者也。動靜者，氣本之感也；

❸❹　同❶❻。
❸❺　《朱子語類》卷1。
❸❻　《太極圖注》。
❸❼　《朱文公文集》卷15。

陰陽者，氣之名義也。理無機發，何以能動靜？理虛無象，陰陽何由從理中出？此論皆窒礙不通，率易無當，可謂過矣」⊛。他認爲宇宙萬物的運動，如天體的轉動，並不是什麼氣之外的「理」在推動，而是「天乘氣機，自能運，自能立」，「天之轉動，氣機爲之也」⊛。把「氣化」的根源從氣之外重新拉回到氣之內，從而得出「陰陽者，造化之橐籥」⊛的結論。這是對朱熹的形而上學外因論的直接否定。

　　氣何以能夠成爲「造化之橐籥」呢？張載以「一物兩體」的思想，解釋說：「一物兩體〔者〕，氣也。一故神，（自注：兩在故不測。）兩故化，（自注：推行於一。）此天之所以參也。兩不立則一不可見，一不可見則兩之用息。兩體者，虛實也，動靜也，聚散也，清濁也，其究一而已」⊛。這是說，一切事物莫不有「兩」。無「兩」則「一不可見」，無「一」則「兩之用息」。「一」和「兩」的關係是對立統一的關係。正因爲氣和萬物都含有對立的陰陽兩端，所以能運動變化；惟其兩端統一於一體，所以有不測之神妙。二程亦講「萬物莫不有對」。程顥說：「天地萬物之理，無獨必有對，皆自然而然，非有安排也」。又說：「萬物莫不有對，一陰一陽，一善一惡，陽長則陰消，善增則惡減」⊛。朱熹稱贊張載的「一物兩體」思想「極精」，認爲「天之生物，不能獨陰必有陽，不能獨陽必有陰，皆是對」⊛。正因爲天下萬

⊛　同❽。

⊛　《雅述》下篇。

⊛　同⓬。

⊛　《橫渠易說・說卦》。

⊛　《河南程氏遺書》卷11。

⊛　《朱子語類》卷95。

物皆有「兩」，「惟兩而後能化。且如一陰一陽，始能化生萬物」⓸⓸。王廷相根據張載和程朱的一兩學說，認爲元氣和由它派生的天地萬物所以能夠運動變化，決不是「理之爲之宰」，而是因爲它本身包含有陰陽兩端，相互作用的結果。他說：「陰陽，氣也；變化，機也。機則神，是天地者，萬物之大圓也。陰陽者，造化之橐鑰也」。又說：「陰陽也者，氣之體也。闔闢動靜者，性之能也。屈伸相感者，機之由也。絪縕而化者，神之妙也。生生不息，疊疊如不得已者，命之自然也」⓸⓹。

　　王廷相所謂陰和陽，並非如某些學者所說，只是指陰氣和陽氣，而是在更高的抽象意義上使用這對範疇的。他說：「陰陽在形氣，其義有四：以形言之，天地、男女，牝牡之類也；以氣言之，寒暑、晝夜、呼吸之類也；總言之，凡屬氣者皆陽也，凡屬形者皆陰也；極言之，凡有形體以至氤氳葱蒼之氣可象者，皆陰也；所以變化、運動、升降、飛揚之不可見者，皆陽也」⓸⓺。這裏說的陰和陽，實際上相當於我們現在哲學上說的矛盾。陰和陽的關係如何呢？王廷相針對當時的「陰陽相離」的形而上學觀點，明確地提出了「陰陽相待」，（或「陰陽相須」或「陰陽相合」）的辯證法命題。所謂「陰陽相待」，不僅指元氣本身包含有陰陽兩個對立面，而且由元氣所派生的天地萬物也都包含有陰陽兩個對立面。陰陽互不相離，一方存在是以另一方存在爲前提。他說：「陰陽卽元氣，其體之始，本自相渾，不可離析，故所生

⓸⓸　《朱子語類》卷98。

⓸⓹　同⓵⓶。

⓸⓺　同⓵⓶。

化之物，有陰有陽，亦不能相離」❹。他還根據當時的自然科學
進一步論證說：「僕嘗謂天地未判之前，只有一氣而已。一氣中
卽有陰陽，如能動蕩處便是陽，其葱蒼云叇云逮之可象處便是陰，
二者離之不可得。以造化之始，物尚不可離如此，則其餘爲造化
所生者，如天地，如萬物之屬，不得離可知矣。如天能運轉，陽
也；其附綴星辰河漢處，陰也。日光炎灼處，陽也；其中閃爍之
精，則陰也。月之體，陰也；其受日光處，則陽也。火，陽也；
本無形，必附於木石而後形，無木石則無火矣。是陽何嘗離陰
乎？水之始，雲氣也；得火之化而爲液，無火則氣而不水矣。是
陰何嘗離陽乎？非不可離，不得離也。故曰一陰一陽之謂道，言
離之非道也」❹。把宇宙間的事物看成是陰陽矛盾的統一體，這
無疑是正確的。

　　根據「陰陽相待」的觀點，王廷相尖銳地批評了各種「陰陽
相離」的形而上學思想。王廷相針對何瑭的「人死魂升爲陽而能
神」的思想，指出：「陰陽終竟不能相離。凡以爲神者，皆陰陽
之妙用也，故曰陰陽不測之謂神。人死魂升，乃陰陽之精離其糟
粕也，不可謂獨陽而無陰。大抵陰陽論至極精處，氣雖無形，而
氤氳絪蒿之象卽陰，其動蕩飛揚之妙卽陽，如火之附物然，無物
則火不見示是也。故人死魂升而能神者，此也。執事乃離絕陰陽
爲兩物，但恐陽無所附著，不能自爲形體耳」❹。他還針對何瑭
的「少男有陽而無陰，少女有陰而無陽」的觀點，批評說：「男
女牝牡，專以體質言。氣爲陽而形爲陰，男女牝牡皆然也。……

❹　《內臺集》卷4，〈答何柏齋造化論〉。
❹　《王氏家藏集》卷27，〈答何粹夫〉之二。
❹　《王氏家藏集》卷27，〈答何粹夫〉之一。

柏齋謂男女牝牡皆陰陽相合，是也；又謂少男有陽而無陰，少女有陰而無陽，豈不自相背馳？」⑩他又針對何瑭的「雲爲獨陰」、「水爲純陰」的形而上學，指出：「柏齋謂『雲爲獨陰』矣，愚則謂陰乘陽耳。其有象可見者，陰也；自地如縷而出，能運動飛揚者，乃陽也。謂『水爲純陰』矣，愚則謂陰挾陽耳。其有質而就下者，陰也；其得日光而散爲氣者，則陽也」⑪。這是說，雲非獨陰，正如人騎馬一樣，雲是「陰乘（騎）陽」，二者是不可分離的；水亦非「純陰」，正如人挾持人一樣，二者也是不可分離的。王廷相還批評了董仲舒的「陽月陰月」之說，他質問道：「二氣之在兩間，氤氳相盈，無日無之。觀夫雲雨霜雪之澤，草木百荄之生，可測矣。時而資寒暑之勢，過分則有之，實未嘗陽盡而陰始生，陰盡而陽始生，亦未嘗純陰而無陽，純陽而無陰也。以爲純陽而無陰，則陰匿於何所？以爲陰盡而陽始生，則陽從何而來？」所以說，董仲舒的「陽月陰月」之說，「論涉偏頗，殊非至道」⑫。這些批評也是正確的。

「陰陽相待」的另一層含義是，陰和陽雖共處於一個統一體中，互相依存，但它們並不是均衡的。事物的性質，是由陰陽之中居於矛盾之主導地位的一方所決定的。他說：「二者（陰陽）相須而有，欲離之不可得者，但變化所得之偏盛，而盛者嘗主之」⑬。由元氣化生出來的萬物，無論飛潛動植，從草木、昆蟲、鳥獸到人類，無不具有性別之分，植物有雄雌，動物有牝

---

⑩　同⑰。

⑪　同⑰。

⑫　《王氏家藏集》卷33，＜陽月陰月辯＞。

⑬　同⑰。

牡，人有男女。其所以會如此，是由於元氣中包含有陰陽，而每一個體之所以成爲雄雌、牝牡、男女，是由於陰陽偏盛造成的。陽盛則成雄、成牝、成男；陰盛則成雌、成牡、成女。他還根據當時天文學的知識，進一步論證說：「陰陽之合，有賓主偏盛之義，而偏盛者恒主之，無非道之形體也。日陽精，星陽餘，風陽激，雷陽奮，電陽洩，雲陽乘；月陰精，辰陰餘，雨陰施，雪如之，露陰結，霜如之，皆性之不得已而然也。故造化之道，陽不足，陰有餘，而陰恒宗陽，陽一陰二，而陰恒含陽」❺❹。如布滿天空的星辰，雖是「陰陽之合」的統一體，但是從「星隕皆火，能焚物」這一客觀事實看，說明它是陽盛於陰（即「陽餘」）的，故屬於陽類。雲和水雖是「陰乘陽」或「陰挾陽」的統一體，但它是「陰盛於陽，故屬陰類矣」❺❺。再如，「日爆濕而氣生，陰從陽也；口呵石而水生，陽從陰也」。「木濕不燃，陰過陽也；木朽不燃，陽過陰也。火者也，陰陽得中之化與！」❺❻王廷相的「氣有偏盛，遂爲物主」的辯論證法命題，雖然由於時代的限制，帶有樸素的直觀性，但是在中國第一次從哲學上提出了關於矛盾主要方面規定事物性質的思想，這不僅爲張載的「一物兩體」的學說增添了新的內容，而且也爲王夫之的「合二以一」和「分一爲二」的辯證法思想奠定了理論基礎。這是王廷相對辯證法的突出貢獻之一。

從辯證法的發展來看，張載雖然正確地提出了「一物兩體」的命題，但是他着重闡明的是「一」與「兩」即統一體與對立面

---

❺❹　同❿。

❺❺　同❹❼。

❺❻　同❶❷。

之間的依存關係，還沒有深入地剖析統一體內部對立面之間的關係。王廷相在「一物兩體」說的基礎上，不但系統地論述了「陰陽相待」說，而且第一次提出了「氣有偏盛，遂爲物主」的精彩思想，從而大大向前推進了辯證法思想的發展。但是，他在探討矛盾的同一性的過程中，對矛盾的鬥爭性缺乏深入的研究和說明。而王夫之則在他的基礎上全面地探討了矛盾的對立統一關係，旣承認矛盾雙方「相倚而不相離」❺❼，這叫「合二以一」；又承認它們之間「相峙而並立」❺❽，「相反而相爲仇」❺❾，這叫「分一爲二」。王夫之提出的「合二以一」和「分一爲二」的觀點，是在更高的理論思維層次上對矛盾規律的表述，達到了中國古代辯證法思想發展的高峰。

❺❼　《周易內傳》卷5。
❺❽　《周易內傳》卷1。
❺❾　《張子正蒙注·太和篇》。

第五章　宇宙結構論

　　以上集中地論述了王廷相的氣本體論。他依據自己的氣本體論，仰觀星日霜露之變，俯察地理自然之象，在宇宙結構論上，大力提倡渾、蓋合一說。他不但是一位重要的哲學家，也是一位精通天文和地理的科學家。

一、渾、蓋合一說

　　王廷相是一位著名的天文學家。〈玄渾考〉、〈歲差考〉、《答天問》、《雅述》、《慎言》（特別是其中的〈乾運篇〉）、〈答顧華玉雜論〉、〈答孟望之論慎言〉、〈與郭价夫論寒暑書〉等，是他的重要的天文學著作。

　　在宇宙結構論上，中國歷來有蓋天、渾天和宣夜三家。這三家經過長期的論爭，並在論爭中不斷地充實和完善自己，各自的合理性和偏限性都得到了充分的展示。經過比較，使王廷相認識到只有將渾、蓋合一，才能揭示出天地的奧秘。所以王廷相在漢末趙爽、南北朝崔靈恩、信都芳等人的渾蓋合一說的基礎上，贊同蓋天說和渾天說合一，反對宣夜說。

　　所謂蓋天說，據王廷相的解釋，基本內容是：「《周髀》之

法，謂天為覆蓋，以斗極為蓋樞，今之中國，在樞之南。天體中高，四旁低下，日月旁行繞之，其光有限。日近則明而為晝，日遠則暗而為夜，恒在天上，未嘗入地，但以人遠不見，如入地耳」❹。這一解釋，與《周髀算經》的記載完全符合。依據蓋天說，他合理地說明了許多天文地理現象。

（一）晝夜問題　所謂「明而為晝，暗而為夜」，並不是因為太陽出入地下所造成，而是「日遠而晦，日近而明」❷，即由於太陽圍繞北極旋轉過程中，靠近地球「光照之處則為晝」，遠離地球「光不到處則為夜」。蓋天說所謂「日光有限」，即認為日光只能照射到十六萬七千里的地方，日光照射到的地方即是白晝，日光照射不到的地方即是夜晚。這是以「日光有限」的理論來解釋晝夜的。

（二）日無出入　在王廷相看來，太陽「恒在天上，未嘗入地」。既不是從地球東方出來，也未嘗入於地球西方，只是「以人遠不見，如入地耳」❸。依據蓋天說的理論，他認為太陽圍繞北極旋轉，太陽轉遠了，人看不見，即是黑夜；轉近了，人看得見，即是白晝。不管是白晝還是黑夜，太陽恒在天上，從未出地入地。這一解釋，較之對用目視運動的直觀說明，更富有理性主義。但是《淮南子‧天文訓》卻錯誤地認為「日出於暘谷」，「日入於虞淵之汜，曙於蒙谷之浦，行九州七舍，有五億萬七千三百九里」。王廷相根據蓋天說批評道：「日光有限，弗及為

---

❹　《王氏家藏集》卷34，＜玄渾考＞。

❷　《王氏家藏集》卷41，＜答天問＞。

❸　同❹。

暗。暗則爲夜，明則爲旦。夏至夜中，北天如曉❹，以爲入地，
恐非至道。出非由暘，入非淪汜。巨億巨萬，《淮南》計里，荒
謬欺迷，與豎亥❺同軌」❻。從而否定了《淮南子》的「日出暘
谷，日入蒙汜」的說法。

　　（三）「**天傾西北之說**」　《列子》和《淮南子》作者依據視
運動都認爲日月星辰所以向西北移動，乃是由於「天傾西北」❼的
緣故。王廷相以蓋天說爲武器，批評說：「此非大觀之見也。天
左旋，處其中順之，故日月星辰，南面視之，則自東而西，北面
視之，則自西而東。北極居中，日月星辰四面旋轉，非就下也，
遠不可見也。日月星辰恒在天也，人遠而不及見，如入地下耳。
《論衡》曰：『日不入地，譬人把火，夜行平地，去人十里，火
光藏矣，非滅也。』此語甚眞」❽。天體旋轉，不管是日月星辰
從東向西旋**轉**（卽左旋），還是從西向東旋轉（卽右旋），**實際**
上都是地球自轉在天象上的反映。王廷相的旋轉說，曲折地反映
了地球自轉的合理思想，較之《淮南子》的神學傳說更具有科學

----

❹　《雅述》下篇云：「夏至北斗與日相近，故終夜長明。夏至日近北
　　極，子時望北天，如天之將曉。此可以明《周髀》蓋天之術」。

❺　《山海經・海外東經》云：「帝令豎亥步自東極至於西極，五億十
　　選九千八百步」。《淮南子・地形訓》云：「四海之內，東西二萬
　　八千里，南北二萬六千里……禹乃使太章步自東極，至於西極，二
　　億三萬三千五百里七十五步，使豎亥步自北極，至於南極，二億三
　　萬三千五百七十五步」。

❻　同❷。

❼　《淮南子・天文訓》云：「天受明星辰，地受水潦塵埃。昔者共工
　　與顓頊爭爲帝，怒而觸不周之山，天柱折，地維絕，天傾西北，故
　　日月星辰移焉；地不滿東南，故水潦塵埃歸焉」。

❽　同❹。

性。

（四）「日不照北之說」　對於日不照北這一自然現象，他說：「七曜之躔，遠極方外，一晝一夜，旋轉一周。近極則日躔當天體之高度，故晝日照三面而北面不照；遠極則日躔當天體之低度，故晝日照南面而三面不照。所不照者，非日不歷也，日遠而低，人自不見耳。……今曰北者至陰之地，陽之根窟，故日照三面而北方不照，此據人所及見爲論，非天道之本眞。且日月隨極而轉，夜不於北而何往？使極之下無人則已，有則必見日之環照而無夜矣。北方有國，日落煮羊髀，未熟而日已出，由此觀之，彼國之日亦有北照者矣。其謂北方至陰爲陽之根窟，故日不照北，殊爲穿鑿，論失精到」❾。他以蓋天說批駁了「日不照北之說」，指出這是一種穿鑿之說。實際上，日月隨北極而旋轉，「日之環照而無夜」，是一種自然現象。以「日遠而低，人自不見」爲立議的依據，並不是「天道之本眞」。

（五）「東南何虧」　對於這一問題，王廷相不滿意於共工「觸山而傾」的神話說明，他以蓋天說爲依據，認爲「地爲覆盂，昆侖中高，四旁皆下；中國當其東南，故西北高，水皆注之。謂地缺東南，類乎偏見」。又說：「昆侖地頂，四旁皆下，水各順方，瀦爲海壑。中下之區，厥維東南，萬川來滙，勢爲傾仄。坤體高卑，元化自然，觸山西傾，事涉誕妄」❿。他以「地爲覆蓋，昆侖中高，四旁皆下」的蓋天理論，批駁了《淮南子》、《列子》的荒誕之說。

---

❾　《雅述》上篇。

❿　同❷。

　　自漢以後，渾天說取代蓋天說而在天文學上占據主導地位。
「漢以前，以《 周髀 》之術論天。自張衡玄渾之法出，而《 周
髀 》之論遂絕其傳」 ❶ 。但在王廷相看來，蓋天說雖失其傳，但
它和渾天說一樣 ， 都具有一定的合理性 。 他說：「渾器圓測，
《周髀》蓋天，術不同祖，厥理並玄」 ❷ 。蓋天之說雖因「世無
神解推移之士，故多違失，而史官不用。平子之法，籠同渾取，
易於久行，其實一道也」 ❸ 。蓋天說「其理實與渾天無異。《南
史》曰：『渾天覆觀，以《靈憲》為文，蓋天仰觀，以《周髀》
為法；覆仰雖殊，大歸一致』是也」 ❹ 。可見，王廷相既信奉蓋
天說，也信奉渾天說，提倡渾蓋合一說。所謂渾天說，王廷相對
它有一段明確的說明：「渾天之說何如」？曰：「合四圍上下周
天之度，而渾淪以論之也」。「其狀何如」？曰：「天體正圓，
半在地上，半在地下，北極為樞，自東旋西也」。「其體如何」？
曰：「天之形遠不可測，觀經星不動，乃知有體耳」 ❺ 。這段說
明，同張衡《渾天儀圖注》 ❻ 所云，完全一致。

---

❶　《王氏家藏集》卷37，＜答顧華玉雜論＞。

❷　同❷。

❸　同❶。

❹　同❶。

❺　同❶。

❻　《渾天儀注》云：「渾天如鷄子，天體圓如彈丸，地如鷄子中黃，
　　孤居於內，天大而地小，天表裏有水，天之抱地，猶殼之裏黃，天
　　地各乘氣而立，載水而游。周天三百六十五度四分度之一，又中分
　　之，則一百八十二度八分之五覆地上，一百八十二度八分之五繞地
　　下，故二十八宿半見半隱。其兩端謂之南北極。北極乃天之中也，
　　在正北，出地上三十六度，然則北極上規七十二度，常見不隱。南
　　極乃地之中也，在正南，入地三十六度 ， 南軌七十二度 ， 常伏不
　　見。兩極相去一百八十二度強半。天轉如車轂之道也，周旋無端，
　　其形渾渾，故曰渾天也。」（《開元占經》卷 1 引）。

同樣地，他也依據渾天說合理地解釋了一些天文地理現象。

（一）天「何以運而不息」 王廷相認爲：「天運以氣」。「動以氣機，勢之不容自已也」❶。「天乘夫氣機，故運而有常」❶。「天之轉動，氣機爲之也」❶。天體是乘氣機而旋轉的。這一解說，來自「天地各乘氣而立」的渾天說。

（二）地爲何不陷呢 王廷相作爲一位科學家，自然不能滿足於海龜馱着大地和「八柱奠之」的神話，而是依據渾天說合理地說明了這一古老問題。他以「瓶倒於水」、「甕浮於水」爲喩，論證說：「瓶倒於水而不沉，甕浮於水而不墜，內虛鼓之也。觀此則地所附可知。故曰……地浮於竅虛」❷。「地竅於山川，故以虛而乘水。瓶倒於水，浮而不沉，似之。謂八柱奠之，涉乎謬幽」❷。張衡《渾天儀圖注》認爲「天表裏有水」，「天地各乘氣而立，載水而游」，可見，王廷相以「虛而乘水」的道理說明地何以不陷的觀點，無疑來自渾天說。王廷相根據渾天說還批評了邵雍的「天地相依」的思想。他指出：「邵子云：『天依乎地，地附乎天，天地自相依附。』愚謂地附乎天則可，天依乎地則不可。何也？天乘氣機，自能運，自能立，非藉乎地者；況地在天內，勢不能爲天之系屬乎！……今以理揆，天行健疾，有剛風生焉，故能承水不洩；地有洞虛之氣，水不能入，故浮而不沉，觀瓶盎倒浮水上可知也。天之轉動，氣機爲之也。虛空卽氣，氣卽

---

❶ 同❶。

❶ 《愼言・乾道篇》。

❶ 同❹。

❷ 同❶。

❷ 同❷。

機，故曰天運以氣，地浮以虛」❷。

（三）「海何不溢」（「東流不溢」） 對於這一問題，王廷相同樣不滿足於《淮南子》的傳統說法，他以地「載水而浮」的原理，解釋說：「四海會通，地浮於上，水雖日注，安得而盈？泉源激於嵌空，雲霧化於氤氳，東流無窮，激化亦無窮。水之虛實有無，不越乎乘化聚散二端而已矣。東流不溢，厥故惟此」。「御寇歸墟，《鴻烈》沃焦」的說法，「擬論穿鑿，匪貞觀所取」❷。他以水氣循環的道理說明了「東流不溢」，並依此批評了《列子·湯問》的歸墟之說和《淮南子》的沃焦之說❷，是很有說服力的。這種地浮水上的觀點也是來自渾天說。

（四）宇宙是有限的還是無限的 王廷相同張衡一樣，雖然依據渾天說承認天是有定體的圓球，但並不認爲圓球就是宇宙的邊界，而是承認圓球之外的宇宙是無限的。張衡在〈靈憲〉中說：「過此而往者，未之或知也。未知或知者，宇宙之謂也。宇之表無極，宙之端無窮」。王廷相也說：「天之體在外者，不可究測；

---

❷ 同❹。
❷ 同❷。王廷相在《雅述》上篇中，也表述了同樣的思想：「水在下，地在上，若浮乘然。氣激於虛，泉湧而上，即地下之水，非別有生化者。人之脈，出自湧泉，而升於百會，可推矣。陰乘乎陽。雲升而雨，即地水之氣，非別有種子者。人之液，鬱熱於中，汗瀝於外，可推矣。由此觀之，地下地上，而雲而雨，一貫文道也，但有升降變化之殊耳。東流者即上湧者，上湧者即地下者，地下者即東流者，上湧無窮，故東流亦無窮耳。觀此則升雲無窮，降雨無窮。『然則有消散乎？』曰：『有之，微乎微耳，水之大勢大機無與焉。謂沃焦釜，乃出妄度。』『海何不溢？』曰：『地下皆水，四海會通，地浮水面，有何滿溢』？」
❷ 沃焦，相傳是東海中的一塊巨石或一座大山，水流到那裏就會被燋盡氣化，《淮南子》依此來說明「東流不溢」的問題。

在內者，可以數推理度。以日進退爲寒暑，以日出沒爲晝夜，以極星爲主定南北。天體之外，還有南北東西，則不可得而知」㉕。又說：「天地四極，冥茫未據，其長其衍，熟能較之」？由此他批評了宇宙有限的思想，指出：「或曰有窮，天際之外，當是何物？或曰天外有天，彼天之外，又何底止？夫人在天內，耳目所加，心思所及，裁量知識，亦止天內。覆幬之表，茫芴限隔，一言何施？神識之所不能及也。是故古之聖人，置而不論。曉曉私擬，龐及外際，非欺謾之儒，則怪誕矣」㉖。

「宣夜」說是中國古代一種比「蓋天」、「渾天」更爲進步的宇宙結構學說。據《晉書‧天文志》記載，宣夜說認爲「天」並不是一個固定的「天穹」（半球形或整球形），而是「天了無質，仰而瞻之，高遠無極」的氣體，從而否定了蓋天說和渾天說關於天有定體的傳統說法。認爲日月星辰就在氣體中飄浮游動，「無所根系」，「其行其止，皆須氣焉」。這就從正面提出了日月衆星和地球依靠氣的作用而運動的重要概念。這也就是「地有四游」的樸素地動說的先河。《尚書緯‧考靈曜》曰：「地有四游，多至地上北而西三萬里，夏至地下南而東復三萬里。春、秋分則其中矣。地恒動不止，人不知，譬如人在大舟中，閉牖而坐，舟行，不覺也」㉗。由宣夜說而導出的地動說，較之蓋天、渾天的天動地靜說，在我國天文學上是一個偉大的發現。宣夜說提出之後，雖然在天文學上影響不大，但在哲學上卻產生過深遠的影響，如晉代的張湛的「天，積氣耳」（《列子‧天瑞篇》注），

㉕ 同➒。

㉖ 同➋。

㉗ 《太平御覽》卷36，＜地部＞引。

楊泉的「夫天，元氣也」（《物理論》）、唐代柳宗元的天「濛
彌非垠」（《天對》）、北宋張載的「太虛卽氣」（《正蒙》）、
南宋朱熹的「天積氣」等。但是，王廷相作爲哲學家在這個問題
上，卻遠遠地落後於科學的發展和他的先輩，固執地堅持天爲固
體球形和天動地靜的陳腐觀念。當有人問他如何評價宣夜說時，
他回答說：「氣虛而浮，浮則變動無常。觀三垣、十二舍、河漢
之象終古不移，非有體質，安能如是」❷？當明代思想家何瑭依
據宣夜說，提出了「地上空虛處皆天」的時候，王廷相指出這種
「天爲積氣」的觀點「恐非至論矣」❷。從而否定了「天爲積
氣」的進步觀點。當有人問他如何評價「地有四游之說」時，他
以完全否定的口氣，指出：「此緣地有升降相因而誤者也。何以
言之？旣曰『日之修短由於地之升降』矣，而日之行道，又有南
北之殊，不以地有四游形之，則與地有升降爲日之修短，未免相
碍。故以立夏爲南游，近日也；立冬爲北游，遠日也。今跡其說
論之。其曰『春游過東三萬里，夏游過南三萬里』，周公測日，
自陽城至日南一萬五千里，而日在表下無景；況三萬里，其星辰
河漢之位次，寧不有大變移者乎？而北極、北斗、天漢之次，其
高下東西，未嘗有一度之爽，所謂四游三萬里之說，豈不謬乎？
……且夫天不見其體，以星漢爲體。今日星辰與地皆四游升降，
是地在天內，初未嘗動，與夫東游過天三萬里之說豈不相背？雖
曰傅會以成昔人之論，而實不自覺其非矣」❸。漢代緯書雖然
提出了地有四游之說，但未引起人們的注意。北宋著名哲學家張
載，重新提出了地游的思想，指出「地有升降，日有修短。地雖

❷　同❶。
❷　《古今圖書集成》卷5引。
❸　同❶。

凝聚不散之物，然二氣升降其間，相從而不已也。陽日上，地日
降而下者，虛也；陽日降，地日進而上者，盈也；此一歲寒暑之
候矣。至於一晝夜之盈虛、升降，則以海水潮汐驗之爲信」**❸**。
卽認爲懸浮在氣中的地球，隨氣升降。一晝夜的升降形成潮汐，
一周年的升降形成寒暑之候。王廷相雖然崇拜張載，但他不同意
張載的地游理論。他從渾天說出發，點名批評了張載的「地有
升降，日有修短」的思想，指出：「此不達天體高下、黃道南
北而爲是說也。何以言之？經星、井、鬼近極，斗、牛遠極，此
南北兩端，日黃道必經之處。日躔井、鬼之次，當天極高之體，
且於人近，見日之度常多，故晝晷長。日躔斗、牛之次，當天最
低之體，且於人遠，見日之度常少，故晝晷短。地在天內，浮於
水上，多夏之平，猶一日也。儒者不達於此，遂以日之修短，以
地之升降隱蔽而然，誤矣」**❸**。在他看來，太陽是一團大火，
「故近極而暑，遠極而寒」，這是一歲寒暑形成的根據。「若爲
《正蒙》所言，不惟寒暑不由於日，而日之修短亦不由於天體之
高下，皆地之升降主之矣，可乎！」**❸** 從而否定了「地有升降，
日有修短」的思想。

　　總之，在宇宙結構學說上，王廷相雖然以蓋天說和渾天說，
合理地解釋了許多天文地理現象，在描繪天體運動上有一定的貢
獻，但是，他否定宣夜說和地動說，這在中國天文發展史上是一
種倒退，從而給他的元氣實體論和陰陽氣化論，也帶來了一定的
偏限性。

---

❸　《正蒙・參兩篇》。

❸　同❶。

❸　同❶。

二、仰觀星日霜露之變

在天象觀測上，王廷相提出了一些合理的思想。他對月球頗有研究：

(一)關於月面 由於王廷相缺乏近代的天文觀測儀器，只憑肉眼或中國古代簡單的天文儀器，雖然不可能認識到月面凹凸不平，有「海」（實際上是平原）、有環形山、有月面輻射紋等結構，但是他合理地推測出月中的「闇黑」，並不是「地影」所致，而是月體「質有渣滓，不受日光」所致的見解，是相當精彩的。他論證說：「月中闇黑，非地影也，質有渣滓，不受日光者爾。月行九道，勢有高下東西。果有地形，則人視之，如鏡受物，影當變易。今隨在無殊，是由月體，而非外入也」❸❹。

(二)關於月相 所謂月相，是指月球明亮部分的不同形象。他雖然沒有明確地指出月相是由月球、地球和太陽三者相對位置的改變而造成的，但是他已正確地認識到「月之生與月之盈缺，由於日之遠近爲之」的道理。他說：「月光藉日，相向常滿，人不當中，時有弗見。遠日漸光，近日漸魄，視有相背，遂成盈缺」❸❺。他還進一步分析說：「天之運无已，故无度數，以日行所歷之數爲之。日行三百六十五日有餘與天會，故天之度有三百六十五度四分度之一也。是日與度會爲一日，與月會爲一月，與天會爲一歲。月之晦、朔、弦、望，曆于日之義也。月會日

---

❸❹ 同⓲。

❸❺ 同❷

而明盡，故曰晦，初離日而光蘇，故曰朔；月與日相去四分天之
一，如弓之張，故曰弦 ；月與日相去四分天之二 ， 相對，故曰
望」 ❸ 。這一解釋，同三國時代天文學家姜岌、梁代天文學家祖
暅、宋代科學家沈括對月相變化的解釋，完全一致。

（三）關於月食 他認爲月光是日光的反照，月食是由於太陽
的「闇虛」遮掩了月亮而引起的 。 他說：「日食月，闇虛射之
也。日光正灼，積暈成蔽，故曰闇虛。觀夫燈燭，上射黑焰，蔽
光不照，足以知之」 ❸ 。闇虛之說，最早是由東漢天文學家張衡
提出來的。他根據渾天說，在中國天文學史上，第一次以闇虛之
說正確地解釋了月食成因。他認爲「月光生於日之所照」，「當日
之冲，光常不合者，蔽於地也，是謂闇虛」 ❸ ，卽月亮正對着太
陽的時候，卻看不見亮光，這是「蔽於地」的緣故。如果月球運
行從地體的影子中卽闇虛中經過，就會發生月食現象。月食是由
地體影子遮蔽日光而形成。爾後，隨着歷史的推進，由於人們對
「闇虛」的不同理解，產生了兩種闇虛之說。一是準確地發揮張
衡的闇虛之說 。 如元代學者史伯璿 （ 1298-1354 ）以「 大地之
影」說明闇虛，指出「暗虛是大地之影」，「月旣受日之光以爲
光，若行值地影則无日光可受，而月亦无以爲光矣，安有不食者
乎？」❸ 二是歪曲張衡的本意。如北宋理學家邵雍 （1011-1071）
認爲太陽是火之影。火正當火焰之上，必有黑暈。以月正對此黑
暈之中，所以食也。在這裡，他把張衡說的「闇虛」變成了「黑

---

❸ 同⓲。

❸ 同⓲。

❸ 《後漢書・天文志》注引＜靈憲＞。

❸ ＜管窺外篇＞，見浙江《平陽縣志》卷36。

暈」，「大地之影」變成了太陽的氣焰。月食是由太陽的黑暈所掩而成❹。朱熹發揮邵雍的思想，認爲月爲太陽的暗虛之氣所射，卽發生月食❹。在對上述兩種闇虛之說的對比中，王廷相由於受到宋明理學家的思想影響，錯誤地選擇了邵雍、朱熹的說法。這較之張衡（78-39）把月食視作地球運動行到月球和太陽中間，地影掩蔽月球而成的觀點，是一個歷史的倒退。

在日食成因方面，王廷相作出了科學的說明。他說：「月食日，形體掩之也」❹。又說：「日之食，彼月掩之，无惑也」❹。這就是說，日蝕是由於月球運行在太陽和地球之間，太陽爲月球影子所掩而形成的。這無疑是正確的。在日食問題上，王廷相能夠堅持漢以來「日食者，月掩之」的正確觀點，拋棄日蝕「光自損」、「三足烏蝕日」的傳統說法，是難能可貴的。

「七曜」也叫「七政」。除日月之外，還有金木水火土五星。在王廷相看來，「乾運之度，七政之躔，有常次也。故天之象數可得而推」❹。五星的出沒與運行也是有規律可尋的，並不包含什麼神秘的意義。但是，古人往往以占星術來說明五星的出沒和運行。比如火星，在天空中運行，時而從西向東，時而從東向西，亮度也經常變化不定，令人迷惑不解，故中國古代稱它爲「熒惑」，往往賦予神學意義。晉義熙十一年（415）八月，熒惑不見。崔浩以占星術的觀點解釋說：「今熒惑之亡，在庚

---

❹　＜日月九行薄食＞，見《廣古今議論參》卷3。
❹　詳見《正誼堂全書・濂洛關閩書》引《朱子語類》。
❹　同⓲。
❹　《王氏家藏集》卷30，＜策問＞。
❹　同⓲。

午、辛未二日之間，庚午主秦，辛未爲西夷，熒惑其入秦乎！」
「後八十餘日果出東井（卽朱鳥七宿的第一宿——井宿），留守
鉤己，禳之乃去」。王廷相根據天文學的知識，評論說：「夫五
星行度有定算，不應忽亡不知所在，皆星史之失職也。浩長于乾
象，詭言以神其術耳」 ❹。卽是說，五星的出沒、運行是可以計
算出來的。不知火星去向，這是星史之官失職的行爲，崔浩以神
學說明之，只不過是「詭言以神其術」罷了。

王廷相對二十八宿在太空一年中運行的位置和規律，特別是
北斗星的變化，也有精密的觀測。他在〈夏小正集解〉（《王氏
家藏集》卷38）中，描繪說：正月初昏，以「斗魁枕參首，參中則
斗柄在下矣，言斗柄垂下，所以著參中矣」；三月初昏時，「參
已西下而沒也」，遠不可見，故曰「參則伏」；四月，正值孟夏
之月，「日在畢、觜之間，故旦則昴見」；五月，「日在井、鬼」，
故「旦則參見」；六月初昏，以「五月大火中」，故「斗柄正在
上」，「見斗柄之不當心，蓋當尾也」；七月初昏，「織女三星
在天紀東端，當斗柄之東」、「斗柄南指，則織女正東也」；八
月，以「大火初昏而沒」，故曰「辰則伏」；「仲秋之月，昏，牽牛
中，且觜觿中，觜一度，在參上，且正參中」，故曰「參中則
旦」；九月，「大火入地下」，故曰「內火」，以「季秋日在
房」，故曰辰（氐、房、心謂之大辰）系於日」；十月初昏，
「定星方中，則南門伏，非昏見也」，「織女正北方則旦矣」，
等等。

特別值得提出的，是王廷相關於流星雨的精彩思想。流星雨

---

❹ 同❹。

是太空中常見的一種天象。我國古代關於流星的記載，據不完全統計，至少在一百八十次以上。《左傳・莊公七年》記載。「夏四月辛卯，夜，恒星不見，夜中，星隕如雨」。這是世界上關於天琴座流星雨的最早記載。王廷相通過親自觀測，對流星雨作出了接近科學的說明。他說：「『星隕如雨』，予嘗疑之。今嘉靖十二年十月七日夜半，衆星隕落，眞如雨點，至曉不絕，始知《春秋》所書『夜中，星隕如雨』，當作如似之義，而左氏乃謂『星與雨偕』，蓋亦揣度之言，不曾親見，而不敢謂星之落眞如雨也。然則學者未見其實迹，而以意度解書者，可以省矣。所隕者，星之光氣，星之體實未隕也」❹。「日溢光氣隕於地，卽星隕之類也」。又說：「星之隕也，光氣之溢也，本質未始窮也，隕而卽滅也。天之關至於今，經緯之象盡矣。隕而散滅者，光氣之微者也。墜而爲石，感地氣而凝也，陰陽妙合之義也。上下飛流不齊者，隕之機各發于所向也，如逆激而噴也」❹。上面三段話包含有三層意思：　(1)糾正了《左傳》把「星隕如雨」釋作「星與雨偕」的錯誤，認爲這是「揣度之言」；　(2)流星雨乃是「星之光氣」或星之「光氣之溢」所造成的。這同現代天文學把流星釋作流星體闖入地球大氣圈，同大氣相摩擦，使本體氣化而產生了光迹的說法，是一致的。這一解釋是近乎科學的。　(3)他不懂得隕石乃是未燒盡的流星體降落到地面而成的道理，錯誤地認爲「星之體實未隕也」，「墜而爲石，感地氣而凝也，陰陽妙合之義也」，或錯誤地認爲「日溢光氣隕於地，卽是隕之類

❹　同❹。

❹　同⓲。

也」，對隕石成因的說明，顯然是不科學的。

在氣象研究上，王廷相繼承和發揚了王充的觀點，也提出了一些有價值的論點。

對四時寒暑的成因，歷來有兩種對立的觀點：一是認爲四時寒暑是君主喜怒哀樂的表現，「人君喜則溫，怒則寒」❹，如「王者不明」，賞罰失當，就會造成寒暑失序：「冬溫夏寒」❹。以此來論證天人感應神學觀點。王充針對這種謬論，以自然科學爲武器，指出四時寒暑溫並不是「人君喜怒哀樂之所致」，而是「天地節氣」所造成。他以「近水則寒，近火則溫，遠之漸微」爲喻，證明「春溫夏暑，秋涼冬寒」，與人君無關，完全是「四時自然」❺的結果。在否定「天人感應」上，強調四時寒暴的自然性，王充的觀點是正確的，但是他還沒有認識到四時寒暑與太陽之間的關係，從而揭示出四時寒暑的根本原因。與王廷相同時的某些思想家，由於受到宋儒陳腐觀點的影響，認爲「陰陽二氣自能消長，自能寒暑」。如顧華玉認爲：「元氣發舒翕聚，自能寒暑，不藉于日」❺，郭介夫認爲「寒暑之運，乃二氣自爲之，日不得與」❺。王廷相針對這種「陰陽自能寒暑」的觀點，在吸收王充思想的基礎上，明確地提出了「寒暑由日進退」的著名論點。他論證說：

---

❹　《論衡・寒溫》轉引。

❹　《春秋繁露・五行變救》。

❺　同❹。

❺　同⓫。

❺　《王氏家藏集》卷29，＜與郭价夫論寒暑第二書＞轉引。

先儒謂陰陽二氣自能消長，自能寒暑，此萬古糊塗之論，原未嘗仰觀俯察，以運人心之靈，用體天地之化也。後之學者，隨聲附和，以為定論，此正可以太息者。

故僕平生見其日近極而暑，日遠極而寒，故著為說曰：四時寒暑，其機由日之進退，氣不得而專焉。意雖聖人復起，不得而易。何也？日，大火也，真陽之精也。人於木火，近之則熱，況近真陽之火，有不熱者乎？熱則地脈開矣，生物暢矣，水泉達矣，雨澤行矣，津液通矣，孰謂非日之力乎？故日近而暑，日遠而寒，理不過此。

謂陰陽自能寒暑，何不脫另自為運行？何日近而暑，日遠而寒，如影之隨形，響之應聲，不相戾耶？❸

僕始聞之古人曰：「陰陽升降，一歲寒暑之候」。信而守之，不復疑矣。頃年以來，仰觀俯察，考見日躔之次，遠極而寒，近極而暑；又知所謂升降者，非无待而然，若有所驅迫不得己之勢，故為說曰：「四時寒暑，其機由日之進退，氣不得而專焉」。蓋寒暑者氣之用，日進退以成寒暑者氣之機，非曰專以日故，而離絕於陰陽也。

嘗考之曆家矣：其曰日躔某次立春，某次立秋，某次大寒，某次大暑，如持左券，不爽毫釐，豈非日有進退，而氣之在兩間者為所驅而變耶？何也？日，真火也，陽之精也。太虛之中，冲然皆氣，上為日火所爍，則蒸然而暖，地氣亦由此而達，故日進北極而暑生焉。及夫立秋之後，日漸南退，暑亦漸消，太虛清冽之氣日漸以盛，故日至牽

---

❸ 《王氏家藏集》卷37，〈答孟望之論慎言〉。

　　牛而寒生焉。曆家所謂「天氣上升，地氣下降，閉塞而成
　　冬」者，此之謂也⑭。

王廷相對四時寒暑的說明，雖然由於他缺乏近代天文數學的觀
念，不可能科學地用黃赤交角（23°26'）的存在說明四時寒暑的
更替，但是他異常清楚地看到了四時寒暑與太陽之間的內在聯
繫，在中國氣象史上，則是一個重要的理論貢獻。

　　王廷相對雲、雨、霜、露、雹、霾、雪等氣象的說明，是合
乎科學道理的：　(1)關於雲雨。他說：「陰乘乎陽，雲升而雨，卽
地水之氣，非別有種子者。……地下地上，而雲而雨，一貫之道
也」⑮。又說：「雨雪者，雲氣所化」⑯。這同《黃帝內經・素
問・陰陽應象大論》中說的「地氣上爲雲，天氣下爲雨，雨出地
氣，雲出天氣」，以及王充的「雨從地上，不從天下」、「初出
爲雲，雲繁爲雨」⑰的思想是一脈相承的。雲和雨是互相轉化、
上下循環的運動。　(2)關於霜、露、濛。他說：「地氣夜則鬱達，
故遇物而凝。清則氛氳，爲霜，爲露；濁則烟霧，爲濛，爲木
稼。日高而散，風冽而不凝者，陰化於陽之義也」⑱。這是從
《大戴禮記》的「陽氣勝則散爲雨露，陰氣勝則凝爲霜雪」和王
充的雲氣「夏則爲露，冬則爲霜，溫則爲雨，寒則爲雪」⑲的思

---

⑭　同㊷。

⑮　同❾。

⑯　同❹。

⑰　《論衡・說日》。

⑱　同⑱。

⑲　同⑰。

想演化而來的。　⑶關於雪雹。王廷相認爲「雪之始，雨也，下遇寒氣乃結」而形成的。「雹之始，雨也，感于陰氣之列，故旋轉凝結以漸而大爾。其陰陽之濁而不和者與！」❻這和《釋名》上說的「雪，綏也，水下遇寒氣而凝」的思想，也是一致的。　⑷關於霾。王廷相指出：「風物塵土于下，濛雨自上而降，遇結而爲霾」❻。總之，王廷相科學地介釋了雲、雨、霜、露、濛、雪、雹、霾等氣象的成因，指出它們都是太空中的水蒸氣遇到不同氣溫條件而形成的氣象。這些解釋，是合乎氣象學原理的，因而是正確的。

　　但是，也應當指出，王廷相對於雷電的說明，比起《淮南子》和王充則大大後退了一步。《淮南子》認爲「陰陽相薄爲雷，激揚爲電」❻。王充在此基礎上，進一步證明雷不是「天怒」，也不是龍之所爲，而是「雷者，火也」，「雷者，太陽之激氣也」，並從多方面作了論證❻。唐代柳宗元認爲「夫雷霆雪霜者，特一氣耳」❻。北宋哲學家張載認爲「凡陽氣凝聚，陽在內者不得出，則奮擊而爲雷霆」❻。南宋的張栻、胡寅、朱熹等學者也多以陰陽相擊說明雷電的成因。這些觀點，雖然只是立論於陰陽二氣的矛盾，但是在我國古代科學史上還是相當深刻的。然而，王廷相並沒有沿着這一正確方向繼續前進，而是對王充等

---

⑥　同⑱。

⑥　同⑱。

⑥　詳見《淮南子·地形訓》。

⑥　詳見《論衡·雷虛》。

⑥　《柳河東集·斷刑論下》。

⑥　同㉛。

人所取得的科學成果表示懷疑，提出了雷電「乃龍之類所爲」的錯誤觀點。他說：「雷，說者曰：陰遏乎陽，不得出而暴裂者，此近理也。求其聲之彷彿，迅而急者似矣；其緩漫而大，殷殷呼呼，引長而不絕者，皆不似焉。若曰陰陽搏擊之聲，此尤无謂。陰陽氣也，安得搏擊成聲如此？余嘗疑其爲物之所爲，乘雲雨之時而出，或構而交，或爭而鬥，但非人間可得而見者。近歲華陰、舞陽二縣，麟生於野，厥聲雷鳴，厥口吐火，火卽電也，物誠有然者矣。今以雷之聲度之，迅者如激怒之聲，大者如狼鬥之聲，小而引長，呼呼不絕者，平息之聲也。古謂神龍能大能小，旣雨則返其精靈於下土而藏之，人亦不得而知之。或者乃龍之類所爲乎？惜不知龍能聲雷口火如彼麟否也。或別是一物乎？」❻❻在雷電問題上，王廷相從科學說明倒退到了神話傳說的水平。

對於曆法，特別是歲差法，王廷相也有較深刻的研究。所謂「歲差」，是指由於太陽、月球和行星對地球赤道突出部分的攝引，使地球自轉軸的方向不斷發生微小的變化，卽是冬至點在恒星間的位置每年向西的移動值。西漢末年，劉歆雖然已經察覺到冬至點這一位置的變化，但只是到了東晉時，虞喜才第一次提出了「歲差」的概念，開始探討歲差的規律，規定每五十年冬至點後退一度❻❼。爾後，何承天、祖冲之、劉焯、僧一行、郭守敬等天

---

❻❻ 同❹。

❻❼ 東晉虞喜提出「歲差」概念，是我國天文曆法史上的一大發**現**。約公元330年，虞喜通過同一時節星辰出沒時刻與古代記錄的比較，發現了恒星的出沒比古代提前的事實，說明春分、秋分、冬至、夏至點已向西移動。由此證明；太陽周年視運動一周天，並非就是多

文學家都對歲差規律進行了研究。在明朝中期「改曆」的辯論❻
中，王廷相撰寫了〈歲差考〉一文，對歲差規律進行了深入的研
究。他以中國曆法演變史爲根據，證明「歲差」是一個客觀存在
的規律。他說：「漢自鄧平改曆之後，洛下閎謂八百年當差一
度。當時史官考諸上古中星，知《太初曆》已差五度，而閎未
究。蓋古之爲曆，未知有歲差之法，其論多至日躔之宿，一定而
不移。不知天日會道，不得均齊，餘分積久，度數必爽，今歲之
日躔在多至者，視去歲多至之躔，常有不齊之分。至晉虞喜始覺
其差，乃以『天爲天，歲爲歲』立差法，以追其變而算之，約以

(續)至一周歲。由於多至點西移，太陽從今年多至到明年多至，並沒有
回到原來在恒星間的位置，所以應該「天爲天，歲爲歲」（《新唐
書‧曆法》）。根據推算，提出多至點每五十年向西移動一度的歲
差值，這比依現今理論推算的 77.5 年差一度的歲差值稍大一些。

❻ 明代中葉，圍繞着歲差法在天文學界曾有過一場爭論。自明初採用
大統曆以來，一百五六十年間，「臺官推演，又多不合天道」。如
成化十五年十一月戊戌望，月食，監推又誤；「弘治中，月食屢不
應，日食亦舛」；正德十二、三年，「連推日食起復，皆不合」；
正德十四、五年，三次月食，「初弓、復圓時刻分妙，多不合占
步」；嘉靖七年，「閏十月朔，回回曆推日食二分四十七秒，大統
曆推不食」。於是，許多學者提出「修明曆法」的主張。要修明曆
法，就必須研究歲差法。如成化十七年，眞定教諭俞正已上〈改曆
議〉，尙書周洪謨上書曰：「今正已謬泥所聞，輕率妄議，請下法
司治罪」。詔錦衣衞執治之。成化十九年，天文生張升上言改曆，
欽天監謂祖制不可變，升說遂寢。正德十三年，中官正周濂奏請
「悉從歲差，隨時改正」。部奏：「古法未可輕變，請仍舊法」。
正德十五年，禮部員外郎鄭善夫根據三次月食「多不合占步」的事
實，請求定歲差以改曆，而疏上竟不報。嘉靖三年，光祿少卿華湘
上書請召聘精通曆法者赴京，「令詳定歲差，成一代之制」，光祿
少卿樂護謂曆不可改，與（華）湘頗異。

五十年日退一度，然失之太過。宋何承天倍增其數，約以百年退一度，而又不及。至隋劉焯取二家中數，以七十五年爲近之，然亦未甚密。至唐僧一行乃以大衍曆推之，得八十三年而差一度。自唐以來，曆家皆宗其法。然猶未也。至元朝郭守敬算之，約六十六年而差一度，算以往減一算，算將來，加一算，而歲差始爲精密。至今二百餘年，臺官推演，又多不合天道，識者往往奏請再改曆元，以正歲差」❻。在歲差成因上，由於王廷相缺乏近代力學的觀念，不可能作出眞正科學的說明，但是他畢竟爲探索歲差規律作出了貢獻。他認爲： (1)「天，動物也，進退盈縮，未免小有不齊。一定之法，不可拘也」。這是歲差產生的客觀根據。

(2)定歲之法、定日之法、日月交食之法等「亦自有權宜者」，「積之歲久，則皆差失不合原算矣」。這是歲差產生的主觀原因。由此他主張「改革曆元，以正歲差」。他說：「以天道不齊之動，加以歲久必差之法，欲守一定之算，夫安可得？是故隨時考驗以求合於天，此爲至當。堯時冬至在虛，於今豈可固執也哉！」❼王廷相的歲差理論，不僅對當時改曆具有一定的推進作用，而且對探索歲差規律也作出了一定貢獻。

《大衍曆》是唐代天文學家僧一行所造的一部曆法。內容極爲豐富，爲後代曆法家所推崇。從《夏小正集解》多次引證《大衍曆》來看，王廷相對《大衍曆》也是頗有研究，表示欽佩的。但是，一行用《易‧繫辭》的數字來附會它，使《大衍曆》的數據和議論，蒙上了一層神秘的色彩。對此，王廷相提出了批評。

---

❻　《王氏家藏集》卷34，〈歲差考〉。

❼　同❻。

他說：《周易》「大衍之數五十之說，蓋以蓍求卦之數也。筮數橫，以四取；曆造縱，以順算。掛扐分揲，義惟取象；日月五星，數皆實衍，其大節迥異如此，而以『大衍』名曆，非假托而何哉？夫《易》乃人爲，曆由天度；天道有常，《易》道變易。以天就人，是謂顚越；以常就變，安能符契？得卦由數，吉凶在卦而不在數，又況吉凶本之人事乎？得天由數，離合在天而不在數，又況離合出於數外乎？是數者，求卦、求天之死法具耳。學者不探其原，棄理以從數，執數以明義，于事无實，于道有乖，殊失聖人之旨矣」。僧一行以「大衍」名曆，不過是「假《易》以重其曆爾，其實於《易》無當也」⑦。

三、俯察地理之象

王廷相不僅對天文學有一定研究，而且對地球及其地質結構也有一些探討。

地球是怎樣形成的？按中國傳統的說法，太虛之氣，「清陽者，薄靡而爲天；重濁者，凝滯而爲地」⑦。王廷相在總結當時科學成果的基礎上，以渾天說爲依據，提出了一個新的地球生成理論。他說：

> 先儒謂「太虛之氣，輕清上浮者為天，重濁下隤者為地」，似是一時並出，僕乃著此以明其不然。蓋天自是一物，包

---

⑦　同⑨。

⑦　《淮南子・天文訓》。

羅乎地。地是天內結聚者，且浮在水上。觀掘一二十丈，
其下皆為水泥，又四海環於外方，故知地是水火凝結，物
化糟粕而然。……有天卽有水火，水火二者，元氣之先化
故也。有水則必下沉，水結而土生焉❼❸。

天者，氣化之總物，包羅萬有而神者也。天體成，則氣化
屬之天矣。故日月之精交相變化而水火生矣，觀夫燧取火
于日，方諸取水于月，可測矣。土者水之浮滓，得火而結
凝者，觀海中浮沫久而為石，可測矣❼❹。

王廷相在這裏提出的「地是天內凝結之物」❼❺的論點，包含有兩
層意思：　(1)在宇宙生成過程中，地並不是和天同時形成的，而是
先有天後有地，地是天所產生的；　(2)地並不是重濁之氣下隤而
成，而是由天上的日、月之精交互作用而生水、火，使「水之浮
滓，得火結凝」而成。這一說法，雖然未必完全合乎科學，但是
在人類研究地球起源史上，卻不失為一種天才的推測。

　山脈如何形成？在山脈成因上，王廷相天才地認識到：「山
是古地結聚，觀山上石子結為大石可知」❼❻。這是說，山並不是
原來就有的，而是由於古代地殼的變化，使土石由小結聚為大
石，逐漸升高形成的。在這裏，王廷相已經認識到地殼並不是靜
止不變的，而是不斷地由低變高，由高變低的。他還根據地殼構
造運動規律，認識到向斜山、背斜山的形成，是古地傾墜的結果。

---

❼❸　同❺❸。

❼❹　《內臺集》卷4，<答何柏齋造化論>。

❼❺　同❺❸。

❼❻　同❺❸。

他說：「山石之敧側，古地曾傾墜也」❼。這些觀點，都是合乎科學的。

山谷、平原如何形成？王廷相依據水的浸蝕作用，指出：「高陵深谷，地道本體。流水沖激，川谷日下，石亦崩裂，況爾疏壤？」❼❽「山有壑谷，水道之蕩而日下也」❼❾。這是說，河流對山石的不斷沖刷、浸蝕，逐步造成了高陵深谷。關於平原的成因，王廷相指出：「土是新沙流演，觀兩山之間，但有廣平之土，必有大川流於其中可知」❽⓪。又說：「地有平曠、水土之漫演也。高峻者日以剝，下平者日以益，江河日趨而下，威勢之不得已也夫！」❽①這是說，冲積平原是由河流的長期浸蝕作用或冲積作用所造成的。這同沈括在《夢溪筆談》中「所謂大陸者，皆濁泥所湮」的觀點，是一脈相承的。這些觀點，也是合乎科學的。

土壤如何形成？王廷相回答：「水結而土生」❽②。意謂土壤是由流水的沉積作用而逐步形成的。他還進一步把土色分爲「白、黑、青、赤、黃」五種，把土質分爲「壤、墳、泥、埴、壚」五種❽③，說明王廷相對土壤學也有一定的研究。

岩石如何形成？王廷相回答：「石者土之結」❽④。岩石種類

---

❼❼ 同⑱。

❼❽ 同❷。

❼❾ 同⑱。

❽⓪ 同❺❸。

❽① 同⑱。

❽② 同❺❸。

❽③ 同❷。

❽④ 《慎言·道體篇》

很多，成因也各異。在這裏，王廷相雖未能全面地考察岩石的成因，但他畢竟認識到某些岩石（如泥積岩、粘土岩等）是由土粒逐漸聚結而成的道理，這是可貴的。

礦物怎樣形成？王廷相提出「化石成礦」的論點，卽認爲礦物是由岩石變化而來的。他說：「有石則金生」**⑧⑤**。又說：「金者石之精」，春夏「金氣鬱熱、化石成礦」**⑧⑥**。這一論點，在考察原生礦物的成因中，是頗有科學價值的。

王廷相在地球物理學、地質學和礦物學等方面，所取得的成就，雖然還比較零散，但在人類認識地球的過程中，也是有貢獻的。

同時，也應當指出，在潮汐問題上，他對王充以來所公認的潮汐「與月相應」的正確論點，提出了懷疑。所謂潮汐，是指因月球、太陽對地球引力不同所引起的水位的周期性升降現象。對這一現象，我國古代早已開始研究。漢代王充針對鬼神「驅水爲濤」的迷信說法，第一次提出了「潮之興也，與月盛衰，小大滿損不齊同」**⑧⑦**的著名論點。唐代科學家竇叔蒙在他所著的《海濤志》中，指出「月與海相推，海與月相期」，進一步揭示了潮汐變化與月球運動的內在聯繫。但是，王廷相並沒有沿着這一正確方向繼續向前探索，相反地，他在懷疑中向後倒退了一步。他問針對潮汐「與月相應」的論點，指出：「自今觀之，自朔之望，漸減一潮；自望至朔，漸減一汐，與月進退不應；未朔而潮長，旣朔而潮大，與月之明晦不應；冬春潮則宿，夏秋潮乃盛，與月

---

⑧⑤　同⑤③。

⑧⑥　同⑧④。

⑧⑦　《論衡・書虛篇》。

愈不相符 。 然則從其類者 ， 顧如是乎？」❽對前賢學說提出懷疑，本來可以向前推動科學發展，但王廷相只停留在懷疑上而不前進，這不能不說是一個理論上的不足與缺陷。

---

❽ 同❹。

第六章 天人模式論

當人類從自然界中分化出來之後，天人關係一直是哲學家們
探討的重要問題之一。在天人模式上，王廷相主要繼承和發揮了
荀子、王充、柳宗元、劉禹錫的「天人相分」、「天人交勝」的
理論，集中地批駁了天命論和「天人感應」說。他在同有神論的
辯論中，雖然基本上堅持了無神論立場，但也殘存有某些「天人
感應」論的思想影響。

一、天人相分、天人交勝

在王廷相的天人模式中，「天」具有二重性，既有「自然之
天」的意義，又有「意志之天」的意義。由此，在天人關係上，
必然導出「天人相分」和「天人合一」的兩種天人模式。

王廷相從元氣實體論出發，認為天是由元氣這一物質實體化
生出來的。他說：「天者，太虛氣化之先物也」❶。「元氣始
化，闢此寥廓，積陽九重，厥論荒鑿。既无功只，亦非營只」❷。
這說明，元氣生「天」，並非由某種神物所主宰，而是元氣自然

---

❶ 《慎言·道體篇》。
❷ 《王氏家藏集》卷41，〈答天問〉。

變化的結果。所以，由元氣化生出來的「天」，是一種運動着的物質實體。他說：「天，動物也」❸。「天道者，言乎運化之自然，四時行，百物生，乾乾而不息者也」❹。可見，「天」既包括日月星辰等天體，也包括「四時行，萬物生」等自然現象。

從這種「自然之天」出發，王廷相極力否定「天地故生萬物」的神學目的論。他發揮了揚雄、桓譚、王充等人的「天道自然」的思想❺，認爲宇宙萬物並非天有目的生出來的，而是「物勢之自然」。他說：「人物之生於造化，一而已矣。无大小，无靈蠢，无壽夭，各隨氣之所禀而爲生，此天地之化所以无心而爲公也」。「但人靈於物，其智力機巧足以盡萬物而制之，或驅逐而遠避，或構系而役使，或戕殺而肉食，天之意豈欲如是哉？物勢之自然耳。故強凌弱，衆暴寡，智戕愚，通萬物而皆然，雖天亦无如之何矣！」❻ 天地生化萬物都是「各隨氣之所禀而爲生」，都是「物勢之自然」。王廷相根據「天地之生物，勢不得不然」的觀點，進一步指出：「世儒曰：天地生物爲人耳。嗟乎！斯其昧也已。五穀似也；斷腸裂腹之草，亦將食人乎？雞豚似也；蚖

---

❸ 《王氏家藏集》卷34，〈歲差考〉。

❹ 《愼言·問成性篇》。

❺ 漢代揚雄指出：「吾與天欤，見無爲之爲矣」，天並非「雕刻衆形者」，「如物刻而雕之，焉得力而給諸？」(《法言·問道》)。桓譚依據當時醫學成果，亦說：「鈎吻（斷腸草）不與人相宜，故食則死，非爲殺人生也。譬若巴豆毒魚，礜石賊鼠，桂害獺，杏核殺狗，天非故爲作也。」(《新論·祛蔽》)。王充提出的「天地合氣，萬物自生」(《論衡·自然》)的命題，則是在更高的思維水平上對桓譚「天非故爲作」思想的理論概括。

❻ 《雅述》上篇。

蜿蝮蜗之屬，亦將爲人乎？夫人之食夫物，固曰天之爲夫人之生
之也，然則虎狼攫人而食，謂天爲虎狼生人可乎？蔽於近小而不
致大觀也矣」❼。抓住神學目的論與現實生活之間的矛盾，從而
揭露神學目的論的欺騙性，是王廷相同有神論辯論的成功經驗之
一。

　　在天人模式上，王廷相繼承了荀況、柳宗元的「天人相分」
的思想，指出：

　　　　雨暘時若，風霆流行，天地之德化也。世有風雷之師，是
　　　　人握其權矣；土主木偶，行禱求應，是鬼司其機矣。然
　　　　乎？儒者假借而罔正于道，傷造化之大倫，邪誣之俗，誰
　　　　其責哉❽？

在王廷相看來，天能爲的人不能爲，人能爲的天亦不能爲。旱
災、水災、風雨、雷霆等，皆是「天地之德化」，是人所不能爲
的。要借風雷之師呼風喚雨；設「土主木偶，行禱求應」，竊天
地之權，這是辦不到的。這不過是「罔正於道」的「邪誣之俗」
而已。

　　在「天人相分」的基礎上，針對道家和宋儒的「人不勝天」
的思想❾，王廷相吸取了劉禹錫的「天人交相勝」❿和張載的

---

❼　《愼言・五行篇》。

❽　同❼。

❾　在天人關係上，莊子最早提出「人不勝天」的思想，認爲「物（包
　　括人在內）之不勝天久矣」（《莊子・大宗師》）。某些宋儒也認
　　爲：「人不勝天久矣，古今禍亂莫非天之所爲，而一時之士，敎以

「天與人，有交勝之理」**❶** 的思想，進一步提出並論證了「天人交勝」的光輝思想。他說：

> 堯有水、湯有旱，天地之道適然爾，堯、湯奈何哉？天定勝人者，此也。堯盡治水之政，雖九年之波，而民罔魚鱉；湯修救荒之政，雖七年之亢，而野无餓殍。人定亦能勝天者，此也。水旱何為乎哉？故國家之有災沴，要之君臣德政足以勝之，上也**❷**。
>
> 或者曰：陰陽有數有變，其來也未必由之人，其消也未必歸之天。人君能遇災修德，雖變恒不為災。要之，人事足以勝之耳**❸**。

在這裏，他雖然把「人定勝天」的作用局限於「君臣修德」的範圍之內，忽視廣大勞動人民的生產鬥爭和政治鬥爭的實踐活動，

(續)人力勝之，是以多敗事而少成功，而身以不免焉。」（《晦庵先生文集》卷71）。

❶　《劉賓客集・天論上》云：「大凡入形器者，皆有能有不能。天，有形之大者也；人，動物之尤者也。天之能，人固不能也；人之能，天亦有所不能也。故余曰：天與人交相勝耳」。〈天論中〉云：「或曰：子之言天與人交相勝，其理微；庸使戶曉，盍取諸譬焉。劉子曰：若知旅乎？夫旅者，群適乎莽蒼，求休乎茂木，飲乎水泉，必強有力者先焉；否則雖聖且賢莫能競也。斯非天勝乎？群次乎邑郛，求蔭於華榱，飽於鮏牢，必聖且賢者先焉；否則雖強有力莫能競也。斯非人勝乎？」

❷　《正蒙・太和篇》。

❷　《慎言・五行篇》。

❸　《王氏家藏集》卷30，〈策問〉18。

但是他畢竟以最明確的哲學語言論證了「天人交勝」特別是「人定勝天」的命題，較之荀況的「制天命而用之」的思想，在理論深度上又前進了一步。同時，他的「天人交勝」的思想，也影響了明清時期的某些學者。如（明）呂坤（1536-1618）認爲：「人定眞足勝天，……夫冬氣閉藏，不能生物，而老圃能開冬花，結春實；物性蠢愚，不能人事，而鳥師能使雀弈棋，蛙敎書」❶❹。（清）章學誠（1738-1801）亦指出：「天定勝人，人定亦能勝天」❶❺。（清）魏源指出：「人定勝天，旣可轉富貴壽爲貧賤夭，則貧賤夭亦可轉爲富貴壽」❶❻。可見，「人不勝天」和「人定勝天」是明清時期天人之辯的重要內容之一。王廷相的「天人交勝」的模式，具有承上啓下的重要歷史作用。

二、對「天人感應」說的批駁

在「天人交勝」的基礎上，王廷相對於秦漢以降流行的「天人感應」的神學觀點，進行了猛烈的抨擊。王廷相指出：

> 上古聖人敬天畏天，以人生自天地之氣，安得不敬而畏之？尊本原始之道也。然天命幽微，罔可察識，故論天人之際，渾不以迫，正不以詆，觀於仲尼之言可測矣。
>
> 秦漢以還，董仲舒、劉向之徒，論啓謬枉，而郞顗（李尋、京房之徒）繼昌大詆，延至南宋儒者極矣。談天之

---

❶❹ 《呻吟語》卷3。
❶❺ 《文史通義‧天喩》。
❶❻ 《默觚上》。

惑，豈止説夢！道習如此，正宜稍加匡救，以抑其説，使
不至誣世，斯聖賢挺時扶正之學也⑰。

王廷相是如何批駁董仲舒、郎顗等人的「天人感應」神學觀
點呢？

第一，天人感應論者認爲日月蝕和彗星的出現是天以災變警
戒人主。王廷相不同意這種神學說法。他根據當時天文學的知
識，把科學與神學鮮明地對立起來，以科學批駁神學。他指出：
「日有蝕之，可算而知，曆之常也。鼓於朝，牲於社，救之也。
救不救，日无損焉。然而猶爲之者，抑陰扶陽之義云耳。以爲災
變者，郎顗、李尋之傳，誣天人甚矣」⑱。又說：「日月薄蝕，
星緯彗孛，曆家可以逆而推之。（《天文志》云：「歲星辰見東
方，行疾則不見，遲則變爲祅星，爲欃槍，爲孛彗。」）既可以推
而知之，是天道一定之度當然，謂應人主之行政，豈不誣乎？此
則其說不可通也」⑲。把無神論同自然科學結成反神學的同盟，
是王廷相同有神論辯論的成功經驗之一。

第二，抓住「天人感應論」同現實生活之間的矛盾，揭穿其
神學的虛妄性，是王廷相批評有神論的重要方法。他一針見血地
指出：

　　和氣致祥，乖氣致異，物理感召，亦不盡然。堯仁如天，
　　洪水降災；孫皓昏暴，瑞應式多，謂堯乖皓和，可乎？嘗

⑰　《王氏家藏集》卷37，〈答孟望之論慎言〉。
⑱　《雅述》下篇。
⑲　同⑰。

謂君仁臣忠父慈子孝，雖山崩川竭，虹貫星彗，不足以
累其清平之治；君驕臣諂，政僻刑淫，小人進而賢哲抑，
雖鳳儀麟游，景星慶雲，不足以救其危亡之禍。何也？天
道遠而難知，祥異有无，不足憑也；人事近而易見，治亂
之形，由政致也[20]。

或問：「治世之有災沴，君德不協於天而譴告之乎？」
曰：「非然也。亂世之有瑞，夫又誰感格之？……天道悠
而難知，人事近而易見，凡國家危亂者，咸政之不修，民
之失所，上之失職也。孰見天帝訶詆乎哉？孰見天帝震怒
乎哉？此應天以實不以証者，堯、湯自修之意也[21]。

這就是說，如果眞如董仲舒等人所說「和氣致祥，乖氣致異」，
自然災異是「君德不協於天而譴告之」，那麼在現實生活中爲什
麼會出現「堯仁如天，洪水降災；孫皓昏暴，瑞應式多」的現象
呢？「治世之有災沴」，「亂世之有瑞應」，又如何解釋呢？在
雄辯的現實面前，使「天人感應論」的虛妄性，暴露無遺。實際
上，一切社會治亂都是「政之不修，民之失所，上之失職」所造
成，與「天」無關。

　　第三，抓住「天人感應」論自身的矛盾，暴露其欺騙性，是
王廷相同有神論辯論的又一重要方法。

　　矛盾之一。王廷相指出：

---

　　[20]　《王氏家藏集》卷37，〈答顧華玉雜論〉。
　　[21]　同[20]。

天，一也，天下之國，何啻千百，譬父之於子，雖有才不才，厥愛惟均也。天象之變，皆為中國之君譴告之，偏矣。以為千百國皆應之，而國君行政之善惡，又未必一日月而均齊也。參之中正普大之道，茫茫未之有合。蕩于私數，戾于聖心，必自災異之學始㉒。

隨着地理知識的擴大，王廷相的視野也隨之擴大。天只有一個，而天下之國家卻有千百，如果災異「皆如中國之君譴告之，偏矣」；如果「以為千百國皆應之」，而各國君主行政之善惡又「未必一日月而均齊也」。這一理論自身的矛盾，天人感應論者是不能自圓其說的。

矛盾之二。王廷相認為，災異是「人君失政」所致的看法是不對的。他指出：

必曰「人君失政，天降水旱，以災害示之」，嗟乎！何其不智之言如是耶！上帝無意惠民則已矣，使有意焉，天之威靈無往而不得行，何不殛其躬自作孽之人與其誘引之徒，以絕其惡政之所自？何反出此水旱蟲蝗之災，使百穀不成，民食用絕，流離轉徙以死，豈非天欲用警人君，先自殺其民耶？天之拙果如是耶？不待智者決知其不然矣㉓。

㉒　同❼。
㉓　同⓱。

這就是說，災異如真是「人君失政」所致，那麼無限神靈的上帝何「不殛其躬自作孽之人與其誘引之徒」，反而降災「先自殺其民耶」？這完全是一種「不智之言」。這一理論上的矛盾，天人感應論者也是不能自圓其說的。在王廷相看來，與其假借天人感應說警戒人主，還不如當「君有僻政」時，「直言極諫，冀其聽而改之，豈不致誠？豈不明信？」以天人感應論懼之，「是何愚狂奸欺、誣天枉人之如是耶！」㉔

第四，王廷相對天人感應論的批評，是建立在他的氣論基礎上的。既然災異、瑞應不是人主「行政所致」，又是怎樣來的呢？王廷相回答說：「物理感怪氣而化，陰陽值戾氣而變，自適然爾」㉕。這和王充說的「瑞物皆起和氣而生」㉖、「風氣不和，歲生災異」㉗的觀點，是一脈相承的。不管是災異還是瑞物，都是氣化的產物，和「意志之天」毫不相干。

王廷相還具體地對於我國歷史上的各種「誣天枉人」之論，進行了尖銳的批評。

《呂氏春秋‧十二紀》和《禮記‧月令》，是兩篇鼓吹「天人感應論」的典型作品。王廷相繼承和發揚了唐代柳宗元的無神論觀點㉘，指出「《呂氏》、〈月令〉乃牽合附會之書，柳子厚

㉔　同⑰。

㉕　同⑰。

㉖　《論衡‧講瑞》。

㉗　《論衡‧譴告》。

㉘　唐代學者柳宗元對《禮記‧月令》駁斥說：「聖人之道，不窮異以為神，不引天以為高；利於人，備於事，如斯而已矣。觀〈月令〉之說，苟以合五事，配五行，而施其政令，離聖人之道，不亦遠乎？」（《柳宗元集‧時令論》）。

論之詳矣」。他質問道：「『聘名士，禮賢者』，何時不可？獨於
季春之月何居？『令奄尹，申宮令』，『謹房屋必重閉，省婦事
勿得淫』，四時皆不可不謹者，何獨於仲冬之月行之？」在一年
中，「有俟時而行之者，敬授人事者也；有不俟時而行之者，此
類是也，不可以槩擬也。……其日次、星中、東風解凍之類，皆
以天時授民事，與〈夏小正〉義同，至當而不可易者。其反時
令，則有大水、寒氣、寇戎來、徵夫多、沉陰、淫雨早降、兵革
並起之類，……此皆術士災應誣罔之論，非聖人之所擬」。「柳子
厚謂『瞽史之語，非出於聖人』，予以爲至論」❷。可見，王廷
相對於〈十二紀〉和〈月令〉，並非一槩否定，而是探取分析的
態度，對於「俟時而行之者」，認爲「至當而不可易」；對於「不
俟時而行之者」，認爲「不可以槩擬也」。至於那些神學說教，
皆被斥之爲「術士災應誣罔之論」或「牽合傅會之義」。這是一
種嚴肅的科學態度。

漢代董仲舒利用遼東高廟、長陵高圓殿災，鼓吹天人感應
論❸。王廷相評論說：「董子論高廟災，曰去諸侯；高〔圓〕便
殿災，曰去大臣。嗟乎！誣天人甚矣」❸。認爲這是對天人關係
的一種誣說。

周景王時，大夫賓起見雄鷄自斷其尾（載於《左傳》昭公二
十二年）的故事，本無神秘之義，而漢代劉向則傅會於「天人感
應」，「以爲知妖」❸。王廷相批評說：「周景王時，大夫賓起

---

❷　同❶。

❸　《漢書・董仲舒傳》。

❸　同❼。

❸　《漢書・五行志》。

見雄雞自斷其尾，劉向以爲知妖。王子朝、賓起之禍，夫子朝，景王之愛子也，王與賓起因田於北山，以田獵之衆，殺適子之黨而立之。以庶殺適，以天道律之，自有可死之理，而何待雄雞斷尾兆之耶？向謂雞妖之應，則誣」 ❸❸ 。從而剝下了蒙在「以庶殺適」之上的神學外衣。

對於流行於漢代的讖緯迷信，王廷相指出：緯書「皆異端邪術之流，假托聖經，以售邪誣之說，其罪可誅也」 ❸❹ 。漢代所以盛行讖緯，「多由於在上之勢致之。漢光武好圖讖，故當時緯候之流，順風趣附，遂使道之所妄，強以爲眞；命之所无，信以爲有。鄭興、賈逵以扶同顯貴，桓譚、尹敏以乖忤淪棄。嗟乎！貴賤窮通之際，守義乘道、堅而不回者幾何人哉？中人小生憚於時威，孰能違之，而況寡超明之鑒者乎？卒使天下後世詭聖不經，姦政壞俗，厥誰之咎哉？」 ❸❺ 王廷相敢於把批判矛頭指向皇帝，揭露讖緯迷信的社會根源，在君權專制的封建社會裏，是頗有膽識的。

王廷相所以宣傳「天人交勝」的思想，批判「天人感應論」，是從維護明王朝的統治出發的。明代中葉，儘管統治者企圖以神學來拯救社會衰亡，但是任何神學都不足以支持一個搖搖欲墜的社會。王廷相在總結了夏、商、周 ❸❻ 和明王朝的衰亡的歷史教訓後，清醒地認識到：「治亂之機，不在禨祥妖孽，而賢否進退乃

❸❸　同❶❽。

❸❹　同❶❽。

❸❺　《慎言・君子篇》。

❸❻　詳見《王氏家藏集》卷41，〈答天問〉。

其大關鍵矣」❸。「父慈子孝，君仁臣忠，兄友弟恭，夫和婦順，
雖山崩川竭，不足以爲殃。父子逆而君臣離，人道乖而彝倫斁，
嬖倖得志而賢者退抑，雖鳳鳥慶雲，不足以救其危亂之禍。何
也？國家之興替，人事之善否也。是故責人敬天者其道昌，棄人
誣天者其道亡」❸。所以必須批駁天人感應說，大力宣傳「天人
交勝」的思想，把人們從天國的迷霧中拉回人間，把人們從「順
天」的奴僕變成「勝天」的主人，充分發揮人的主觀能動作用，
正視現實，改革現實，才能拯救明王朝的衰亡。

王廷相立足於「自然之天」而主張「天人交勝」理論，這是
他的天人模式論的主動傾向。但是，也應指出，由於時代的侷
限，王廷相有時也宣傳「天意」、「天心」、「帝心」，鼓吹「敬
天畏天」，由「意志之天」而陷入「天人感應」的神學說教。

王廷相依據「意志之天」，有時鼓吹「天譴說」。

嘉靖七年（1528）冬，「長庚芒見」；八年元旦，「風霾晦
如夕」。對此，王廷相解釋說：「皇上以聖明御世，憂勤萬機，
天心昭假，不應有此」。出現這些怪異現象，「乃羣工佐理之職
有乖」所致。由此他主張「修明政事，欽恤民隱，乃人君敬天之
道。然弭變之實，固在於修政；而修政之要，莫先於任賢」❸。
在「敬天」的外殼裡，力倡賢人政治。

嘉靖十八年（1539）六月，雷震奉先殿，火燒皇城北鼓樓。
王廷相認爲「今日之災變」，不是「皇上致之」。而是「中外臣
工，不能仰體聖心，奉職无狀之所致爾」。他們「賄賂交通，匪

---

❸　《王氏家藏集》卷22，〈送幕史陳君還麻城序〉。

❸　同❼。

❸　《浚川奏議集》卷2，〈災異乞休疏〉。

人在職，中間事情乖變，賢否顛置，害及地方，軍民稱冤者，豈止匹夫匹婦而已哉？由是觀之，上干和氣，以招天變，實臣奉職无狀致之矣」❹。

王廷相根據「意志之天」，有時也鼓吹「天瑞說」。

正德八年(1513)春，風溪張侍御庭院瑞竹挺生，遂登鄉試；逾年成林，遂舉進士。王廷相評論道：「君子曰：地靈苞滋，瑞慶所集，其侍御君登庸之徵乎！」❹

正德十二年（1517），姑蘇郡侍御「芝產于庭」。王廷相聞之，評論說：「夫庭廡非草木之區，芝菌豈種菱之涯？元氣效德，壄靈應順，天人之際，諒匪誣也」❹。

嘉靖六年（1527）臘月，靈寶黃河「澄清見底」。王廷相聞之，贊頌道：「卓哉！瑞應非謬取，大臣頌德，小臣稽首拜手，願我皇陛下臻萬萬壽！」❹

王廷相所以宣傳天人感應論，其政治目的，是論證封建統治的合理性。他和孟子一樣，宣傳「君權天授」，認為「天欲興治，必以彌綸之業付諸大賢」❹。他有時也宣傳「命定論」，認為吉凶福禍「非人力也，故歸之天爾」❹。「升沉顯晦，皆命而已」❹。把由封建制度造成的吉凶福禍和富貴貧賤，說成「天命」的安排，使勞動者甘心於封建統治與剝削。

---

❹　《浚川奏議集》卷9，〈天變自陳疏〉。
❹　《王氏家藏集》卷4，〈瑞竹賦〉。
❹　《王氏家藏集》卷2，〈芝秀篇〉。
❹　《王氏家藏集》卷2，〈河清篇〉。
❹　《王氏家藏集》卷22，〈送涇野呂先生尙寶考績序〉。
❹　同❼。
❹　《王氏家藏集》卷27，〈答楊達甫提學〉。

三、對卜筮、星占的駁斥

王廷相站在「天人交勝」的立場上，對當時社會上流行的各種迷信，諸如占卜、星占之術等，也都進行了批評。

(一)駁卜筮說

卜筮之說，本是一種根據龜甲或獸骨燒灼後所出現的裂紋來推測上帝意旨的古老迷信。歷代不但朝廷設有「太卜」、「占人」等官，負責卜筮吉凶，而且民間也有以占卜爲業的人（如漢代的司馬季主等）。由於統治者的扶植，明代占卜之風亦甚盛。據《明史·藝文志·三》載，當時社會上的卜筮之書有：馬貴《周易雜占》一卷，季本《著法別傳》二卷，周瑞《文公斷易奇書》三卷，王宇《周易占林》四卷，錢春《五行類應》八卷，劉均《卜筮全書》八卷，趙際隆《卜筮全書》十四卷，蔡士順《皇極秘數占驗》一卷，鮑栗之《麻衣相法》七卷，李廷相《人相編》十二卷，劉翔《奇門遁甲兵機書》二十卷，鮑世彥《奇門徵義》四卷，《奇門陽遁》一卷、《陰遁》一卷等。王廷相繼承和發揚了荀況、王充、柳宗元等人的無神論思想，對占卜迷信批評說：「龜甲贏贏，卜人劖之；龜文庚庚，卜人曰靈。既曰靈，胡不庇其生？」[47]又說：「龜羣生毛綠的的，大如錢，貴如璧，養來盆中水凝碧。細人之玩有何益？」[48]說明王廷相是不相信以烏龜殼

---

[47] 《王氏家藏集》卷2，<雜諷>。

[48] 《王氏家藏集》卷2，<蘄民謠>。

占卜的靈驗的。對於以蓍草占卜吉凶的迷信，王廷相亦批評說：
「《易》者，聖人教民之書也；筮者，神其道，民信也。善者
吉，不善凶，理自然也。苟不善焉，筮之何益？勢有所軋，時不
可爲也。時不我與，筮之何益？」❹由此，他批評漢代司馬季主
說：「飛鴻遶廣渚，紫燕巢華屋。章甫適百粵，角巾走東陸。君
子安所遇，俗士多昏逐。豈必論幽尙，朝市有高躅。至人不嬰
垢，蕭散道自足。旣寡憂虞懷，何須季主卜？」❺他還指責二程
認爲卜筮是爲了「計其命之窮通，校其身之達否」的說法，「亦
惑矣！」❺

　　除了龜卜、蓍占外，占卜之術還有鳩占，遁甲、孤虛、痲衣
相法等。王廷相發揮王充的思想，對晉郭璞「以鳩斗占吉凶」的
迷信，駁斥說：「郭璞以鳩斗占吉凶，亦何必鳩？凡物皆可占
矣。吉凶，人事之常；斗噪，物性之感，皆事實也。彼此相輳，
豈無偶中？中卽神矣。予亦往往得之，但不爲信」❺。對於痲衣
相法，王廷相也不相信。他指出：「行藏切莫問痲衣，問著痲衣
道卻違。日月自來還自去，江山疑是復疑非。宣尼何嘗同堯帝？
列鼎終然羨采薇。不信章華臺上塋，春來惟有鷓鴣飛」❺。對於
遁甲（利用天干占卜吉凶）、孤虛（利用天干地支搭配日辰占卜
吉凶）之術，王廷相以「人定勝天」的思想，批評說：「大抵時
日孤虛旺相之論，卽孟子所謂天時者矣。蓋舉事已有定謀，假此

❹　《愼言・文王篇》。
❺　《王氏家藏集》卷7，＜雜懷＞。
❺　同❻。
❺　同❶。
❺　《王氏家藏集》卷18，＜遇痲衣術者有作＞。

以安衆志之術耳。古之用兵如神者多藉此，實非由之而能致勝。使趙括選日提兵，仍不免坑卒之厄；孫武漫爾陳師，亦能成攸馘之功。故曰『周以甲子日而興，紂以甲子日而亡。蓋在人事，而不時日也』。苟惑泥於此而廢自修，非所望於智者也」❺❹。

（二）駁占星術

在封建社會裏，由於人們對天體構造和星辰運行規律，特別是對某些罕見的天象（如日食、月食、彗星、流星雨等）和五大行星（金、木、水、火、土）視運動中的順逆和停留的複雜情況缺乏科學認識，往往錯誤地把這些星象說成是「天意」的表現。從殷周以來，歷代都有人通過觀測星象來占卜人事吉凶，這叫做「占星術」。「占星術」雖經歷代無神論者批駁，然而逮至明代依然盛行。據《明史・藝文志》載，宣揚占星術的主要著作有：吳天洪《造命宗鏡集》十二卷，歐陽忠《皇命秘訣望斗真注》三卷，楊源《星學源流》二十六卷等多部。王廷相以他的豐富的天文學知識，對這種占星術提出了批評。

春秋鄭國子產駁斥占星術者裨竈的故事，載於《左傳》昭公十八年。王廷相對子產的無神論思想贊揚說：「明於人之道者，不惑於非類，子產其有之」❺❺。王廷相稱贊子產，是建立在「天人相分」的理論之上的。

宋景公熒惑（火星）退舍的神學傳說，是建立在「天人感應論」基礎上的。王充早在《論衡・變虛篇》中，對它進行過駁

---

❺❹　《王氏家藏集》卷27，〈與徐都閫溥〉。

❺❺　同❶❽。

斥❺❻。王廷相繼王充之後，再一次駁斥了這種神學觀點，認爲「五緯進退有定度，時適其退耳」❺❼。王廷相雖以偶然（「時適」）論進行說明，但他畢竟把熒惑退舍看成一種自然現象，具有無神論的意義。

晉義熙十一年八月，熒惑（卽火星）不見。魏主嗣召名儒議論熒惑去向。長於星占術的崔浩（？-450）說：「『今熒火之亡，在庚午、辛未二日之間，庚午主秦、辛未西夷，熒惑其入秦乎！』後八十餘日，果出東井（星名），留守鈎己，犢之乃去」。王廷相對此批評說：「夫五星行度有定算，不應忽亡不知所在，皆星史之失職也。浩長於乾象，詭言以神其術耳」❺❾。王廷相對五星占神學迷信的批評，是建立在他對五星運行規律認識基礎上的。科學是批判神學的最有力的思想武器。

由於王廷相不相信占星術，所以他嚴厲地批評了司馬遷對這種迷信的容忍和保留。他說：「史氏《列傳》稱儒者之學，不曰『兼綜風角❺❾、河圖、七緯』，則曰『善風角、星算、六日七分』；不曰『好學博古，善天文、陰陽之術』，則曰『該博經史，兼通內緯』。夫既非圖讖、駁正陰陽矣，而復爲此等詞以奇之，豈非誨邪耶？故曰史氏無識」❻❶。這一批評，反映了王廷相的無神論思想的徹底性和原則性，是極爲可貴的。

---

❺❻　詳見《論衡·變虛篇》。

❺❼　同❶❽。

❺❽　同❶❽。

❺❾　風角卽根據風向、風力、風狀的觀察以占卜吉凶的一種迷信。

❻❶　同❶❽。

第七章　形神關係論

人是怎樣構成的？人的生命本質是什麼？中國古代哲人在探討這一問題的過程中，逐步形成了「形」和「神」的概念。這是用以標誌人的結構和生命本質的哲學範疇。王廷相的形神觀獨具特色，含有豐富的意義。他依此批評了「煉丹成仙」說和「風水」說，也批評了「占夢」術。在中國漫長的形神奧秘的探索中，作出了重要的貢獻。

一、神者，形氣之妙用

在王廷相的思想體系中，形神關係具有廣狹兩層涵義。從狹義看，所謂形神關係，是指人的形體和人的精神之間的相互關係。從廣義看，他所謂的「形」與「神」，並不只限於人的形體和精神。「形」是指氣聚而成形的萬物，「神」是指形氣的妙用和形氣的主宰或精神。

先講王廷相的廣義形神關係論。

王廷相繼承和發揮了王充的「形須氣而成，氣須形而知」❶

---

❶　《論衡・論死篇》。

和張載的「神與性乃氣所固有」❷、「鬼神者，二氣之良能也」，「散殊而可象爲氣，清通而不可象爲神」❸的思想，提出了「神者，形氣之妙用」❹的著名論斷。他認爲，「神」是「形氣」的一種神妙莫測的功能。有形氣即有神，無形氣即無神。形氣是神的載體。他論證說：

> 氣通乎形而靈。人物之所以生，氣機不息也；機壞則魂氣散滅矣。惡乎靈？有附物而能者，亦乘其氣機者也。頃亦散滅而已矣❺。

從狹義看，王廷相發揮王充的「精神依倚形體」和范縝的「形質神用」的思想，承認人的精神是由人的形體決定的，無形即無神，如同燈光離其膏木而光滅一樣。他論證說：

> 氣之靈爲魂，无質以附麗之則散，燈光離其膏木而光滅是矣。質之靈爲魄，无氣以流通之則死，手足不仁而爲痿痺是矣。二者相須以爲用，相待而一體也。精也者，質盛而凝氣，與力同科也，質衰而踈弛，而精力減矣。神也者，氣盛而攝質，與識同科也，氣衰則虛弱，而神識困矣❻。

---

❷　《正蒙‧乾稱篇》。

❸　《正蒙‧太和篇》。

❹　《內臺集》卷 4，＜答何柏齋造化論＞。

❺　《愼言‧道體篇》。

❻　同❺。

王廷相從「神者，形氣之妙用」思想出發，堅持形神「一貫之道」，極力反對理學家的「氣外有神，氣外有性之論」。他批評說：

> 諸儒於體魄、魂氣，皆云兩物，又謂魄附於體，魂附於氣。此即氣外有神、氣外有性之論。以愚言之，殊不然。體魄、魂氣，一貫之道也。體之靈為魄，氣之靈為魂。有體即有魄，有氣即有魂。非氣體之外別有魂魄來附之也。且氣在則生而有神，故體之魄亦靈；氣散則神去，體雖在而魄也不靈矣。是神氣者又體魄之主，豈非一貫之道乎❼？

依據「神者，形氣之妙用」的原則，王廷相也批評了何瑭（何柏齋）的形神二元論。何瑭認為：「陰形陽神，合則生人，所謂『精氣為物』也；離則人死，所謂『游魂為變』也。方其生，形神為一，未易察也。及其死也，神則去矣，而去者初无形可見，形雖尚在，然也无所知矣。陽有知而无形，陰有形而无知，豈不昭然而易察哉！」❽王廷相針對這種形神二元論，駁斥說：「此柏齋以氣為獨陽之誤也。不思元氣之中，萬有俱備，以其氣本言之，有蒸有濕。蒸者能運動，為陽為火；濕者常潤靜，為陰為水。无濕則蒸靡附，无蒸則濕不化。始雖清徹，鬱則妙合而凝，神乃生焉，故曰『陰陽不測之謂神』。是氣者形之種，而形者氣

---

❼　《雅述》上篇。
❽　《明儒學案》卷49，〈何瑭學案‧陰陽管見後語〉。

之化，一虛一實，皆氣也。神者，形氣之妙用，性之不得已者
也。三者一貫之道也。今執事以神爲陽，以形爲陰，此出自釋氏
仙佛之論，誤矣。夫神必藉形氣而有者，无形氣則神滅矣；縱有
之，亦乘夫未散之氣而顯者，如火光之必附於物而後見，無物則
火尙可在乎？仲尼之門論陰陽必以氣，論神必不離陰陽。執事以
神爲陽，以形爲陰，愚以爲異端之見矣」❾。又說：「愚以元
氣未分之時，形、氣、神冲然皆具。……且夫天包地外，二氣洞
徹，萬有莫不藉之以生，藉之以性，及其形壞氣散，而神性乃
滅。……柏齋乃取釋氏猶知形神有無之分，愚以爲此柏齋酷嗜仙
佛，受病之源矣」❿。在這裏，王廷相不但堅持氣、形、神「三
者一貫之道」的立場，反對何瑭的「以神爲陽，以形爲陰」的二
元論觀點，而且進一步指出何瑭的「陰形陽神」的觀點是「出自
釋氏仙佛之論」。這就從根本上揭露了它與佛、老的「形神有無
之分」思想的內在聯繫和神學本質。

　　根據「神者，形氣之妙用」的思想，王廷相必然否定「禍福
必由於鬼神」的有神論思想。王廷相認爲「鬼神一道，皆氣之靈
也，不可分陰陽魂魄。神乃陰陽之所爲，鬼亦陰陽之所爲；无魂
氣則鬼神滅，魂氣散則魄不靈，直是一道」⓫。「鬼者，歸也，
（魂氣）散滅之義也」⓬。旣然把鬼神看成陰陽二氣「之所爲」，
這就意味着從根本上否定了鬼神對人間禍福的主宰作用。所以，
他認爲人間的禍福，完全是由「人事之相感招也，而鬼神不與

---

❾　同❹。

❿　同❹。

⓫　同❼。

⓬　同❺。

焉」❸。

　　當王廷相堅持「神者，形氣之妙用」的觀點時，他是一位無神論者。這是他的形神關係論的主導方面和積極意義。但是，他所謂的「神」還有另一層意義，即是超乎萬物、主宰萬物的精神實體，由形神一元論又倒退到了形神二元論。他說：「人死魂升，乃陰陽之精離其糟粕也」❹。這是說，形與神雖都是陰陽二氣，但「神」是一種精緻的陰陽之氣，而有形體的萬物則是一種駁雜的粗濁的陰陽之氣。人死之後，精靈之魂氣可以離開「糟粕」之身體而獨存。所以神是「生於形氣而妙乎形氣者也」。這一觀點，是直接從張載的「萬物形色，神之糟粕」、「凡天地法象，皆神化之糟粕」❺承襲而來的。這樣，他就把物質的東西和精神的東西完全等同起來了。結果，一方面使精神獲得了物質那種實體性，導致「靈魂不死」論；另一方面又使物質（氣）獲得了精神那種能動性，導致「萬物有靈論」。正是按着這種邏輯必然性，王廷相不可避免地滑向了有神論。他認爲：「《易》曰『精氣爲物，游魂爲變』，魂而能游，是即死而不亡矣。堯舜托生，雖无稽考，人生而猶記其前身者，世間往往有之；是死而神氣不滅，亦不可誣，但不能人人盡如是耳」❻。雖然他把「死而神氣不滅」限於少數人，但從理論上他畢竟承認了「靈魂不死」，而陷入了有神論。這種理論上的悲局，也包含在王廷相哲學理論的前提之中。因爲斷定「氣外无神」，把鬼神當作形氣所固有的

---

❸　《慎言‧五行篇》。

❹　《王氏家藏集》卷27，〈答何粹夫〉。

❺　同❸。

❻　《雅述》下篇。

良能，就必然由承認「氣」之無生無滅，而導致承認鬼神之常存。這和張載說的「鬼神常不死」❼的思想是一脈相承的。同時，王廷相也主張萬物有靈論。他在批評何瑭的「地不神」的時候，指出：「柏齋曰：『陰陽不測之謂神，地有何不測而謂之神？』愚則以爲后坤發育，羣品再生，山川蘊靈，雷雨交作，謂地不神，恐不可得。又曰：『地有靈變，此天藏於地者，非地本體』。若然，則地特一大死物矣，可乎？愚則以爲萬物各有禀受，各正性命，其氣雖出於天，其神則爲己有。地有地之神，人有人之神，物有物之神。謂地不神，則人物之氣亦天之氣，謂人物不能自神，可乎？」❽又說：「山川林藪，岩洞島澤，氣所鬱積，靡不含靈。人有魂魄知覺，物有變幻精怪，雖肖翹之微，蠕動之蠢，皆契陰陽妙合之道，況天得元氣之全且大，而其神靈有不尤異者乎？」❾雖然王廷相反對神學意義的鬼神論，但它如同歷代的儒家學者一樣，極力提倡「神道設教」。他說：「神道設教也，尊天地而不瀆，敬鬼神而遠之，守經正物，不飾怪誕，則風俗同而百家息矣」❿。

把王廷相的廣義的形神觀同荀子、王充、范縝等人相比較，在理論上，顯然是一種倒退。從中國形神理論的形成和演變過程來看，戰國中期，《管子》學派既承認精氣本源論，又承認精氣「流於天地之間，謂之鬼神，藏於胸中，謂之聖人」㉑。把物質

---

❼　《正蒙・神化篇》。

❽　同❹。

❾　同⓰。

❿　同⓭。

㉑　《管子・內業》。

與精神、客體與主體，完全等同起來了。隨着社會實踐和思維水平的發展，「神」這一概念逐步地從「氣」中分化出來，成爲標誌人體特殊功能的範疇。這一分化可以朔源於荀子「形具而神生」的命題，不再把「神」看成本源之「氣」所固有的東西，而是人體特有的產物。漢代桓譚、王充等人的「以燭火喩形神」的觀點，更進一步把「氣」作爲宇宙本源範疇，而把「神」作爲人體的特殊功能範疇來把握。南北朝時期，范縝在同佛教的辯論中，提出的「形質神用」的觀點，把我國古代的形神觀推到了一個新的高峰。但是，王廷相和張載一樣，都沒有完全沿着荀子、王充、范縝等人的正確路線，進一步深入地解決人的形神關係問題。相反地，他把已從氣中分化出的「神」又重新賦於「氣」，從「氣、神相分」又復歸到了「氣、神合一」，由「氣、神合一」又陷入了神學泥潭。這是我們應從中吸取的理論思維教訓。

二、駁「煉丹成仙」說

明朝最高統治者，不但扶植佛教，也推崇道教。明太祖授張道陵四十二世孫張正常「正一嗣教眞人」，賜銀印，官秩二品，還親自注釋《道德經》，親制《周顚仙傳》一卷。明成祖賜道士劉淵然號「大眞人」，親制《神仙傳》一卷。明孝宗時，李廣以燒煉齋醮被寵。明世宗更是一位以崇尚道教而著名的皇帝。他加封道士邵元節「致一眞人」道號，遣使營造仙源宮，加授禮部尚書，「贈田三十頃，蠲除租徭」，賜「闡教輔國」玉印和白金、寶冠、法服等物；又授天師張彥頨「正一嗣教眞人」，賜金冠、

玉帶、蟒衣等㉒。寵信道士陶仲文，封他爲「神霄保國弘烈宣教
振法通眞忠孝秉一眞人」，特授少保禮部尙書。他還到處「訪求
方士、法書」，日事齋醮，營造宮觀，誤國殃民。在最高統治者
的大力扶植下，「四方奸人段朝用、襲可佩、藍道行、王金、胡
大順、藍田玉之屬，咸以燒煉符咒，熒惑天子」。道敎盛行於整
個社會，道士得志於一時。所以，王廷相作爲有遠見的政治家，
從維護封建統治的根本利益出發，不能不對道敎及其煉丹成仙的
敎義提出批評。

　　「煉丹成仙」是道敎的中心思想。這是與形神關係密切相關
的一個重要問題。道敎認爲，只要通過修煉方術，做到「保神固
根」，即可達到形不滅神亦不死的長生久視之目的。道敎鼓吹服
食金丹卽能令人長生不死。能否「點石成金」？王廷相以否定的
口氣指出：「寡欲冥心，以頤壽算，此自實理。煉鉛養砂，以變
金石，道殊不然」㉓。詩云：「道外別傳出世心，更能一粒變黃
金。葛洪山上眞人在，流水桃花深復深」㉔。可見，對道敎的
「黃白之術」，王廷相是不相信的。對於服食金丹成仙的說敎，
王廷相亦持否定態度。他在總結歷代皇帝服食金丹喪生的敎訓
後，指出：「伏煉金石」非但無益於人壽，「反以戕生矣」㉕。
王廷相在回答屈原的「何所不死」時，亦指出：「有生有死，有
形有則，氣雖乖異，詎應懸絕？」在回答「延年不死，壽何所
止」時，亦說：「葆和研虛，古稱能壽；聃（老聃）、鏗（彭鏗，

㉒　《明史紀事本末》卷52。
㉓　《王氏家藏集》卷27，〈答吳宿威太守〉。
㉔　《內臺集》卷2，〈遣興〉。
㉕　同⑯。

卽彭祖）神德，亦隨物化。羽人翩翩，游神罔象，疇能躬睹？徒爾寓言」❷❻。這些觀點，同唐代柳宗元所說的「仙者幽幽，壽焉孰慕？短長不齊，咸各有止。胡紛華漫汗，而謂謂不死」❷❼，完全一致。依據這種無神論思想，王廷相賦詩曰：「日月跳兩丸，斗此世上人。死者日以遠，生者日以新。蓬萊水清淺，羣仙亦虛陳。若木幾廻花，扶桑終爲薪。蚩蚩夸與名，腐朽安足神！達觀造化始，曠然獲我眞」❷❽。

　　王廷相對「煉丹成仙」說的批駁，並不是孤立的，而是明中葉出現的批判道教的社會思潮的重要組成部分。由於嘉靖皇帝崇尙道教，「煉丹成仙」的神學迷信籠罩着整個社會。例如道士襲可佩通曉道家神名，「帝令入西宮敎宮人習法事」。道士藍道行以扶鸞術得寵。胡大順僞造《萬壽金書》，詭稱呂祖授三元大丹，可卻疾不老。藍田玉從事符籙齋醮及召鶴術得寵。王金以仙酒獻之世宗，爲嘉靖皇帝採靈芝。顧可學自言能煉童男女溲爲「秋石」，服之卽可延年。道士段朝用鼓吹「以所煉白金器百餘」，「盛飲食物，供齋醮，卽神仙可致也」。只要「帝深居无與外交接，則黃金可成，不死藥可得」❷❾。於是，明世宗欲「靜養靈臺」，令皇太子監國。太僕卿楊最抗疏諫曰：「夫堯舜性之，湯武身之，非不知修養可以成仙，以不易得也。不易得，所以不學。豈堯舜之世无仙人，堯舜之智不知學哉？……惟望端拱穆清，慕默思道，不邇聲色，保復元陽。不期仙而自仙，不期壽而

---

❷❻　《王氏家藏集》卷41，《答天問》。

❷❼　《天對》。

❷❽　《王氏家藏集》卷7，＜雜詩＞。

❷❾　《明史‧楊最傳》。

自壽。黃白之術，金丹之藥，皆足以傷元氣，不可信也」 **❸** 。世宗大怒，立下詔獄，重杖而死。舉朝文武，雖知冤死，「愕不敢言」。有些大臣還「爭諂媚，取容神仙，禱祀日亟」。王廷相在這種歷史背景下冒瀆「聖威」，又抗疏諫曰：「人欲久壽，必得真氣充盛，神明朗照，精力強健，而後百疾不生。是以古之達者，必先調養精神，保固元氣，又能寡嗜欲，節飲食，減思慮，慎起居，少勞苦，由是既無疾患，壽亦悠久，豈非神聖之要道乎！」 **❸** 繼楊最、王廷相之後，御史楊爵等人于嘉靖二十年春上言曰：「今異言異服，列于廷苑；金紫赤紱，賞及方士。保傅之位，坐于論道。非極天下之選，不足以當此貴，而畀之迂怪之徒，名器之濫，至此極矣」 **❸** 。嘉靖皇帝大怒，命鎮撫司長繫之。可見，嘉靖朝的道教與反道教的鬥爭是何等激烈！在這場激烈的鬥爭中，王廷相是堅決反對以嘉靖皇帝為首的崇尚道教的社會思潮的，充分地表現了他的大無畏的批判精神。

在批評「煉丹成仙」說的同時，王廷相對于道教中的某些「養生」的合理成分，也予以充分肯定。他雖否定「成仙」，但承認「養生煉氣之道」。他指出：

> 養生者節制之常也，煉氣則術也。何以言之？人生元氣所稟，各有長短。自有知以來，為貪愛侵剝，暴戾蠹蝕，故長者短，短則促，不得盡天年而終。是以聖智之人有養生之論，大要不出少思慮，寡嗜欲，節飲食，慎起居，順時

---

❸ 同 **❷** 。
❸ 《浚川奏議集》卷10，〈議太子監國等事疏〉。
❸ 同 **❷** 。

候，和氣體，利關節而已矣。能由是而行，則大氣不能致傷而諸疾不作，可以盡其天畀元始之氣而以壽終矣。使非有節，安能知是？故曰節制之常。至於煉氣之術，亦有至理。大抵造化之妙，陰陽配合而道化生焉。人之得生，本諸精氣，呼吸升降之間，而運動往來无滯。故吸則氣升，遂以意引之，注於極上；呼則氣降，遂以意引之，注於極下。久之，極上則髓海盈溢，遍達於諸骸；極下則氣海充滿，透徹於諸脈，此亦造化自然之機發如此❸。

壽之實，出於天而養於人。……无為則氣不耗，順厥自然則氣不逆，亂不急迫則氣和。三者守其天而不戕以人，取壽之大要也❹。

把道教中的「煉丹成仙」的神學迷信與「養生煉氣之道」的合理成分加以區別，這較之王充在《論衡・道虛篇》中對道術持全盤否定的態度，自然要高明一些。王廷相所以能夠如此，這和他的淵博的生理學和醫學知識（著有《攝生要義》一書，已佚）是分不開的。他的養生論，是對《黃帝內經》、《金匱要略》、《千金方》等醫學典籍的繼承和補充。

但是，也應指出，王廷相畢竟是封建時代的思想家，有時候他對道教也作一些讓步。在他看來，對絕大多數人來說「得道成仙」雖屬不可能；但對於個別人來說如能「積行累仁」，「得異人親為指授」，是可以成仙的。他論證說：石晉時，水部員外郎

---

❸　同⑯。

❹　《華陽稿・壽封君巽齋張先生八十歲序》。

賀儡名充，宋眞宗東封時，「儡乃布衣幀謁於道左，帝不見異而
去，因求之不獲。熙寧中，蘇長公爲密州，儡亦道旁謁之，亦以
不甚禮而去。豈皆淺於緣者邪？往時予不信此。近見朝邑劉太守
偉，沒已數十年，往往行游人間，與故舊相見，則知水部之事，
不爲虛傳。但學道者必得異人親爲指授，而後有成」❸ 。

三、駁「風水」說

　　「風水」說，也叫「堪輿」說。是一種借觀測墳地風水地
勢，據以附會人事推斷吉凶，宣傳鬼蔭子孫的術數迷信。這一迷
信是建立在神不滅論基礎之上的。承認人死形滅神不滅，就必然
會導出有鬼論，而鬼的存在就會干預人間的吉凶禍福。《漢書・
藝文志》著錄有《堪輿金匱》十四卷，《隋書・經籍志》著錄有
《地節堪餘》、《堪餘歷注》等多種，說明這一迷信在唐以前已
相當流行。所以，唐初呂才才針對當時的風水迷信，指出「官爵
弘之在人；不由安葬所致」❸ 。宋代張載亦指出：風水說「全無
義理，不足取」❸ 。它雖受到唐宋許多學者的批評，但逮至明代
許多士大夫仍崇信不疑。據《明史・藝文志・三》載，堪輿之書
有：周繼《陽宅眞訣》二卷，劉基《地理漫輿》三卷，趙汸《葬
說》一卷，瞿佑《葬說》一卷，謝昌《地理四書》四卷，謝廷柱
《堪輿管見》二卷，周孟中《地理眞機》十五卷，董章《堪輿秘
旨》六卷，徐國柱《地理正宗》八卷，陳時暘《堪輿眞諦》三卷

---

❸　《內臺集》卷3，＜滿江紅序＞。
❸　《敘葬書》。
❸　《經學理窟・喪紀》。

等，廣爲流傳。王廷相繼承和發揮了呂才、張載的思想，對明代的風水說作了全面的批駁。

其一，「地理風水之術」，是一種邪術惑世的騙術。首先，王廷相從他的生死觀出發，指出「夫死者氣已散爲清風，體已化爲枯腐，於生者何所相涉？而謂其福蔭於子孫，豈非荒忽謬悠無着之言乎！」❸ 其次，他還從風水說與現實生活之間的矛盾出發，揭露說：「若子若孫，有富有貧，有貴有賤，或壽或夭，或善或惡，各各不同。若曰善地，子孫皆被其蔭可也，而何不同若是？豈非人各自性自立乎？」❸ 這一批評，是頗有說服力的。他還進一步反問道：「若以風水能致人福祿，則世間人事皆可以棄置不爲；農者不論天時耕耨，商者不論貴賤美惡，工者不論習熟工巧，士者不論講學摛詞，一惟聽於風水，以俟其（福祿）自至可也；然而能之乎？」❹ 這一詰問，也是風水先生難以回答的。最後，王廷相以他淵博的歷史知識，證明風水說古而無之。他說：「地理風水之術，三代以上原無是論，觀《周禮》族葬皆於北郭之外，可知矣」❹。「上世之人，其親死，則舉而委之於壑，他日過之，狐狸食之，其顙有泚，乃歸，反虆裹而掩之，蓋未知藏其體之爲善也。聖人緣此，遂易之以薪，而葬之中野。又不忍其土親膚也，後世聖人復以瓦棺墊周葬焉。又恐其體魄之不固也，後世聖人復易之以棺槨。是葬之爲道也，歷世相承以漸，而後盡如此，曾何有於擇地？又何論夫風水環聚、山川形勝之利也

---

❸　同❻。

❸　同❻。

❹　同❻。

❹　同❻。

哉？」「今乃緣之以窺利，不孝之事莫大於此。故今者擇地者，取其方向之宜，土脈之厚，生物之茂，足矣。所謂風水龍虎之妄說，詎可信而惑之乎？」❷ 他通過歷史的考察，剝去葬法的迷信成分，從而揭露了風水說的虛妄性，是頗令人信服的。

其二，王廷相不但揭露了風水說的虛妄性，而且進一步揭露了它對社會的危害性。他說：「惟風水之害，使人盜葬強瘞，鬥爭懟訟，死亡罪戾，无處无之，豈非遺禍於世乎？」❸ 社會上的許多醜惡現象，都是由於篤信風水說所造成的。

其三，既然風水之說是惑世愚民的「邪術」，那麼社會上為何流行不止呢？王廷相指出：社會上所以有人崇信風水說，乃是因為「貪鄙之心固於求利而為之也」❹ 。俗人小儒崇尚風水之說，「不過貪慕富貴之心使之然耳」❺ 。王廷相對風水說社會根源的揭露，雖未能以經濟和階級根源上立論，但它畢竟揭露了「風水說」鼓吹者的醜惡靈魂，在當時也是頗有見地的。

王廷相以他的無神論為武器，還批評了當時流行的各種關於風水的說法。(一)朱元璋平定天下，欲以北平建都，羣臣皆以為「高出萬世之見也」，而翰林修撰鮑頻則認為元朝建都此地，至「今百年，地氣天運已盡，不可因也」。王廷相評論說：「豈非風水之說乎？今都燕百五十年，天下太平如一日，則地氣天運已盡之說，敢為欺罔，可以誅矣」❻ 。(二)謝東以布衣榮任南城兵

---

❷ 《王氏家藏集》卷36，＜喪禮論・風水＞。

❸ 同⑯。

❹ 同❷。

❺ 同⑯。

❻ 同⑯。

馬副指揮，其子爲駙馬都尉，有人便以爲「塋域蔭之而然」。王
廷相駁斥說：「今考謝氏自上世以來，忠厚一脈，綿綿延延，施
及兵馬公，守素抱一，黜巧墮利，故能高大門閥也。其都尉者，
亦豈專乎貌也哉？正能無忝所生耳矣。顧當時應詔者，奇偉男子
亦夥矣，乃遇不遇，關其祖德之積弗積耳。是則謝氏之顯在德不
在卜也較然矣」❹。（三）南京禮部儀制郎陳良謨家門爲鄰樹所
蔽，風水先生曰：「伐之則貴氣弗闋，斯利舉子」。其母都氏曰：
「吾聞窮達在天，力學在人，顧尤之鄰木耶？」 後來，鄰木未
伐，而良謨亦登第。王廷相對都氏評論說：「嗟乎！此卓識懸
解、大賢通方之見也。乃學士大夫談風水，信星數，昧昧焉以徼
利，何哉？」❹。

由此出發，王廷相批評了酷信風水說的朱熹，稱贊了批駁風
水說的呂才、張拭等人。他指出：「呂才《陰陽書·序》舉論祿
命、地理、擇日之謬，大賢之識鑒也」。「朱熹稱張南軒不惑於
陰陽、卜筮、奉其親以葬，苟有地焉，无適而不可也，天下之決
者何以過之？ 及先生自處， 則陰陽、卜筮、風水、星命无不信
惑，豈賢者之見亦有未能拔乎流俗者耶？亦各有攸見耶？吾於欽
夫則敬服之矣」。他還指出：地理風水之術，「後世如唐呂才、
宋程子、司馬公、張南軒皆以爲謬而不信，獨朱子酷以爲然。…
…崇信以爲人塋，文公大儒，不得辭其責矣」❹。王廷相雖然崇
敬朱熹， 以爲賢者， 但在風水說上卻批評他是「不能拔乎流俗

---

❹ 《內臺集》卷5，〈明故敕封承事郎南城兵馬副指揮謝公墓誌
　　銘〉。

❹ 《王氏家藏集》卷32，〈明旌表節婦贈安人陳母都氏墓碑銘〉。

❹ 同❻。

者」；宋明風水說所以流行，朱熹「不得辭其責矣」，在朱學已被封爲官方哲學的歷史背景下，敢於點名批評朱熹，其膽識令人折服。

王廷相對「地理風水之術」的批評，對於明淸時期的無神論者有較大的歷史影響。如明代呂坤（1536-1618）指出：「今世重風水者，千人而千，百人而百，以千百人豈皆康吉？」「一穴之子，貧富頓殊；雙產之兒，有賢有愚」。這完全是「葬師以衣食之故愚世人」[50]。陳確（1606-1677）在《葬書》中亦指出：風水說「起於葬師之欲賄也」[51]。「今葬師鼓其妖說，輕破民田，壞族葬之古制，使人父子祖孫曾不得同穴」。「今妖師妄言禍福，隔別天親，惟圖厚利，不顧民業，仁人孝子莫克自主，靡然從之，良可哀矜！」[52]黃宗羲（1610-1695）在《讀葬書問對》中，也批評了「鬼蔭之說」，指出「鑿空言死者之骨骼，能爲禍福窮通，乃是形不滅也，其可通乎？」[53]熊伯龍（1617-1669）在《無何集》中責問說：「信葬師之言者不少，人人皆求善去忌，何以富貴者少，而貧賤者多也？」袁枚（1716-1797）在《隨園隨筆》中，以大量的歷史事實，指出「風水之不驗，班班可考，人猶惑溺不醒，可謂愚也」。如果把這些思想同王廷相相比，說明他們之間是一脈相承的。

王廷相的葬論及其對風水說的批評，對於朝鮮李朝哲學家丁若鏞（1762-1836）也有一定的歷史影響。丁若鏞在轉述了《王氏

---

[50] 〈垹訓〉。

[51] 《遺書別集》。

[52] 《遺書文集》卷15，〈投當事揭〉。

[53] 《南雷文約》卷4。

家藏集》卷 36《喪禮論・風水》的全文後，以稱贊的口氣評論說：「王氏明於物理，精於辯惑，本皆如此」。丁若鏞所以輯錄王廷相等人駁斥風水說的言論，是因爲「風水之說世多崇信」，借輯錄古人名論，使「樂善明理者卽書悟妄」❺。

四、駁「占夢」術

「占夢」也叫「圓夢」、「說夢」。占夢術是一種根據夢象推測人事吉凶福禍的術數。所謂夢，是人類的一種潛意識活動。它同人的形神有密切關係。據胡厚宣〈殷人占夢考〉（《甲骨學商史誌叢初集》下），證明殷商時代已有占夢術。爾後，《周禮》、《詩經》、《左傳》等古籍，多次記載占夢之事。中國歷代史誌目錄多有占夢書的記載，如《漢書・藝文志》的《黃帝長柳占夢》（十一卷）、《甘德長柳占夢》（二十卷）；《隋書・經籍志》的《占夢書》（三卷）、《占夢書》（一卷）、《竭伽仙人占夢書》（一卷）、《占夢書》（一卷）、《夢書》（十卷）、《新撰占夢書》（十七卷）、《解夢書》（二卷）、《雜占夢書》（一卷）；《唐書》、《宋史》經籍志亦載有《夢書》（四卷）、《周公解夢書》（三卷）、《占夢書》（十卷）、《校定夢書》（四卷）、《夢應錄》等。「占夢術」在明代亦很流行。當時，社會上不但出現了一批專門以「占夢」爲業的人，而且宣揚這種迷信的書籍如張千山的《古今應驗異夢全書》（四卷）、陳士元的《夢占逸旨》（八卷）、《夢林元解》（三十四卷）、

---

❺　《與猶堂全書》第三集，卷24，〈風水集議〉。

張鳳翼的《夢占考》（十二卷）、童軒的《紀夢要覽》（三卷）等，也廣爲流傳。王廷相針對這種迷信思想和活動，承襲范縝的「夢幻虛假」⑮的思想，公開宣稱：「勿召術訊命，我生有定。勿占夢召史，寢景不可恃」⑯。

王廷相針對夢應論者，指出：「夫夢中之事，卽世中之事也，緣象比類，豈無偶合？要之渙漫无據，靡兆我者多矣」⑰。夢只是一種「渙漫無據」的東西。在絕大多數情況下，占夢之術是不靈驗的；卽使個別應驗，也不過是「偶合」而已。從而揭穿了「占夢術」的欺騙性。他還指出，占夢術是靠不住的，最主要的是人的主觀努力。他舉例說，黃逸菴補任陝西華陰前，「華陰久乏舉。先是有蕭先生者，誨生徒勤甚，一夕夢有告者曰：『汝何自苦？舉子須江夏相來爾』。久之，果不舉。……先生至，衆欣然曰：『果江夏來矣』。先生曰：『嘻！誤矣哉！夢乃寐景也。不教不學，兀兀坐待，能舉耶？』乃嚴教條，植標準，程術業，啓志向，閎才思，正文體，訓習時務，涵養性氣，懋淬其德。方一年所，氣象勃勃化矣。一日，遍試諸生，撫其卷曰：『可矣，可矣。當不負江夏相』。是歲，果一士發解，嗣後恒不乏科云」⑱。王廷相通過這一事實，說明只有經過人的主觀努力，才能取得人事的成功。

王廷相反對占夢術是以他的夢論爲基礎的。夢這一特殊的潛意識活動，由於它的虛幻與離奇，在科學不發達的古代，往往是

---

⑮　<答曹思文難神滅論>。

⑯　《王氏家藏集》卷1，<鴻漸>。

⑰　同⑯。

⑱　《王氏家藏集》卷31，<逸菴先生墓誌銘>。

迷信匿身的場所。正如恩格斯指出的：「在遠古時代，人們還完全不知道自己身體的構造，並且受夢中景象的影響，於是就產生一種觀念：他們的思維和感覺不是他們身體的活動，而是一種獨特的、寓於這個身之中而在人死亡時就離開身體的靈魂的活動」❺。占夢論者便以爲夢是「魂游」、「神馳」或「神靈之所告」。而中國歷代嚴肅的學者則從不同的角度探索了發夢的原因，提出了不少有價值的見解。中國古代思想家對夢因的探討，是從兩方面進行的：一是生理病理的原因，一是精神心理的原因。王廷相在對占夢術的辯論中，從生理與心理相結合的高度，進一步深入地探討了這一複雜的問題。他把夢分成兩大類，即「魄識之感」和「思念之感」。他指出：

夢之說二：有感於魄識者，有感於思念者。何謂魄識之感？五臟百骸皆具知覺，故氣清而暢則天游，肥滯而濁則身欲飛揚也而復墮；心豁淨則游廣漠之野，心煩迫則踢蹶冥實；而迷蛇之擾我也以帶繫，雷之震於耳也以鼓入；飢則取，飽則與；熱則火，寒則水。推此類也，五臟魄識之感著矣。何謂思念之感？道非至人，思擾莫能絕也，故首尾一事，在未寐之前則為思，即寐之後即為夢，是夢即思也，思即夢也。凡舊之所履，晝之所為，入夢也則為緣習之感；凡未嘗所見，未嘗所聞，入夢也則為因衍之感。談怪變而鬼神罔象作，見臺榭而天闕王宮至，臧蟾蜍也以踏茄之誤，遇女子也以瘥胳之恩，反復變化，忽魚忽人，寐

覺兩忘，夢中説夢。推此類也，人心思念之感著矣🟡。

所謂「魄識」，即指生理病理；所謂「感於魄識者」，即是指五臟百骸等肉體感覺、知覺。既包括對外知覺，也包括對內知覺。從他以氣之清濁、心之淨煩、帶之繫身、雷之震耳、胃之飢飽、身之寒熱等分析夢因看，他的「魄識之感」，基本上是從《黃帝內經》、《潛夫論·夢列》、《列子·周穆王篇》、《正蒙·動物篇》等書承襲而來🟡。但是王廷相的「魄識之感」這一理論概括，較之《黃帝內經》作者、王符、張湛偏重外感，張載偏重內感要全面得多，在理論深度上要高出一籌。但是他只是強調夢象同臟象的聯繫，尚未把夢與大腦聯繫起來。只有當清代王清任提出「腦氣阻滯」說🟡，才第一次把二者聯繫起來。

🟡　同🟡。

🟡　《黃帝內經》指出：「陰盛則夢涉大水恐懼，陽盛則夢大火焰灼；陰陽俱盛則夢相殺毀傷；上盛則夢飛，下盛則夢墮；甚飽則夢與，甚飢則夢取；肝氣盛則夢怒，腸氣盛則夢哭；短蟲多則夢聚衆，長蟲多則夢相擊毀傷。」（《素問·脈要精微論》）。
東漢哲學家王符在其《潛夫論·夢列篇》中提出感夢、時夢、病夢，他指出：「陰雨之夢，使人厭迷；陽旱之夢，使人亂離；大寒之夢，使人怨悲；大風之夢，使人飄飛。此謂感夢也。」「春夢發生，夏夢高明，秋多夢熟藏。此謂時夢也。」「陽病夢寒，陰病夢熱；內病夢亂，外病夢發；百病之夢，或散或集。此謂病夢也。」東晉張湛所注《列子·周穆王篇》提出「感變」這一概念，指出：「不識感變之所起者，乃至則惑其所由然；識感變之所起者，事至則知其所由然，則無所怛。」北宋張載在《正蒙·動物篇》中指出：「醫謂飢夢取，飽夢與。凡寐夢所感，專語氣於五臟之變，容有取焉爾」。

🟡　「兩耳通腦，所聽之聲歸於腦。腦氣虛，腦縮小，腦氣與耳竅之氣不接，故耳虛聾；耳竅通腦之道路中，若有阻滯，故耳實聾」。（《醫林改錯·腦髓說》）。

　　所謂「感於思念者」，是指清醒時的自覺意識轉化爲睡夢中的潛意識的心理活動。在他看來，人的精神心理活動，總是受到干擾。清醒時的自覺活動（思念）與睡夢中的潛意識（夢）是同一心理活動的頭和尾。清醒時，人的思念無時不在活動，這叫自覺意識；入睡時這種思想便轉化爲夢象，這叫潛意識。所以「夢卽思也，思卽夢也」，二者是不可分割的。他從人的精神心理角度提出「思念之感」的概念，較之《周禮》、《論衡》、《夢列》、《列子注》、《潛書》、《夢占逸旨》等書的提法❷要廣泛得多，要深刻得多。王廷相把「思念之感」又分成「緣習之

---

❷　《周禮·春官》提出六夢之說（特別是其中的「思夢」），指出：「一曰正夢、二曰噩夢、三曰思夢、四曰寤夢、五曰喜夢、六曰懼夢。」東漢哲學家王充在《論衡·訂鬼篇》中提出「精念存想」之說，指出：「夫精念存想，或泄於目、或泄於口、或泄於耳。泄於目，目見其形；泄於耳，耳聞其聲；泄於口，口言其事。晝日則鬼見，暮臥則夢聞，獨臥空室之中，若有所畏懼，則夢見夫（妖）人據按其身哭矣。」王符在《潛夫論》中提出「精夢」、「想夢」、「性夢」之說。他說：孔子生於亂世，「日思周公之德，夜卽夢之，此，所謂精夢也。」「人有所思，卽夢其到；有憂，卽夢其事。此所謂想夢也。」「人之心情，好惡不同，或以此吉，或以此凶……此謂性夢也。」東晉張湛在《列子注·周穆王篇》中認爲夢如鳥，夢如魚，「此情化往復也」。宋代李泰伯在《潛書》中主張「心溺」說，他寫道：「夢者之在寢也，居其旁者無異見，耳目口鼻手足皆故形也。魂之所游則或羽而仙，或冠而朝、或宮室輿馬、女婦奏午輿乎。其間忽富驟榮，喜樂無有限極〕。及其覺也，撫其躬、無毛髮之得，於是始知其妄而笑。此無他，獨其心溺焉耳。」陳士元主張「情溢」說，指出：「何謂情溢？過喜則夢開，過怒則夢閉，過恐則夢匿，過哀則夢慎，過哀則夢救，過忿則夢詈，過驚則夢狂。此情溢之夢，其類可推也」。

感」和「因衍之感」。所謂「緣習之感」，是指「凡舊之所履，晝之所爲，入夢爲緣習之感」。即認爲夢是舊時所得的事物印象，在入睡時的潛意識中再現。這可能是從張載的「夢所以緣舊於習心」（《正蒙‧動物篇》）而來。王廷相對夢論的巨大理論貢獻，不僅在此，還在於他創造性地提出了「因衍之感」的新觀點。所謂「因衍之感」，是指「未嘗所見，未嘗所聞，入夢也則爲因衍之感」。比如鬼神、天宮之類，誰也未曾見過，但入睡時會在夢中出現，這是什麼原因呢？王充認爲這是「精盡氣疲」而「目反光」（《論衡‧訂鬼篇》）的結果。范縝認爲這是「神昏於內」的「妄見異物」（〈答曹舍人〉）的產物。北宋蘇東坡依據「因緣」和聯想的作用，曾對「怪夢」分析說：「人有牧羊而寢者，因羊而念馬，因馬而念車，因車而念蓋，遂夢曲蓋鼓吹，身爲王公。夫牧羊之與王公亦遠矣，想之所因，豈足怪乎！」（〈夢齋銘〉）把牧羊人的王公夢說成「想之所因」，雖有合理成分，但缺乏理論說明。明代葉子奇亦認爲：「夢之大端有二：想也，因也。想以自見，因以類感。諺云：『南人不夢駝，北人不夢象』，缺於所見也。……蓋目之所見，則爲心之所想，所以形於夢也。『因馬而念車，因車而念蓋』，因類而感也。」（《草木子》卷2下）王廷相在王充、范縝、蘇東坡、葉子奇論夢的基礎上，提出「因衍之感」這個新概念，第一次對怪夢產生的原因作了接近科學的說明。在他看來，在「緣習之感」的基礎上，人入睡後，下意識又會不自覺地把這些「舊之所履，晝之所爲」的材料加以聯想和構思，在夢中會浮現出一些怪誕虛幻的形象，以至「忽魚忽人，寐覺兩忘，夢中說夢」。如白天談怪變：耳有所聞，夢境出現鬼神罔象，是由耳有所聞的印象所衍生。白天見臺

樹，夜夢天闕王宮，也是由目有所察而轉化的。夢中殲擊蟾蜍是由過去路上曾踩破一個茄子的印象衍生而來。夢中出現女子感恩，是由前些天掩埋屍骨的印象而來。這些夢象不管多麼離奇，都是由「因」而「衍」，都是由下意識的自由聯想所派生的。歸根到底，由「因」而「衍」之所「因」又是「舊之所履，晝之所爲」，即由「嘗所見」、「嘗所聞」的印象所衍生。一切夢幻，包括怪夢，都離不開人的肉體，離不開人的知覺印象，離不開現實世界。這樣，「怪夢」就不再是神秘不可理解的東西了。現代西方心理學家弗洛伊德在《釋夢》一書中，解釋怪夢時，曾提出所謂夢的「二級加工」，潛意識的「濃縮」、「轉移」、「化裝」、「潤飾」等問題。而王廷相比他早四百年，提出「因衍之感」的新概念，合理地說明了「怪夢」，不能不說是一個驚人的科學成果。

王廷相的夢論，可以說是對中國古代夢論的一次科學總結。甚至連他以後的王夫之的「夢者，血氣之餘靈」（血氣），「感而夢，衰而不復夢」❸、方以智的「寢，緣其所見而薰以爲奧；寐，衍其所狃而魂傳其所不習」❹、紀昀的「意想歧出」之夢和「氣機旁招」之夢❺等論點，同王廷相相比，無論從廣度還是從深度上，都顯得狹窄遜色。

綜上所述，王廷相的夢論，既有綜合性，又有創造性。不但是中國古代夢論的最高水平，也是站在當時世界夢論探討的最前沿。他在夢的探討上，爲人類揭開夢的奧秘作出了巨大的貢獻。

---

❸ 《尚書引義·說命上》。

❹ 《東西均·盡心》。

❺ 《閱微草堂筆記》下（卷21）。

第八章 「知行兼舉」論

人是具有認識世界和改造世界的理性動物。人的認識對象和內容是什麼？人的認識過程如何？人的認識（知）與實踐（行）的關係又是什麼？王廷相在探討這些問題的過程中，逐步地提出了他的「知行兼舉」❶的思想體系，從而為中國認識論的發展作出了突出的貢獻。

一、思與見聞之會

王廷相的認識論，是在張載的認識論基礎上發展起來的。張載承認宇宙萬物的客觀存在，主張從外物到感覺的認識路線，認為人的認識是「內外之合」，是「物交之客感」。他說：「有識有知，物交之客感爾」❷。又說：「人謂己有知，由耳目有受也；人之有受，由內外之合也」❸。王廷相繼承了張載的「內外之合」的思想，作了進一步的闡述和發揮，提出了「思與見聞之會」的命題。他說：

❶ 《慎言·小宗篇》。
❷ 《正蒙·太和篇》。
❸ 《正蒙·大心篇》。

心者，棲神之舍；神者，知識之本；思者，神識之妙用
也。自聖人以下，必待此而後知。故神者在內之靈，見聞
者在外之資。物理不見不聞，雖聖哲亦不能索而知之。使
嬰兒孩提之時，卽閉之幽室，不接物焉；長而出之，則日
用之物不能辨矣，而況天地之高遠，鬼神之幽冥，天下古
今事變，杳无端倪，可得而知之乎？夫神性雖靈，必籍見
聞思慮而知；積知之久，以類貫通，而上天下地，入於至
細至精，而无不達矣，雖至聖莫不由此。孔子曰：「蓋有
不知而作之者，我无是也。多聞，擇其善者而從之；多見
而識之，知之次也」。孟子亦曰：「心之官則思，思則得
之，不思則不得也」。周子亦曰：「思則睿，睿作聖」。
大聖賢之所以為知者，不過思與見聞之會而已❹。

在這裏，「思與見聞之會」是從感性和理性相結合的高度來立論
的。這一命題，從認識來源上看，包含有三層意思：(一)肯定了
「物」（客觀事物）和「物理」（客觀事物之規律）在人之外，
構成了人的認識對象和基本內容。(二)外物及其規律如何被人認
識呢？王廷相認為，人對外物的認識，首先是通過人的感官與
外物相結合而產生。他指出：「耳之能聽，目之能視，心之能
思，皆耳、目、心之固有者，無耳目無心，則視聽與思尚能存
乎？」❺「目可以施其明，何物不視乎？耳可以施其聰，何物不
聽乎？心體虛明廣大，何所不能知而度之乎？故事物之不聞見

❹　《雅述》上篇。
❺　同❹。

者，耳目未嘗施其聰明也；事理之未知者，心未嘗致思而度之也」❻。在他看來，人雖有耳、目、心等認識器官，具有「能聽」、「能視」、「能思」的作用，但如果像嬰兒那樣「閉之幽室，不接物焉」，任何認識也是無從發生的。「物理不聞不見，雖聖哲亦不能索而知之」。只有在「神識」的能動作用下，「資於耳目」，使感官與外物相接觸，目有所見，耳有所聞，心有所思，用王廷相的話說，就是「在內之靈」與「在外之資」相結合，認識才會發生。(三)「思與見聞之會」，不只包括感官與外物相結合而產生的感性認識，也包括「在內之靈」——「心」或「神識」在感性之上運用抽象思維能力，概括出事物的本質、規律的概念和理論，而構成的理性認識。「夫神性雖靈，必藉見聞思慮而知；積知之久，以類貫通，而上天下地，入於至細至精，而無不達矣，雖至聖莫不由此」。

在認識來源上，王廷相提出的「思與見聞之會」是一個正確的命題。後來王夫之所說的「形也，神也，物也，三相遇而知覺乃發」❼的思想，也是由此脫胎出來的。

在認識過程中，張載充分肯定感性的作用，指出「耳目雖為性累，然合內外之德，知其為啓之之要也」❽。王廷相也非常重視感性（「見聞」）的作用，指出離開感性也就沒有人的認識。他說：

　　大抵人之知識，資於耳目。使耳无所聞，目无所見，雖積

---

❻ 《愼言・潛心篇》。
❼ 《張子正蒙注・太和篇》。
❽ 同❸。

弊如山，民病如火，孰從而知之❾？

同時，張載也指出了見聞之知的局限性。他說：聞見不足以「盡天下之物」，「只以聞見爲心，但恐小卻心」❿。只能知明不能知幽，只能認識現象，不能認識本質。王廷相依據這些思想，進一步揭示了感性的局限性。他指出：

> 耳目之聞見，善用之足以廣其心，不善用之適以狹其心。其廣與狹之分，相去不遠焉，在究其理之有无而已矣⓫。見聞梏其識者多矣，其大有三：怪誕梏中正之識，牽合傅會梏至誠之識，篤守先哲梏自得之識。三識梏而聖人之道離矣。故君子之學，游心於造化之上，體究乎萬物之實，求中正至誠之理而執之，聞也，見也，先哲也，參伍之而已矣⓬。

這是說，感性認識只是對客觀事物的現象及其外部聯繫的反映，所以它的局限性是很多的。王廷相把它的主要局限概括爲「怪誕梏中正之識，牽合傅會梏至誠之識，篤守先哲梏自得之識」三點，是很正確的。不管是張載還是王廷相，基於對感性局限性的認識，都主張「不以見聞梏其心」⓭，認爲人的認識不應停留在

---

❾　《浚川公移集》卷3，〈巡按陝西告示條約〉。
❿　《張子語錄・語錄下》。
⓫　《愼言・見聞篇》。
⓬　同⓫。
⓭　同❸。

感性認識，有必要上升爲理性認識。感性認識如不上升爲理性認識，只能「狹其心」，看不到事物的全體和本質，局限在狹隘的經驗主義範圍內。至此，王廷相和張載還沒有分岐。再往前邁一步，在回答感性如何上升爲理性這一問題時，王廷相便和張載分道揚鑣了。王廷相認爲，只有在「耳目之見聞」的基礎上，「游心於造化之上，體究乎萬物之實，求中正至誠之理而執之」，才能突破狹隘的經驗主義範圍，去認識和把握客觀事物的內在規律和本質。只有「從格物致知始」，才能「無憑虛泛妄之私」，只有「從洒掃應對始」，才能「無過高躐等之病」❹，把「格物致知」、「洒掃應對」的感性活動與「精義入神」的理性認識結合起來，二者不可偏廢，才能取得正確的認識。

如何才能從感性上升到理性呢？王廷相在這裏提出了一個重要命題，即「君子之學，博於外而尤貴精於內」。所謂「博於外」，用現在的話來說，就是以耳目等感官廣泛地接觸外界事物，大量地占有感性材料，這就是「廣識」，並在「廣識」的基礎上，「積知之久」，然後才有可能發生認識過程中的突變，而要實現這種突變，還必須有另外一個重要條件——「精於內」。所謂「精於內」，就是「潛心積慮，以求精微」❺，就是運用思維的抽象能力，「以類貫通」，達到「究其理」的目的。他說：「理可以會通，事可以類推，智可以旁解，此窮神知化之妙用也」❻。他舉例說：根據「山石之欹側」，可以推知「古地之曾傾墜也」；根據「山有窒谷」，可以推知「水道之蕩而日下也」，根

---

❹　同❻。

❺　同❻。

❻　《王氏家藏集》卷33，＜石龍書院學辯＞。

據「地有平曠」，可以推知「水土之漫演也」❼。只有把「博於外」和「精於內」緊密地結合起來，才能使感性認識上升爲理性認識。在這裏，王廷相已經認識到，在廣泛占有感性材料的基礎上形成概念，並運用概念進行判斷、推理的過程，就是由感性上升到理性的過程。

根據「思與見聞之會」的原則，王廷相尖銳地批評了張載、程頤的「德性之知」的先驗論。張載雖然承認「有物則有感」❽，正確地指出「人病其以耳目見聞累其心而不務盡其心」❾，但是由於他離開見聞而過分地強調「盡心」，不懂得感性和理性之間的辯證法，所以他錯誤地提出了一種「合內外於耳目之外」❷⓪的認識，即不通過感官而通過道德修養達到主體與客體統一的認識。他把這種認識稱之爲「德性所知」。他說：「見聞之知，乃物交而知，非德性所知；德性所知，不萌於見聞」❷①。程頤更進一步發揮了張載的這種先驗論，亦把知識分爲「聞見之知」和「德性之知」兩種。他說：「聞見之知，非德性之知；物交物則知之，非內也，今之所謂博物多能者是也。德性之知，不假聞見」❷②。王廷相針對這種先驗論批評說：

世之儒者乃曰思慮見聞爲有知，不足爲知之至，別出德性

---

❼　《愼言‧乾道篇》。

❽　張載說：「感亦須待有物，有物則有感，無物則何所感！」（《張載集‧張子語錄》上）。

❾　同❸。

❷⓪　同❸。

❷①　同❸。

❷②　《河南程氏遺書》卷25。

之知為无知，以為大知。嗟乎！其禪乎！不思甚矣。殊不知思與見聞必由吾心之神，此內外相須之自然也。德性之知，其不為幽閉之孩提者幾希矣。禪學之惑人每如此[23]。近世儒者務為好高之論，別出德性之知，以為知之至，而淺博學、審問、慎思、明辨之知為不足，而不知聖人雖生知，惟性善近道二者而已，其因習、因悟、因過、因疑之知，與人大同，況禮樂名物，古今事變，亦必待學而後知哉[24]！

在這裏，王廷相雖然還承認聖人「性善近道」的「生知」的傳統觀念，但是他從根本上否定了「德性之知」的先驗論。他指出：「德性之知」的錯誤不僅在於它不懂得「思與見聞必由吾心之神，此內外相須之自然」和認識皆「因習、因悟、因過、因疑而知」的道理，而且這一說法不過是「禪學之惑人」。王廷相在認識論上，雖然繼承了張載的「內外之合」的合理思想，但他拋棄了張載的「德性所知」的糟粕。在這一點上，即是後來的黃宗羲、王夫之也沒有超過他。黃宗羲在宣傳陸王思想時，大力提倡「麗物之知」（即見聞之知）和「湛然之知」（即德性之知），認為「麗物之知，有知有不知；湛然之知，則無乎不知也」[25]。王夫之雖然在認識論上達到了很高的水平，但在「德性之知」問題上卻一再重復張載的錯誤。他說：誠明所知「誠有其理，則自知之，如耳目口鼻之在前，暗中自知其處，不假聞見之知」[26]。

---

[23] 同[4]。

[24] 同[4]。

[25] 《宋元學案·伊川學案》。

又說：「德性之知，循理而及其原，廓然於天地萬物大始之理，乃吾所得於天而卽所得以自喻者也」㉗。這些觀點，同王廷相相比，顯然在理論上要遜色得多。

　　根據「思與見聞之會」的思想，王廷相也批評了陳獻章的「靜坐」和王陽明的「致良知」學說。陳獻章以爲認識就是「求諸心」；「求諸心」則必須「去欲」，而「去欲」的根本途徑則是「靜坐」。「舍彼之繁，求吾之約，惟在靜坐」㉘。王陽明把孟子的「良知」、「良能」思想㉙與佛教的禪宗思想相結合，從「心外無理」、「心外無物」宇宙觀出發，認爲良知乃是吾心先天固有的「本然之知」。「知是心之本體，心自然會知，見父自然知孝，見兄自然知弟（悌），見孺子入井自然知惻隱，此便是良知」㉚。見聞並不是良知的必由之路，因爲「良知不由見聞而有，而見聞莫非良知之用」㉛。所以，王陽明反對向外求知求理，反對「專求之見聞之末」，主張通過「靜坐」、「去蔽」，「求理於吾心」㉜。王廷相針對「靜坐」和「致良知」思想，尖銳地指出：

㉖　《張子正蒙注・天道篇》。

㉗　《張子正蒙注・大心篇》。

㉘　《白沙子全集》卷3。

㉙　孟子曰：「人之所不學而能者，其良能也，所不慮而知者，其良知也。孩提之童無不知愛其親也 ； 及其長也 ， 無不知敬其兄也。」（《孟子・盡心上》）。

㉚　《傳習錄》上。

㉛　《王文成公全書》卷2，<答歐陽崇>一。

㉜　《傳習錄》中。

有為虛靜以養心者，終日端坐，塊然枯守其形而立，曰「學之寧靜致遠在此矣」。……斯人也，空寂寡實，門徑偏頗，……畔於仲尼之軌遠矣。何以故？清心志，袪煩擾，學之造端固不可無者，然必有事焉而後可。《中庸》曰：「致中和，天地位焉，萬物育焉」。中和而曰「致」，豈虛靜其心者可以檗之哉？夫心固虛靈，而應者必藉視聽聰明，會於人事，而後靈能長焉，赤子生而幽閉之，不接習於人間，壯而出之，不辨牛馬矣，而況君臣、父子、夫婦、長幼、朋友之節度乎？而況萬事萬物，幾微變化，不可以常理執乎？彼徒虛靜其心者，何以異此㉝？

嬰兒在胞中自能飲食，出胞時便能視聽，此天性之知，神化之不容已者。自余因習而知，因悟而知，因過而知，因疑而知，皆人道之知也。父母兄弟之親，亦積習稔熟然耳。何以故？使父母生之孩提，而乞諸他人養之，長而惟知所養者為親耳；塗而遇諸父母，視之則常人焉耳，可以侮，可以詈也，此可謂天性之知乎？由父子之親觀之，則諸凡萬物萬事之知，皆因習、因悟、因過、因疑而然，人也，非天也㉞。

上述兩段話，王廷相從理論上集中地揭露了「靜坐」和「致良知」說的虛妄本質。㈠他針對王陽明把「良知」看作「不待學而能，不待慮而知」，「不由見聞而有」的「本然之知」（天性

㉝ 同⑯。

㉞ 同④。

之知）的觀點，指出除了「嬰兒在胞中自能飲食，出胞時便能視聽」這些天生的本能外，「諸凡萬物萬事之知，皆因習、因悟、因過、因疑而然，人（人道之知）也，非天（天性之知）也」，「夫心因虛靈，而應者必藉視聽聰明，會于人事，而後靈能長焉。」這樣，他就從根本上劃清了他和心學的界限，堅持了「思與見聞之會」的認識原則。(二)他針對「靜坐」的修養方法，指出這種「終日端坐，塊然枯守其形而立」的辦法，完全是一種佛教的「禪定」的辦法。「畔於仲尼之軌遠矣！」這樣，王廷相又進一步揭露了「致良知」與佛教「異端」的內在聯繫。(三)他針對王陽明的孩提「見父自然知孝，見兄自然知弟」的觀點，指出「父母兄弟之親，亦積習稔熟然耳」，並非生而具有的「天性之知」。假若「赤子生而幽閉之，不接習於人間，壯而出之，不辨牛馬矣，而況君臣、父子、夫婦、長幼、朋友之節度乎？」這些批評，是非常精闢的，是擊中要害的。

二、「格物」和「致知」

王廷相認為，人的認識是一個從「格物致知」到「精義入神」的發展過程。他指出：「聖人之道，貫徹上下。自灑掃應對，以至均平天下，其事理一也。自格物致知，以至精義入神，其學問一也」㉟。他把「格物致知」看成人的整個認識過程的重要組成部門。

根據「思與見聞之會」的原則，王廷相對「格物」和「致

㉟ 《愼言・作聖篇》。

知」這對範疇作出了自己的說明。

「格物在致知」，始見于《禮記·大學》。宋明時期，幾乎每個哲學家都要按照自己的觀點賦予它以不同的內容。程頤以理一元論對「格物」解釋說：「致知在格物。格，至也，如『祖考來格』之格。凡一物上有一理，須是窮致其理」❸❻。「格猶窮也，物猶理也，猶曰窮其理而已也」❸❼。朱熹進一步完整地闡述了「格物在致知」，他說。「所謂『致知在格物』者，言欲致吾之知，在即物而窮其理也。蓋人心之靈，莫不有知；而天下之物，莫不有理；惟於理有未窮，故其知有不盡也。是以《大學》始教，必使學者即凡天下之物，莫不因其已知之理而益窮之，以求至乎其極，至於用力之久，而一旦豁然貫通焉，則衆物之表裏精粗無不到，而吾心之全體大用無不明矣。此謂物格，此謂知之至也」❸❽。又說：「格者，極至之謂，如『格於文祖』之格，言窮之而至其極也」❸❾。「格，至也。物，猶事也。窮至事物之理」❹⓿。程、朱把「格」訓爲「至」或「窮」，把「物」訓爲「事」，「格物」即是要通過天下之事物，窮盡事物之「至理」。把「格物」作爲橋樑和手段，「至於用力之久」，以達到「豁然貫通」的精神境界，從而把握和體認形而上學的「天理」，使「在物之理」與「在己之理」合一。這種方法雖然包含有某些合理成分，但在本質上是從屬於理一元論思想體系的。

---

❸❻ 《河南程氏遺書》卷18。

❸❼ 《河南程氏遺書》卷25。

❸❽ 《大學章句》傳之五章。

❸❾ 《朱子語類》卷15。

❹⓿ 《大學章句》經一章。

　　王廷相站在正確的立場上，尖銳地批評了程朱的「格物」說。
他指出：

> 格物之解，程、朱皆訓「至」字，程子則曰「格物而至於
> 物」，此重疊不成文義；朱子則曰「窮至事物之理」，是
> 「至」字上又添出一「窮」字，聖人之言直截，決不如
> 此。不如訓以「正」字，直截明當，義亦疏通，旣无屋上
> 架屋之煩，亦无言外補添之擾❹。

王廷相從訓詁學的角度，雖然正確地指出程、朱把「格」字訓爲
「至」或「窮」字，「重疊不成文義」，是一種「屋上架屋之
煩」、「言外補添之擾」，旣不「直截明當」，又違背「聖人之
言」，但是他對程朱的格物說的本質卻沒有從理論上進行剖析。
儘管如此，一旦我們深入分析王廷相的「格物」說時，就不難發
現王廷相實際上已拋棄了程朱「格物」說的錯誤內容，而剝離出
它的某些合理成分。從本質上說，只要把程朱的「格物」說從理
學思想體系中解脫出來，他們在具體論述「卽物窮理」時，也包
含有探索事物客觀規律的意思。例如程頤說：「語其大，至天地
之高厚；語其小，至一物之所以然，學者皆當理會」。「一草一
木皆有理，須是察」❷。朱熹也說：「上而無極太極，下而至於
一草一木昆蟲之微，亦各有理。……一物不格，則缺了一物道
理」❸。這種通過接觸觀察事物以求得事物之「理」的認識方

❹　同❹。

❷　同❸。

❸　同❸。

法，顯然是程朱「格物」說中透露出來的一點合理的閃光。王廷相也正是在拋棄了程朱的神秘主義的「天理」之後，吸取和發揚了這些合理因素，而轉向了自己的「格物」說的。

對於「格物」一詞，王廷相依據「物理不見不聞，雖聖哲亦不能索而知之」的道理，作出了自己的說明。他說：

> 「格物」，《大學》之首事，非通於性命之故，達於天人之化者，不可以易而窺測也。諸士積學待叩久矣，試以物理疑而未釋者議之，可乎？天之運，何以機之？地之浮，何以載之？月之光，何以盈缺？山之石，何以欹側？經星在天，何以不移？海納百川，何以不溢？吹律何以回暖？懸炭何以測候？夫遂何以得火？方諸何以得水？龜何以知來？猩何以知往？蜥蝪何以為雹？虹霓何以飲澗？何鼠化為駕，而駕復為鼠？何蜣蜋化蟬，而蟬不復為蜣蜋？何木焚之而不灰，何草無風而自搖？何金之有辟寒？何水之有溫泉？何蜉蝣朝生而暮死？何休留夜明而晝昏？蠲忿忘憂，其感應也何故？引鍼拾芥，其情性也何居？是皆耳目所及，非騁思於六合之外者，不可習矣而不察也。請據其理之實論之❹。

又說：

> 生於其鄉而不知其故，君子恥之。故鄉土之事，不可不講

---

❹ 《王氏家藏集》卷30，〈策問〉五。

也。試以蜀中可異可疑者數事論之。

大塊之噫氣，吹而為風，吹則千里大同也，何黎之地多風？天將時雨，山川出雲，雨澤隨在皆被也，何雅之地多雨？霜雪消於炎歊之時，理也，何疊嶺有不消之雪？滷醶生於池海之積水，理也，何潼郡有井中之鹽？此皆異而可疑者也。說者曰：「黎有洞穴，故多風；雅山川深鬱，故多雨；雪嶺以上極高寒，鹽井以下與海接」。若然，是愈可疑矣。風者陽之動，出於天之激發，行乎虛者也。地之形實，實則礙，風何從以出？山川深鬱多雨，似也。蜀之岷峨、青城、巫峽，其壑谷鬱蒸之深冥，豈止過於雅數倍，而不聞多雨之名，又何與？嚴寒偏於北，暑熱偏於南，此天地之大分也，故長江不冰，而草木凌冬。今炎方之雪，歷夏而存，則天地之氣不分於南北？井之下通海，似也。以地勢論之，自蜀達海，其高下何啻千仞？今井以數仞而得滷，則海之水安得上達，如是之懸絕邪？此皆有至理存者。諸生平日聞之父老，講之師友，當有歸一之論，請詳陳之毋略❹⑤。

從上面兩段長的引文中，可以看出，王廷相所謂「格物」，是指接觸、觀察和探索外界事物的客觀規律（「物理」）而言。上至天文、下至地理，從動物到植物，從地質到物候，都存在着「物理」，只有通過人們的感官去接觸觀察客觀事物（「耳目所及」），才能「通於性命之故，達於天人之化」，獲得對客觀規

---

❹⑤ 《王氏家藏集》卷30，<策問>二十三。

律的理性認識。這裏的「物理」決不是程朱所說的絕對之「天理」在事物上的體現，而是客觀事物所固有的規律性。「格物窮理」，就是要探究和認識客觀事物的規律性。而要認識客觀事物的規律（「物理」），就要以耳目等感官去接觸事物，考察事物。「必從格物致知始，則無憑虛泛妄之私；必從洒掃應對始，則無過高躐等之病」❻。這樣，王廷相就從認識路線上同程朱的「格物」說劃清了界限。

王廷相在「致知」問題上，也和程朱、陸王存在着分歧。朱熹所謂「致知」，是指「推極吾之知識，欲其所知無不盡也」❼。王陽明則從心學觀點出發，認爲「致知」是「致吾心良知於事事物物也；吾心之良知，卽所謂天理也；致吾心良知之天理於事事物物，則事事物物皆得其理矣」❾。程朱和陸王在「致知」上雖有分歧，但他們的共同之點是：「致知」不是探求客觀事物的固有規律，而是通過「格物」去「推極吾之知識」，或者「致吾心良知於事事物物」。這是一條從「吾心」到「外物」的認識路線。這就從根本上否定了「致知」的客觀內容。

王廷相在同宋明理學家的辯論中，認爲聖人之道是在「格物」的基礎上，經過「精思研究」而達到「致知」，重新賦予「致知」以客觀內容。

> 明道莫善於致知，體道莫先於涵養。求其極，有內外交致之道，不徒講究以爲知也，而人事酬應得其妙焉，斯致知

---

❻ 同❻。

❼ 同❹。

❾ 同㉜。

之實地也⓵。

君子之學，博文強記，以為資藉也；審問明辨，以求會同也；精思研究，以致自得也，三者盡而致知之道得矣⓾。

在這裏，王廷相對「致知」明確指出兩點：(一)「致知」的目的和內容，既不是通過「格物」去「推極吾之知識」，也不是「致吾心良知之天理於事事物物」，而是「明道」即探究客觀事物的固有規律性。(二)「致知」的方法和途徑，既不是通過一件一件地「格物」去體認「天理」，也不是通過「去人欲，復天理」去獲得「良知」，而是通過後天的「博文強記」、「審問明辨」、「精思研究」等方法獲得對客觀事物規律的認識。特別是他強調把「人事酬應得其妙」的實踐活動作為「致知」的重要途徑，更是一種真知灼見。

但是，也應指出，一旦離開認識論領域而進入倫理道德範圍。王廷相的「格物」說便和王陽明一樣，把「格」字訓為「正字，把「格物」訓為「正物」，強調心正則物正。他說：

> 格物者，正物也，物各得其當然之實，則正矣。物物而能正之，知其有不至乎？知至則見理真切，心无苟且妄動之患，意豈有不誠乎？意誠則心之存主皆善而无惡，邪僻偏倚之病亡矣，心豈有不正乎？學造於心正，道之大本立矣，而家，而國，而天下，以此推之可也⓾。

⓵ 同❻。

⓾ 同❻。

⓾ 同❻。

王廷相的「格物致知」論，雖然對程朱有所批評，但是，第一，他對「格物」與「致知」之間的辯證關係尚未加以說明。而王夫之則在王廷相的基礎上，進一步提出了格物、致知「不可偏廢」的觀點。他說：「孟子曰：『梓匠輪輿，能與人規矩，不能使人巧。』規矩者，物也，可格者也；巧者，非物也，知也，不可格者也。巧固在規矩之中，故曰『致知在格物』；規矩之中無巧，則格物、致知亦自爲二，而不可偏廢矣」。他又論證說：「大抵格物之功，心官與耳目均用，學問爲主，而思辨輔之，所思所辨者皆其學問之事。致知之功，則唯在心官，思辨爲主，而學問輔之，所學問者乃以決其思辨之疑。致知在格物？以耳目資心之用而使有所循也，非耳目全操心之權而心可廢也。朱門諸子，唯不知此，反貽鵝湖之笑」❷。在王夫之看來，「格物」階段只是初步感知事物，尚不能窮得「物之固然，事之所以然」。有待把心之思辨能力上升爲「致知」階段，去把握事物的本質和規律。而要認識事物之理，還必須通過「多聞而擇、多見而識，乃以啓發其心思而會歸於一，又非徒恃存神而置格物窮理之學也」❸。這樣，王夫之就比較正確地解決了「格物」和「致知」之間的辯證關係。第二，在王廷相的格物致知論中，雖然包含有「行」的思想萌芽，但正式以「行」解釋「格物」的，是清初學者顏元。在顏元看來，「格物」就是親自去做，親自去行。「格物」之「格」，既不是如程朱訓爲「至」，也不是如陸王訓爲「正」，而是「格卽『手格猛獸』之格，『手格殺之』之格」。卽通過親

---

❷ 《讀四書大全說‧大學》。
❸ 《張子正蒙注‧大心篇》。

自「履行」而獲得事物之理，「手格其物而後知至」❺。這比王廷相的通過接觸、觀察事物而窮理的「格物」說，在認識深度上又前進了一步，同時他也修正了王廷相以「正物」訓「格物」的錯誤。

三、「博學」和「求約」的統一

從感性到理性的過程，實際上是從「博」到「約」的過程。在「博」與「約」的關係上，王廷相主張博約統一論。

「博」和「約」，也是宋明哲學討論的重要問題。程朱從「理」一元論出發，強調一件一件地去格物，強調記誦、訓詁和辭章之學，主張「泛觀博覽」，被陸象山譏為「支離」。陸象山則從心一元論出發，教人「發明本心」，主張「減擔」❺，被朱熹譏為「禪學」。王陽明指責朱熹「徒弊精竭力從冊子上鑽研，名物上考索，形迹上比擬，知識愈廣而人欲愈滋，才力愈多而天理愈蔽」。主張「吾輩用功，只求日減，不求日增」❺。程朱派注重「務博」，陸王派注重「務約」，從不同側面都把「博」和「約」的關係分割開來。

王廷相針對程朱、陸王在「博」和「約」上的片面性，既主

----

❺　《四書正誤・大學》。

❺　陸象山說：「聖人之言自明白，且為弟子入則弟，出則第，是分明說與你入便孝，出便弟，何須得傳注！學者疲精神於此，是以擔子越重。到某這裏，只是與他減擔，只此便是格物。」（《象山先生全集》卷35）。

❺　同❸。

張「博」，也主張「約」，認爲二者是統一的。他說：

> 「君子學以聚之」，博極其實也；「問以辯之」，求約於
> 中也❺❼。
>
> 孔子曰：「博學於文，約之以禮」。孟子曰：「博學而詳
> 說之，將以反說約也？」蓋博粗而約精，博無定而約執其
> 要，博有過不及而約適中也。此爲學爲道，千古心法❺❽。

所謂「博」，就是廣泛地大量地探究自然現象和社會歷史，「博
極其實也」；所謂「約」，就是在「博」的基礎上，認識和把握
事物的本質，「求約於中也」。「博」與「約」，既有區別，又
有聯繫。就「博」和「約」的區別，有「粗」與「精」、「無定」
與「執其要」、有「過不及」與「適中」之不同，所以有必要通
過去僞存眞，去粗取精，由表及裏，由「博」上升到「約」。就
「博」和「約」的聯繫，是「學博而後可約，事歷而後知要」❺❾。
卽「博」是「約」的準備和積累，而「約」是「博」的繼續和
深入。「博」和「約」是認識過程中的不同階段。由「博」到
「約」，是一個由粗到精，由淺入深的認識過程。

　　根據博約統一論，王廷相批評了程朱學派的「博雜」。他指
出：

> 博學，是於古今、常變、因革、治亂、幽明、上下之道无

❺❼　同❹。
❺❽　同❹。
❺❾　同⓫。

不究極也；非不論其是非邪正，兼收而博取之。故古人之
學謂之賅博，後人之學不過博雜而已。觀其緯說異端无不
遵信，九流百氏罔知抉擇，徇世俗之淺見，以為誇多鬥靡
之資，豈非惑歟？南宋諸儒擇焉不精，至今為世大惑，以
此⑥。

王廷相肯定博學，「是於古今、常變、因革、治亂、幽明、上下
之道無不究極也」，是正確的。但是，博學並非不論是非邪正，
兼容並蓄。程朱博取「緯說異端」、「九流百氏」，而罔知抉擇，
把「博學」變成「博雜」。王廷相反對程朱「駁雜」，也是正確
的。

根據博約統一論，王廷相也批評了陸王學派。他指出：

世儒教人曰：「在約而不在博」。嗟乎！博惡乎雜者斯可
矣；博而正，何害約 ？ 不自博而出 ，則單寡而不能以折
中，執一而不能於時措，其不遠於聖者幾希⑥！

以「聖人之道」為是非標準，把「博」分為「正」與「邪」
（雜），未必妥當，但是指出約「自博而出」，離「博」而言
「約」，只能是單寡而不能以折中，「執一而不能於時措」，則
是正確的。

王廷相的博約統一論，對於清初學者王夫之有一定影響。王

---

⑥　同❹。
⑥　同❹。

夫之在他的基礎上，進一步提出了「博文約禮，並致爲功」的思想。他說：「方博而卽方約，方文而卽方禮。……約者博之約，而博者約之博。故將以反說夫約，於是乎博學而詳說之。凡其爲博且詳者，皆爲約致其功也。若不以說約故博學而詳說之，則其博其詳，假道謬塗，而深勞反覆，果何爲哉？」❷嵇文甫先生在評價王夫之的「博文約禮，並致於功」時，指出「這個見解也很精卓，足以折衷朱陸」❸。這個評語，同樣也適用於王廷相。因爲王廷相和王夫之的博約統一論，在思想上是一脈相承的。

四、知行兼舉

「思慮」和「見聞」、「格物」和「致知」、「博學」和「求約」等範疇，皆屬於「致知」（認識）的範疇。但是，致知的目的，全在於「明理而躬行之」❹。由此，王廷相引出了「力行」這一認識論範疇。所謂「力行」，就是「篤行實踐」的意思。

王廷相既重視「知」（「致知」），更重視「行」（「力行」），主張「知行兼舉」。他說：

> 學之術有二：曰致知，曰履事，兼之者上也。察於聖途，譜於往範，博文之力也；練於羣情，達於事幾，體事之功也。然而師心獨見，暗與道合，亦有不博文者也。雖然，

❷　《讀四書大全說》卷6，〈論語・衞靈公篇〉。

❸　《王船山學術論叢》，〈船山哲學・理勢常變博約等〉。

❹　同❶。

精於仁義之術，優入堯舜之域，必知行兼擧者能之矣⑥。

在王廷相看來，讀書、明辨等固然是致知的重要途徑，但是只有在「實踐處用功，人事上體驗」，人們才能獲得眞知。他以至越（浙江）爲例，論證說：

> 孟子曰：「君子深造之以道，欲其自得之也。自得之則居之安，居之安則資之深，資之深則取之左右逢其原」。此萬世學道者之筌蹄也。然謂之「自得」，非契會於身心者不能。謂之「深造」，豈徒泛爲講說，虛守其心，而不於事會以求之哉？謂之「左右逢原」，非實體諸己，惡能有如是妙應？故曰講得一事卽行一事，行得一事卽知一事，所謂真知矣。徒講而不行，則遇事終有眩惑。如人知越在南，必親至越而後知越之故，江山、風土、道路、城域可以指掌而說，與不至越而想象以言越者大不侔（相等）矣⑥。

根據實踐出眞知的原則，王廷相批評了程朱的「知先行後」之說。他說：「其云以力行之精熟爲知之眞，尤所相契。孔門博文約禮，一時並進，但知行有先後之序爾，非謂博文於數十年之久，義理始明，而後約禮以行之也。大抵孔門凡言爲學，便有習事在內，非如近世儒者，惟以講論爲學，而力行居十之一。故其

---

⑥　同❶。

⑥　《王氏家藏集》卷27，＜與薛君采＞。

所知皆陳迹定版，而寡因時自得之妙」❻。在這裏，王廷相雖然承認「知行有先後之序」，但更重要是強調「博文約禮，一時並進」，「凡言爲學，便有習事在內」，肯定知行是兼舉的。程朱「惟以講論爲學，而力行居十之一」，其結果，他們所謂的「知」，不過是「陳迹定版」的無用之知。王廷相的這一批評是切中要害的。

王廷相繼承和發揮王充的技藝來源於「狃習」的觀點❻，肯定只有在實踐中經過艱難險阻，通知民情物理，才能做到熟能生巧。他說：「巧者不過習者之門，言習熟自能巧也。故精義入神，效於熟與純」。「《論衡》曰：『材能之士，隨世驅馳；節操之人，守狹逆竄。驅馳日以巧，逆竄日以拙，非才智不及，狃習異也』。由是言之，艱難險阻備嘗其味，民情物理諳練無遺者，其能經世之士乎！岩居行處，未達於時勢，不閑於治機者，宜乎茫然无所下手矣」❻。王廷相以「操舟之術」爲喻，進一步論證道：

傳經討業（探討學業），致知固其先務矣，然必體察於事會而後爲知之真。《易》曰：「知至至之，可與幾也；知終終之，可與存義也」。然謂之「至之」「終之」，亦非

---

❻ 《王氏家藏集》卷27，<與范師舜>。

❻ 王廷相在《論衡·程材篇》指出：「齊都世刺綉，恒女無不能；襄邑俗織錦，鈍婦無不巧。日見之，日爲之，手狃也」。「材能之士，隨世驅馳；節操之人，守陷屏竄。驅馳日以巧，屏竄日以拙。非材頓知不及也，希見闕爲，不狃習也」。

❻ 《雅述》下篇。

泛然講説可以盡之矣。世有閉戶而學操舟之術者，何以舵、何以招（棹、搖）、何以艚、何以帆、何以引筶（同筶，竹制的索子），乃周不講而預也；及夫出而試諸山溪之濫，大者風水奪其能，次者灘澼泪其智，其不繇而敗者幾希。何也？風水之險，必熟其幾者，然後能審而應之，虛講而臆度，不足以擅其工矣。夫山溪且爾，而況江河之澎洶、洋海之眇茫乎？彼徒泛講而無實歷者，何以異此⑩？

在這裏，王廷相以「至越」和「操舟」爲例，令人信服地證明「講得一事卽行一事，行得一事卽知一事，所謂眞知矣」，是一條重要的認識原則。王廷相在四百多年前，就能認識到眞知來源於實踐這一偉大眞理，不能不令人嘆服。王廷相反復強調「實歷」或「篤行實踐」，反對「徒講而不行」，在中國第一次明確地把「實踐」這一重要範疇導入認識論，並且論證了它在認識過程中的重要地位和作用。儘管他所謂的「實踐」主要是指個人的道德、踐履（如他說「深省密察，以審善惡之幾也；篤行實踐，以守義理之中也；改過徙義，以極道德之實也。三者盡力而行之道得矣。」⑪），還不完全等於我們今天所說的人民羣衆的三大革命實踐，但在認識論上他畢竟承認生產實踐的重要性，肯定了「力行」的地位和作用。

根據「知行兼舉」的認識論原則，王廷相對當時的程朱學派

---

⑩　《王氏家藏集》卷33，〈石龍書院學辯〉。

⑪　同⑥。

和陸王學派的認識論，提出了尖銳的批評。他指出：

> 朱子之論，教人為學之常；陸子之論，高才獨得之妙。陸
> 之學，其弊也鹵莽滅裂，而不能盡致知之功；朱之學，其
> 弊也頹惰委靡，而無以收力行之效。蓋言學二子者，其流
> 有偏重不舉之失矣[72]。
>
> 近世學者之弊有二：一則徒為泛然講說，一則務為虛靜以
> 守其心，皆不於實踐處用功，人事上體驗。往往遇事之來
> 徒講說者，多失時措之宜，蓋世變無窮，講論不能盡故
> 也；徒守心者，茫無作用之妙，蓋虛寂寡實，事機不能熟
> 故也[73]。

這裏說的「徒講說者」指程朱學派，「徒守心者」指陸王學派。
程朱和陸王在認識論上，雖有相異之處，但就其實質來說，兩派
「皆不於實踐處用功，人事上體驗」，都是理論脫離實際，都是
分割「致知」與「力行」的關係的。正因為如此，一旦遇到實際
問題，或「多失時措之宜」，或「茫無作用之妙」，皆給封建統
治帶來極大的危害性。這與當時拯救社會政治危機的現實要求，
是直接矛盾的。

因此，王廷相從拯救明王朝的衰亡出發，在哲學上必須提倡
經世致用的「有用之學」。為此，他尖銳地批評了當時的教育制
度，指出：「夫君子之學所以為政，而國家之養士亦欲其輔佐以

---

[72] 《王氏家藏集》卷30，〈策問〉一。
[73] 《王氏家藏集》卷27，〈與薛君采〉二。

經世也」。但是，今天學校之士人，「通經而能達於治，修道而能適於用者誰耶？」⑭廣大知識分子只知「畢業文詞」，埋頭於記誦、訓詁、辭章之學，醉心於科舉功名，對經世致用之學一竅不通。所以，王廷相極力提倡讀書與履事相結合。「聖人敎人，講學、力行並舉，積久而要其成焉」⑮。他在〈督學四川條約〉中說：

> 五經、四書、《性理大全》、《通鑑綱目》及《孝經》、
> 《小學》、《近思錄》等書，天地人物之道，修齊治平之
> 理，无不賅備，學者必須講明玩索，以究其義理；體驗擴
> 充，以達諸人事；則知行並進、體用兼舉，有用之學，无
> 過於此⑯。

只有把讀書與履事、「究其義理」與「達諸人事」相結合，才能培養出「輔佐以經世」的賢才。只有培養出大量的「通經而能達於治、修道而能適於用」的賢才，才能「制邊鎮」、「御四夷」、「滅盜賊」、「犯奸權」，以拯救明王朝的社會危機。這正是王廷相在哲學上提倡「知行兼舉」說的政治目的所在。

五、成功與「審幾」

　　人們的實踐活動，總是有預期目的的。為什麼有的人在實踐

⑭　《王氏家藏集》卷30，〈策問〉四。
⑮　同⑪。
⑯　《浚川公移集》卷3，〈督學四川條約〉。

中能夠按照預期目的獲得成功,而有的人則不能呢?在王廷相看來,人在實踐中能否獲得成功,關鍵在於「審幾」。「審幾」是「力行之道」的重要內容之一。

「審幾」這一哲學範疇,始見於《周易》。《周易·繫辭上》云:「夫《易》,聖人所以極深而研(猶審)幾也;唯深也,故能通天下志;唯幾也,故能成天下之務;唯神也,故不疾而速,不行而至」。〈繫辭下〉云:「子曰:知幾其神乎!君子上交不諂,下交不瀆,其知幾乎!幾者動之微,吉之先見者也。君子見幾而作,不俟終日」。周敦頤在《通書》中講過「誠、神、幾」❼。張載也多次講到:「易簡理得則知幾,知幾然後經可正」。「知幾爲能以屈爲伸」,「知幾於屈伸之感而已」❼。胡宏也討論過「知幾」。他說:「知幾,則物不能累,而禍不能侵;不累於物,其知幾乎!」❼這些,都是說的事物發生的萌芽徵兆或善惡之幾。在這些思想的基礎上,王廷相進一步探討了成功與「審幾」的關係,以及如何「審幾」的問題,爲中國認識論的發展補充了新的內容,作出了新的貢獻。

什麼是「審幾」?「審幾」與成功的關係如何?王廷相從認識論角度,詳細地論證說:

> 竊聞欲成天下之事者,在得天下之宜。所謂宜者,事幾之

---

❼ 《周子全書》卷8云:「寂然不動者,誠也;感而遂通者,神也;動而未形,有无之間者,幾也」。

❼ 《正蒙·至當篇》。

❼ 《知言》卷2,〈好惡〉。

謂也。是故矢之中鵠，非異術也，察於高下之等矣；舟之
撤漩，非神謀也，燭於遲速之分矣。故物理人情，當其
事，有輕重之勢；際其會，有緩急之時。勢有輕重，權而
稱之則不爽；時有緩急，酌而取之則不迷。事勢太輕，吾
有反重之道；時理宜緩，吾無取急之行。如此，則隨機應
變，與時偕宜；當事之始，固不離乎道之中；要事之終，
亦不適乎道之宜。……

乃若勢重而昂則自覆，勢輕而仰則愈壓，時緩而急則早
泄，時急而緩則失會，凡此皆不達於幾者也。剛明果斷之
才，或失之躁急；溫厚慈良之性，或失之姑息。是故世有
君子之才、之德、之美，而訖無功業之立者，皆昧于幾者
也。

故能審其幾宜者，成天下之務者也。國醫之于病者，非人
人決其臟腑，開其關絡，而砭治之也，要不過燭其幾而
已。故風則散之，寒則溫之，暑則凉之，溫則燥之，在上
則吐之，在中則汗之，在下則瀉之，病无不愈矣。以事物
之煩，理亂之大，苟不取其要而握之，得其標枝而昧其根
本，詳於漫渙而踈于急切，鮮不仆矣。

曹操之於昭烈，方其據蜀之初，一日而數驚，斯時也，能
以一旅之師，批亢而擣其虛，動無不得者。及其法立民
附，上下相安，乃以兵臨之，卒不能取，乃下教以為鷄
肋。吁！亦晚矣！安祿山舉三道勁兵入長安，肅宗起兵朔
方，李泌勸以當詔李、郭，先圖范陽，使賊无所歸，肅宗
不聽，致慶緒、思明相繼復起，卒成藩鎮之患，斯皆失其
幾會者也。是故經國之大，當先審其幾；中其幾，則事无

不濟矣⑳。

在上述引文中，王廷相說明了兩個重要問題：

（一）所謂「幾」，是一個多層次的概念。在內容上，王廷相已不再限於先秦諸子和宋儒說的事物細微的徵兆和善惡的分界點（例如，《愼言·潛心篇》云：「深省密察，以審善惡之幾也」）的含義，而是把「幾」同「勢」、「時」、「理」概念聯繫起來，大大豐富了它的內容。（1）含有「時機」的意義。例如，當劉備「據蜀之初」，曹操如能抓緊時機，「以一旅之師，批亢而擣其虛」，則滅劉之功大有希望；「及其法立民附，上下相安」，再以兵攻之，失去良機，自然不能獲得成功。當安祿山舉兵反叛時，如唐肅宗能聽從李泌之勸，「詔李、郭，先圖范陽」，定能平定叛亂；結果，由於唐肅宗失去時機，「致慶緒、思明相繼復起，卒成藩鎮之患」。所以治理國家和處理政治事件，應「隨時應變，與時偕宜」。「時有急緩，酌而馭之則不迷」。反之，「時緩而急則早泄，時急而緩則失會」。（2）含有規律、準則、程式的意義。例如，「矢之中鵠」以「察幾」、「舟之撤漩」以「燭幾」，國醫視病以「燭幾」，這些「幾」字，均含有「物理」之義。所以，欲在實踐中獲得成功，必須正確地認識和把握客觀法則。（3）含有事物轉化的契機的意義。「物理」和「時理」處於潛伏和隱微狀態，不容易被人覺察。人們如能預見和把握歷史運動必然之理在時勢中的表現，促進其轉化，對於事業的成功具有重大的作用。由於「物理人情，當其事，有輕重

---

⑳ 《王氏家藏集》卷26，〈呈盛都憲公撫蜀七事〉。

之勢；際其會，有緩急之時」，所以，應該「權而稱之」；「事勢太輕，吾有反重之道；時理宜緩，吾無取急之行」。相反，「若勢重而昂則自覆，勢輕而抑則愈壓」，沒有不失敗的。

（二）「知，在我者也；幾，在事者也」❶。「幾」存在於客觀事物（所謂「物理」）中，存在於社會歷史事件（所謂「時理」）中，具有客觀實在性。「審幾」、「察幾」、「知幾」、「燭幾」、「達幾」等，屬於「在我」的主觀範疇。人欲成功事業，必須首先認識客觀事物的法則，把握時機，審時度勢，才能使自己的行爲與客觀規律、客觀時勢相符合。只有當自己的行動符合客觀規律和時機時，才有可能促進事物轉化，獲得成功。人們所以能夠用箭射中鵠鳥，並非有奇異的法術，而是「察於高下之等」；人駕駛船所以能夠撇開漩渦的危險，亦非有神奇謀略，只是「燭於遲速之分」；名醫所以能夠治好病，「燭其幾而已」，卽通曉人體病理：「風則散之，寒則溫之，暑則涼之，濕則燥之，在上則吐之，在中則汗之，在下則瀉之，病无不愈矣」。這就是「能審其幾宜者，成天下之務」的意思。反之，如果「昧於幾」、「失其幾宜」，卽未能認識和把握客觀事物法則，失去時機，在實踐中，沒有不碰壁的。社會上「有君子之才、之德、之美」的人，或由於剛明果斷之才而失之燥急，或由於溫厚慈良之性而失之姑息，「訖无功業之立者，皆昧於幾者也」。

根據上述分析，王廷相作出如下結論：「經國之大，當先審其幾；中其幾，則事无不濟矣」❷。在改造自然和治理國家中，

---

❶　同❶。

❷　同❽。

「審幾」是事業成功的重要條件。

如何才能「審幾」呢？王廷相提出了一個重要的原則：「練事之知，行乃中幾；講論之知，行尙有疑」❽。所謂「練事之知」❽，是指親自在實踐中獲得的對客觀規律的認識。只有親自參加實踐，並從中得出符合客觀規律的正確思想，並以這種正確思想爲指導，使自己的行動與客觀規律相符合，才能得到成功。這叫做「行乃中幾」。所謂「講論之知」，是指那些死啃書本，從不參加實踐的「書呆子」的知識。在實踐中，「不練事者，安達治幾？務文詞者，安知治道？」❽「審幾」是以「實踐」爲前提的。王廷相十分強調親自參加實踐，並在實踐中「知幾」（「審幾」），充分體現了他的求實精神，這是十分可貴的。

王廷相以「操舟之術」爲例，論證說：

> 譬久於操舟者，風水之故審矣，焉往而不利涉？彼徒講於
> 操舟之術者，未涉江湖，而已不勝其恐矣，安有所濟之
> 哉？蓋風水者，幾之會也，非可以講而預者也❽。

風水固有的客觀規律，只有「久於操舟者」，才能認識它，掌握它。正因長期駕駛船舶，所以能夠「熟其機者，然後能審而應之」，沒有不利涉的。而那些「徒講於操舟之術者」，由於只是

---

❽　同❶。

❽　「練事之知」的「練」字，訓爲「閱歷」。《漢書·韋賢傳》云：「昔靡不練」，顏師古注曰：「練，猶閱歷之」。

❽　同❻。

❽　同❶。

閉戶而學舟，從未親操舟於江湖之上，一旦遇到風水之險，沒有不失敗的。這裏的關鍵，是能否在「行」中求得「練事之知」。只有具有實踐經驗的人，才能「行則中幾」，取得成功。

王廷相的「審幾」論，為清初的王夫之所繼承所發展。在「幾」的範疇上，王夫之除了在認識論上繼續講「知幾」、「察幾」、「審幾」之外，還貫穿於本體論（如《思問錄》云：「有氣而後有幾」）、辯證法（如《讀四書大全說》云：「變合之幾」）、社會歷史觀（如《讀通鑑論》云：「天人之幾」）、倫理觀（如《讀四書大全說》云：「知幾」為「入德」之首功）等方面。單就認識論而言，他所謂的「知幾」、「審幾」，不僅包括「察乎事物之幾」、「自然之功幾」、天地「闔闢明晦之幾」，而且也包括知「萬物是非得失之幾」、「行止之幾」、「善惡、邪正之幾」、「治亂之幾」、「天理之幾」等。在「幾」的內容上，王夫之把「幾」與「氣」聯繫起來，提出了「有氣而後有幾」的命題，主張把「貞一之理」（指歷史發展的總規律）與「相乘之幾」（指歷史發展中各種矛盾勢力互為消長而形成的契機和關鍵）結合起來，正確地把握和認識歷史發展的總規律。這些精采思想，同王廷相相比，是前進了一大步。

六、隨事體察、以驗會通

在真理標準上，王廷相極力貫徹「知行兼舉」的原則，反對「惟前言之是信」，提倡「隨事體察，以驗會通」[37]，把「參

---

[37] 同[6]。

驗」看成判定是非的標準。

以「參驗」作爲判定眞理的標準，是中國古代哲學的優良傳統之一。先秦荀子卽以「符驗」作爲眞理的標準。《荀子‧性惡》篇云：「善言古者必有節（驗證）於今，善言天者必有徵於人。凡論者，貴其有辨合、有符驗」。他的學生韓非也主張「因參驗而審言辭」。韓非說：「人主誠明於聖人之術，而不苟於世俗之言，循名實而定是非，因參驗而審言辭」❽❽。又說：「偶參伍之驗，以責陳言之實，執後以應前，按德以治衆，衆端以參觀」❽❾。西漢賈誼主張「君子爲國，觀之上古，驗之當世，參之人事」❾⓪。揚雄也認爲「無驗而言之謂妄」。主張「君子之言，幽必有驗乎明，遠必有驗乎近，大必有驗乎小，微必有驗乎著」❾❶。東漢王充把「效驗」作爲判斷認識的標準，認爲「凡論事者，違實不引效驗，則雖甘義繁說，衆不見信」❾❷。王符認爲識別賢佞，「毀譽必參於效驗」❾❸。但是，這一優良傳統，卻被宋明理學家所拋棄，代之以各種錯誤的眞理標準論。北宋張載雖在認識論上有不少精闢論點，但在眞理標準上卻錯誤地認爲「共見共聞」是眞理的標準。他說：「獨見獨聞，雖小異，怪也，出於疾與妄也，共見共聞，雖大異，誠也，出陰陽之正也」❾❹。南宋陸象山極力反對以「效驗」作爲眞理的標準，主張「學問須問是

❽❽　《韓非子‧奸刼弑臣》。

❽❾　《韓非子‧備內》。

❾⓪　〈過秦論〉下。

❾❶　《法言‧問神》。

❾❷　《論衡‧知實》。

❾❸　《潛夫論‧交際》。

❾❹　《正蒙‧動物篇》。

非，不論效驗」⑨。王陽明則把「良知」看成眞理的標準。他說：「爾那一點良知，是爾自家的準則」⑩。

王廷相在同宋明理學家的眞理標準論的辯論中，恢復和發揚了中國古代重視「參驗」的優良傳統。他說：

> 學者於道，貴精心以察之，驗諸天人，參諸事會，務得其實而行之，所謂自得也已。使不運吾之權度，逐逐焉惟前言之是信，幾於拾果核而唆之者也，能知味也乎哉⑰？

王廷相所謂「參驗」，除了如前人說的「證據」、「證明」之外，更重要的是指「考驗」、「察驗」、「試驗」之意，包含有「以行驗證」的意思。這是他比先秦兩漢學者深刻的地方。這裏，我們舉幾個例子，說明他是如何以「行」驗證是非的。

　　例一　春雪是五出（瓣）還是六出（瓣）？當時人們根據先儒之「前言」，皆認爲「春雪五出（瓣）」。而王廷相則通過親自觀察、試驗，證明春雪「皆六出（瓣）」。認爲言五出（瓣）者，皆屬於「無稽之言」。他說：

> 冬雪六出，春雪五出，言自小說家。予每遇春雪，以袖承花觀之，並皆六出，不知此說何所憑據⑱。
>
> 今日春雪五出，此亦稗說瑣語，烏足憑信？僕北方人也，

---

⑨　《陸九淵集》卷35，＜荆州日錄＞。
⑩　同㉚。
⑰　《愼言・見聞篇》。
⑱　同㊿。

每遇春雪，以袖承觀，並皆六出。云五出者，久矣附之妄談矣❾❾。

例二 「螟蛉（桑上小青蟲）有子，蜾蠃（土蜂）負之」，始見於《詩經·小雅》。朱熹在《詩經集傳》中，注曰：土蜂「取桑蟲負之於木空中，七日而化為其子」。但是，王廷相經過多年「取土蜂之窠驗之」，證明這是一種「踵訛立論」。他寫道：

> 〈小雅〉：「螟蛉有子，〇蠃負之」。《詩箋》云：「土蜂負桑蟲入木孔中，七日而化為其子」。予田居時，年年取土蜂之窠驗之，每作完一窠，先生一子在底，如蜂蜜一點，卻將桑上青蟲及草上花知（蜘）蛛唧入窠內填滿。數日後其子即成形而生，即以此食前所蓄青蟲蜘蛛，食盡則成一蛹，數日即蛻而為蜂，嚙孔而出。累年觀之，無不皆然。……始知古人未嘗觀物，踵訛立論者多矣。「無稽之言勿信」，其此類乎❿❿！

例三 左丘明解《春秋》「夜中星隕如雨」為「星與雨偕」。王廷相通過親自夜觀星隕，認為左氏之言乃「揣度之言」。他寫道：

---

❾❾　《王氏家藏集》卷37，〈答孟望之論愼言〉。

❿❿　同❻❾。

「星隕如雨」，予嘗疑之。今嘉靖十二年十月七日夜半，眾星隕落，真如雨點，至曉不絕，始知《春秋》所書「夜中星隕如雨」，當作如似之義，而左氏乃謂「星與雨偕」，蓋亦揣度之言，不曾親見，而不敢謂星之落真如雨也。然則學者未見其實迹，而以意度解書者，可以省矣⑩。

這種通過「親驗」，並在實踐中，敢於懷疑和否定前人的「揣度之言」的求實精神，拋棄張載的「共見共聞」的謬說的開拓精神，不論在當時或現在，都是十分可貴的。

王廷相雖然反對「惟前言之是信」，但是由於他的尊孔立場，在真理標準問題上，仍然擺脫不了歷代儒家以聖人之言為真理標準的思想⑫，錯誤地主張孔子之道是「萬世人道之衡準」。他說：「《易》、《書》、《詩》、《儀禮》、《春秋》、《論語》，聖人之純也，萬世人道之衡準乎！」⑬又說：「仲尼之教，萬世衡準」⑭。他在同宋明理學家的辯論中，總是以孔子之道作為判斷是非的標準，認為凡符合孔子之道即是真理，否則即是謬誤。一切都要以聖人之道「而參之，而衡之」⑮。把孔子之

---

⑩　同㊽。

⑫　自漢代「罷黜百家，獨尊儒術」以後，統治者及其某些學者總是把聖人之言作為衡量真理的尺度，如董仲舒指出：「聖人之所命，天下以為正。正朝夕者視北辰，正嫌疑者視聖人。」（《春秋繁露·深察名號》）。司馬遷在《史記·孔子世家》亦指出：「中國言六藝者，折中於夫子。」揚雄在回答如何「正是非」的時候，指出：「萬物紛錯則懸諸天，眾人淆亂則折諸聖」，等等。

⑬　《慎言·文王篇》。

⑭　同⑯。

⑮　同㉟。

道作爲是非的標準，這是從認識本身去尋找眞理標準，從本質上
說，依然是不正確的。只有提出社會實踐是檢驗眞理的標準，才
眞正科學地解決了眞理的標準問題。

第九章 「性氣一貫」論

人不但具有理智，也具有道德意識。人的道德意識是以人性論爲基礎的。王廷相從元氣實體論出發，提出了「性氣一貫」的人性論體系。他的人性論，是在同程、朱的人性論的辯論中，逐步地建立和發展起來的。

一、性生於氣

在人性本源上，王廷相出於張載而又高於張載。

張載在談到性和氣的關係時，立足於他的氣一元論，曾說：「氣之爲物，散入無形，適得吾體；聚爲有象，不失吾常。太虛不能無氣，氣不能不聚而爲萬物，萬物不能不散而爲太虛。循是出入，是皆不得已而然也」。又說：「聚亦吾體，散亦吾體，知死之不亡者，可與言性矣」❶。這是「以氣釋性」的基本觀點。而程、朱則立足於他們的理一元論，竭力反對張載的「以氣釋性」的做法，提出了「性卽理」的命題。程頤說：「性卽理也，所謂性，理是也」❷。朱熹稱讚程頤「性卽理也」四字「顚撲不

---

❶ 《正蒙・太和篇》。
❷ 《河南程氏遺書》卷22上。

破」❸。在程、朱看來，「理」既是宇宙萬物的本源，又是人性的本源。王廷相在批評「性卽理」思想的過程中，恢復和發展了張載的「以氣釋性」的觀點，讚揚張載「此論闡造化之秘，明人性之源，開示後學之功大矣」❹，並且提出了「以生之理釋性」❺的論點。從張載的「以氣釋性」到程、朱的「性卽理也」，再到王廷相的「以生之理釋性」，是一個否定之否定的過程。

王廷相所謂「以生之理釋性」，雖說吸取了告子的「生之謂性」❻的思想，但是他並不把性的內涵只限於「食色」，而是界說爲「人具形氣而後性出焉」，即在人的生理活動的基礎上，通過人的認識活動，而獲得的道德情操 —— 仁義禮智。他說：

> 氣之靈能生之理也。仁義禮智，性所成之名而已矣❼。
> 靈而覺，性之始也；能而成，性之終也：皆人心主之。形諸所見，根諸所不可見者，合內外而一之道也❽。
> 精神魂魄，氣也，人之生也；仁義禮智，性也，生之理也；知覺運動，靈也，性之才也。三物者，一貫之道也。故論性也不可以離氣，論氣也不得以遺性❾。

「以生之理釋性」這一理論爲思想武器，王廷相以最明確的

---

❸　《朱子語類》卷59。
❹　《王氏家藏集》卷33，〈橫渠理氣辯〉。
❺　《愼言・問成性篇》。
❻　《孟子・告子上》。
❼　同❺。
❽　《王氏家藏集》卷33，〈性辯〉。
❾　同❹。

語言批評了「性即理」的論點。他引證朱熹的「性者理而已矣，不可以聚散言」❿的觀點之後，駁斥說：

由是言之，則性與氣原是二物，氣雖有存亡，而性之在氣外者卓然自立，不以氣之聚散而為存亡也。嗟乎！其不然也甚矣。且夫仁義禮智，儒者之所謂性也。自今論之，如出於心之愛為仁，出於心之宜為義，出於心之敬為禮，出於心之知為智，皆人之知覺運動為之而後成也。苟无人為，則无心矣；无心則仁義禮智出於何所乎？故有生則有性可言，无生則性滅矣，安得取而言之？是性之有无，緣於氣之聚散。若曰超然於形氣之外，不以聚散而為有无，即佛氏所謂「四大（指地水火風）之外，別有真性」⓫矣，豈非謬幽之論乎？此不待智者而後知也⓬。

在這裏，王廷相雖然吸取了程顥的「性即氣，氣即性，生之謂也」的思想，但他對程頤、朱熹的「性即理」的思想卻提出了尖銳批評，指出「性即理」的錯誤是：（一）違背了「以生之理釋性」的原則，否定了仁義禮智「皆人之知覺運動為之而後成」的道理，拋棄了「性之有無，緣於氣之聚散」的道理，完全是一種違

---

❿ 　《朱文公文集》卷45，＜答廖子晦二＞。

⓫ 　例如，佛教禪宗南宗認為，宇宙中的一切皆有性，而性分為真性與自然性。「問曰：云何真性？」答曰：「不起心，常無相清淨。」問曰：「云何自性？」答曰：「見聞覺知、四大及一切法等，各有各性。」（《頓悟真宗論》）。

⓬ 　同前❹。

背實事的「謬幽之論」;(二)指出「性卽理」的觀點是從佛敎的「四大之外,別有眞性」的說敎中脫胎而來的。這不僅揭露了「性卽理」說的荒謬,也揭露了它與佛性說的內在聯繫。(三)王廷相還以儒家經典爲依據,指出「性卽理」在邏輯上混淆了「性」與「理」兩個概念的內涵。他詰問道:「《易》曰『窮理盡性』,謂盡理可乎?《孝經》曰『毀不滅性』,謂不滅理可乎?」「性卽理」不但在理論上是錯誤的,在邏輯上也是說不通的。

從「以理言性」和「以氣釋性」的分歧,王廷相進一步展開了性一元論和性二元論的爭論。性二元論,創始於張載,發展於程頤,大成於朱熹。這是宋明時期居於主導地位的一種新的人性學說。張載雖然以「氣」說明人性的起源,但是當他具體地闡明人性時,卻陷入了「合虛與氣,有性之名」❸的二元論之中。「虛」是指「太虛」,卽「至靜無感,性之淵源」❹、「未嘗无之謂體,體之謂性」❺,卽氣的本然之狀態;「氣」是指陰陽之氣,有清有濁。本然之氣和陰陽之氣相結合,便構成了所謂的人性。人人都具有「太虛」本性,稱之爲「天地之性」;每個人生成之後,由於稟受陰陽之氣的不同而具有特殊的本性,「大凡寬褊者是所稟之氣也,氣者自萬物散殊時各有所得之氣,習者自胎胞中以至於嬰孩時皆是習也」❻,故稱之爲「氣質之性」。「天地之性」和「氣質之性」雖然都出於「氣」,但是「天地之性」

---

❸　同❶。
❹　同❶。
❺　《正蒙‧誠明篇》。
❻　《張子語錄‧語錄下》。

是至善的，「性於人无不善」❼，而「氣質之性」則是或善或惡的。只有「變化氣質」，返回「天地之性」，人們才能改惡從善。「形而後有氣質之性；善反之則天地之性存焉」❽。這種觀點，雖然是建立在「一於氣」的基礎之上，但是他把人性分爲「天地之性」和「氣質之性」，帶有濃厚的形而上學色彩。程頤從「性即理」這一前提出發，拋棄了張載的以氣解釋「天地之性」的做法，把人性區分爲「理」（亦叫「窮本極源之性」）和「才」（亦叫「氣質之性」），認爲「天地之性」即是「理」，「自性而行，皆善也。聖人因其善也，則爲仁義禮智信以名之」❾。「才禀於氣，氣有清濁，禀其清者爲賢，禀其濁者爲愚」❿。朱熹則進一步指出：「論天地之性，則專指理言」。故天地之性至善至美。但是，「論氣質之性，則以理與氣雜而言之」，故氣質之性「有善有不善」㉑。張載和程頤、朱熹雖然都講「天地之性」和「氣質之性」，但是張載所謂「天地之性」是氣所固有的本性，「氣質之性」則是氣聚成特殊形體之後而有的人性，兩者都是「一於氣」的。他的性二元論是建立在氣一元論基礎上的。但是，程頤、朱熹的性二元論則是建立在理一元論基礎之上，認爲「天地之性」是「理」，「氣質之性」是「氣」，「天地之性」不是源於「氣」，二者是有原則區別的。張載的人性論是一種根於氣一元論的性二元論，而程、朱的人性論則是一種根於理一元論的性

---

❼　同❺。

❽　同❺。

❾　《河南程氏遺書》卷25。

❿　《河南程氏遺書》卷18。

㉑　《朱子語類》卷4。

二元論。王廷相在批評程、朱的過程中，發展和修正了張載的人性論，既繼承了張載的「以氣釋性」的路線，又拋棄了他的「天地之性」的說法，捍衞了「性氣一貫之道」。

性一元論和性二元論的根本分歧，在於是否承認「天地之性」的問題。王廷相從「性生於氣」❷這一前提出發，認爲人性只有「氣質之性」，而無自立於氣之外的「天地之性」。他極力排斥「天地之性」（或「本然之性」）的說法，認爲這是「儒者之大惑也」。

王廷相引證了朱熹答蔡季通「人之有生，性與氣合而已」之後，對朱熹的性二元論批評說：「卽此教條，見先生論性關頭就差。人具形氣而後性出焉，今曰『性與氣合』，是性別是一物，不從氣出，人有生之後各相來附合耳，此理然乎？人有生氣則性存，无生氣則性滅矣，一貫之道，不可離而論者也。如耳之能聽，目之能視，心之能思，皆耳目心之固有者，无耳目，无心，則視聽與思尚能存乎？……而先生乃以本然氣質分而二之，殊不可曉」❷。

根據「性氣一貫」的道理，王廷相從多方面批駁了程、朱的性二元論。

（一）從「性氣一貫之道」證明「氣外有本然之性」說的荒謬。王廷相發揮程顥的「論性不論氣，不備；論氣不論性，不明。二之，便不是」的思想，指出：

---

❷ 《雅述》上篇。

❷ 同❷。

人有生，斯有性可言；无生則性滅矣，惡乎取而言之？故離氣言性，則性无處所，與虛同歸；離性論氣，則氣非生動，與死同塗。是性之與氣，可以相有，而不可相離之道也。是故天下之性，莫不於氣焉載之。……所謂超然形氣之外，復有所謂本然之性者，支離虛无之見與佛氏均可，可乎哉㉔？

既然人有生才有性，性與氣是「相有而不可相離」，所以侈談「超然形氣之外，復有所謂本然之性者」，不過是佛教的「支離虛無之見」而已。

（二）從「聖人之性出乎氣質」證明「氣外有本然之性」說的荒謬。王廷相指出：

今夫性之盡善者，莫有過於聖人也。然則聖人之性，非此心虛靈所具而為七情所自發耶？使果此心虛靈所具而為七情所自發，則聖人之性亦不離乎氣而已。性至聖人而極。聖人之性既不出乎氣質，況餘人乎㉕！

既然連「盡善」的聖人之性「亦不離乎氣」，這足以證明形氣之外的本然之性是不存在的。

（三）王廷相不但證明「本然之性」之不存在，而且進一步把它與佛教的「眞性」（佛性）說相比，指出「分性為二」是來自

_____

㉔ 同⑧。

㉕ 同⑧。

「佛氏本性靈覺」說。王廷相指出：

> 佛氏教人任持自性。持自性者，執自己之本性也。言一切
> 眾生皆有本覺㉖，謂本性之靈覺處，雖流轉六道㉗，受種
> 種身，而此覺性不曾失滅，故以此為真性、為圓覺。其有
> 生而能解識者，為眾生悟入知見皆從覺性生出，故云圓覺
> 生出菩提、涅槃及波羅蜜㉘。菩提，覺也，无法不知之
> 義。涅槃，圓寂也，謂覺性既圓，无法不寂也。波羅，彼
> 岸也；蜜，到也，言到彼岸也。謂離生死此岸，度煩惱㉙
> 中流，到涅槃彼岸，永歸寂滅，不生不死也。由此觀之，
> 佛氏之大旨盡矣。儒者不達性氣一貫之道，无不浸浸然入
> 於其中。朱子謂本然之性超乎形氣之外，其實自佛氏本性

㉖ 「本覺」，佛教名詞。相對「始覺」而言，係指先天固有的「自性
清淨心」，即是諸佛一切智慧。這種「本覺」或「真性」既「不生
不滅」、「不淨不染」、「性無差別」，又「普照一切」，「無所
不知」，是一種「寂靜不動」的本體。「始覺」是指後天通過佛教
說法，啟發先天「本覺」而形成的佛教覺悟。

㉗ 「六道」，佛教名詞。佛教認為眾生各依所作善惡業因，一直在所
謂六道（天、人、阿修羅、地獄、餓鬼、畜生）中生死相續，升沉
不定，有如車輪旋轉不停，故稱「六道輪回」。

㉘ 「菩提」，係指對佛教「真理」的覺悟，凡斷絕世間煩惱而成就
「涅槃」的「智慧」，通稱「菩提」。「涅槃」，係指佛教通過修
習，熄滅生死輪回而達到的最高精神境界，即對生死諸苦及其根源
「煩惱」的最徹底的斷滅。「波羅蜜」，謂從生死迷界的此岸到達
涅槃解說的彼岸，意譯為「到彼岸」。

㉙ 「煩惱」，係指擾亂眾生身心使發生迷惑、苦惱等精神作用的總
稱。即與寂靜的「涅槃」境界相對立的一切世俗欲望和精神情緒的
總稱。

靈覺而來，謂非依傍異端，得乎！大抵性生於氣，離而二者，必不可得。佛氏養修真氣，雖離形而不散，故其性亦離形而不滅，以有氣卽有性耳。佛氏卽不達此，儒者遂以性氣分而為二，誤天下後世之學深矣哉❸⓿！

(四)王廷相指出：「本然之性之論」不但是佛性論的再版，而且是一種傅會孟子「性善之旨」的謬論。程、朱認爲「主於氣質則性必有惡」，難以說明性善之說。所以，程朱強出「本然之性」以傅會孟子的「性善之旨」，遂使宋明儒者紛爭不已，這完全是「梏於朱子本然氣質二性之說」的結果。王廷相指出：「性生於氣，萬物皆然。宋儒只爲強成孟子性善之說，故離氣而論性，使性之實不明於後世，而起諸儒之紛爭，是誰之過哉？……後之學者，梏於朱子本然、氣質二性之說，而不致思，悲哉」！❸①

總之，在人性本源上，王廷相吸取張載和程顥人性論中的合理思想，力倡「性氣一貫之道」，堅持「性生於氣」的氣論立場，把人作爲禀氣於自然而後具有形體的自然之人，卽承認人先有氣聚而凝成的身體（特別是人的認識器官），然後才有一定的生命力、情感、欲望和道德意識，承認人的肉體是人性的物質前提，這較之程、朱鼓吹的「離氣而論性」，鼓吹形氣之外的「本然之性」來說，具有一定的合理因素。但是，人畢竟不是單純的自然存在物，而是生活於一定的社會關係和具體的實踐活動之中的社會的人。因此離開人的社會性，離開人的社會關係的總和，

---

❸⓿ 《雅述》下篇。

❸① 同❷②。

離開人的社會實踐，去抽象地純生物學地以「氣」來說明人的本性，從根本上說，是一種錯誤的觀點。儘管如此，王廷相在中國哲學史上第一次以最明確的語言批判了宋明時期的性二元論，從而開啓了明清時期性一元論的社會進步思潮，這是王廷相的重要歷史功績之一。

二、氣有清濁，性有善惡

探索人性，歸根到底，是爲了說明人的善惡問題。

人的善惡是從哪裏來的？朱熹從「人之有生，性與氣合」[32]的觀點出發，認爲「性主於理而無形」，所以「本然之性」是純粹至善的；「氣主於形而有質」，所以「氣質之性」是善惡相混的。在人性善惡問題上，王廷相雖然拋棄了程、朱的本然之性純善的說法，但是吸取了程、朱的善惡因於稟氣清濁的理論。他從形氣之純駁決定性之善惡這一原則出發，從兩方面駁斥了程、朱的「性無不善」的觀點。

(一)王廷相承襲和改造了王充、韓愈等人的性三品說，以稟氣之純駁來說明人性之善惡。他說：

> (世儒)謂主理故公而無不善，有質故私而或不善。且以
> 聖人之性亦自形氣而出，其所當未嘗有人欲之私，但以聖
> 人之形氣純粹，故其性无不善耳；衆人形氣駁雜，故其性
> 多不善耳，此性之大體如此。萬世之下有聖人生焉，亦不

---

[32] 《朱文公文集》卷44。

易此論矣❸。

世儒不思性之善者，莫有過於聖人，而其性亦惟具於氣質
之中，但其氣之所稟清明淳粹，與眾人異，故其性之所
成，純善而无惡耳，又何有所超出也哉？聖人之性，旣不
離乎氣質，眾人可知矣。氣有清濁粹駁，則性安得無善惡
之雜？故曰「惟上智與下愚不移」。是性也者，乃氣之生
理，一本之道也。信如諸儒之論，則氣自為氣，性自為
性，形、性二本，不相待而立矣❸。

這是說，由於聖人之性所稟之氣「清明純粹」，故「純善而無
惡」；下愚之性，氣稟濁駁，故純惡而無善。所以，聖人之性與
下愚之性「不移」。只有中人之性，氣稟「清濁粹駁」，故性有
「善惡之雜」。這種以氣稟之差別說明人性之差別，雖然在駁斥
程、朱的「本然、氣質分而二之」（「形、性二本」）方面有一
定的進步意義，但在理論上也是不正確的。從根本上說，在人類
社會裏，善惡總是有具體的社會內容的。不同的社會政治集團，
有不同的善惡觀點，而這些善惡觀點是由各自的政治、經濟利益
決定的，根本不是什麼稟氣「清濁粹駁」所致。

　　根據上述觀點，王廷相駁斥了唐代李翱（772-841）的「復
性」說。李翱認為性善情惡，「人之所以為聖人者，性也；人之
所以惑其性者，情也。喜、怒、哀、懼、愛、惡、欲七者，皆情
之所為也。情旣昏，性斯匿矣。非性之過也，七情循環而交來，

---

❸　同❷。
❸　《王氏家藏集》卷28，＜答薛君采論性書＞。

故性不能充也」❸ 。所以，要恢復、擴充人之善良本性，只有通過「滅情復性」的途徑，才可以成爲「聖人」。這種「性善情惡」、「復性滅情」的人性論，爲宋明道學家的「存天理、滅人欲」的說教開啓了先河。王廷相站在氣禀說的立場上，指出復性說是一種迂腐之論。因爲「上智」與「下愚」都無性可復，只有中人之性這樣說還差不多。復性說是一種以偏概全的觀點。他指出：

> 世儒論復性。夫聖人純粹靈明，性之原本未嘗污壞，何復之有？下愚駁濁昏闇，本初之性原未虛靈，何所歸復？要諸取論中人之性差近之耳。統以復性爲學問之術，滯矣而不通於衆也❸。

　(二)王廷相繼承和發展了揚雄、張載❸等人的「性善惡混論」，提出了「性之善與不善，人皆具之」❸的命題。由這一命題出發，他集中地批評了孟子的性善論：

　(1) 以性之本始（本源）看性善論的荒謬。他根據程顥的「善固性也，然惡亦不可不謂性也」❸的觀點，指出：

---

❸ 《復性書》。

❸ 同❸。

❸ 張載如同揚雄一樣，也主張「性善惡混論」。他說：「性未成則善惡混，故亹亹而繼善者斯爲善矣。惡盡去則善因以成，故舍曰善而曰『成之者性也』。」（《正蒙‧誠明篇》。

❸ 同❷。

❸ 《河南程氏遺書》卷1。

善固性也，惡亦人心所出，非有二本❹。

天之氣有善有惡，觀四時風雨、霾霧、霜雹之會，與夫寒
暑、毒厲、癘疫之偏，可睹矣。況人之生，本於父母精血
之毷，與天地之氣又隔一層。世儒曰：「人稟天氣，故有
善而無惡」，近於不知本始❹。

在王廷相看來，人性既包含善又包含惡，並非只「有善而无惡」。
人性之善惡本於「天賦」之「氣」：「氣純者純，氣濁者濁」❹。
這是「天之氣有善有惡」的緣故。人性是「一本」，並非「二
本」。承認人「未形之前」即存有至善之人性，乃是一種「近於
不知本始」的謬說。

(2) 在王廷相看來，在孟子那裏不只主張性善，也主張性
惡，承認善與惡「人皆具之」。宋儒只講性善，而「遺其所謂不
正之性」，是對孟子思想的一種歪曲。他說：

孟子之言性善，乃性之正者也，而不正之性未嘗不在。觀
其言曰「口之於味，目之於色，耳之於聲，鼻之於嗅，四
肢之於安逸，性也，有命焉，君子不謂性也」，亦以此性
為非，豈非不正之性乎？是性之善與不善，人皆具之矣。
宋儒乃直以性善立論，而遺其所謂不正之說，豈非惑乎！
意雖遵信孟子，不知反為孟子之累❹。

---

❹ 同❽。
❹ 同㉒。
❹ 同❺。
❹ 同㉒。

其實，「正之性」與「不正之性」、「善性與不善之性」的觀點，並非是孟子的觀點，而是王廷相借孟子來闡述自己的觀點。這不過是他的性有「善惡之雜」論點的另一種表述罷了。

　　(3) 性善說在理論上是錯誤的，在實際生活中也並非如此。王廷相指出：

> 自世之人觀之，善者常一二，不善者常千百；行事合道者常一二，不合道者常千百。昭昭雖勉於德行，而惰於冥冥者不可勝計。讀書知道者猶知廉恥而不為非，其餘嗜利小人，行奸僥幸而无所不為矣。故謂人心皆善者，非聖人大觀真實之論，而宋儒極力論贊，以號召乎天下，惑矣❹。

　　(4) 性善論不但與現實不符合，而且也違背聖人「修道立教」之訓。他詰問道：

> 人生禀不齊，性有善否，道有是非，各任其性行之，不足以平治天下。故聖人憂之，修道以立教，而為生民準。使善者有所持循而入，不善者有所懲戒而變，此裁成輔相之大猷也。若曰人性皆善而无惡，聖人豈不能如老、莊守清淨任自然乎？何苦於諄諄修道以垂訓？宋儒寡精鑒，昧神解，梏於性善之說而不知辯，世儒又復持歸轍，曲為論贊，豈不大誤後世❺？

---

❹　同❷。
❺　同❷。

綜上所述 ， 在人性善惡問題上， 王廷相同程朱的根本分歧是：程朱以「性卽理」命題出發，認爲人性內涵是至善的，極力論贊孟子的性善論；而王廷相從「性氣一貫」命題出發，認爲氣有善惡、性亦有善惡，極力排斥孟子的性善論，強調聖人「修道立敎」的作用。

三、心統性情

「心統性情」說，是王廷相的人性論的重要部分。

「心統性情」，說的是心與性情的關係。宋明時期，首倡此說的，是北宋哲學家張載。張載說：「心統性情者也。有形則有體，有性則有情。發於性則見於情，發於情則見於色，以類而應也」 ❹ 。王夫之解釋說：「心統性情，統字只作兼字看。其不言兼而言統者，性情有先後之序，而非並立者也」 ❹ 。王夫之的解釋是符合張載原意的。「心統性情」，就是「心兼性情」。從體用關係看，「心統性情」，是指性情皆因心而後見，心是體，性情是心發於外之用。朱熹雖然稱贊張載的「 心統性情 」說「 極佳」，以爲是「顚撲不破」 ❹ 的眞理，但是他卻把張載的「心統性情」歪曲成「性者理也。性之體，情之用，性情皆出於心，故心能統之」 ❹ 。在這裏，朱熹把張載的性「一於氣」的觀點歪曲成「性者理也」，把心爲體、性情爲用的觀點歪曲成「性是體，

---

❹ 《拾遺·性理拾遺》。
❹ 《讀四書大全說》卷8。
❹ 《朱子語類》卷5。
❹ 《朱子語類》卷98。

情是用」❺，納入了他的理一元論體系之中。王廷相在同程朱的辯論中，吸取了他們的「心兼體用」的合理思想，把心分成體、用兩個方面。他說：「心有本體言者，『心之官則思』與夫『心統性情』是也；有以運用言者，『出入無時，莫知其鄉』與『收其放心』是也」。「知覺者，心之用，虛靈者，心之體」❺。王廷相在批評朱熹的過程中，恢復和發展了張載的「心統性情」說。

王廷相雖和程朱一樣，以「人心」與「道心」來說明「心統性情」，但他們之間也存在着重要分歧。「人心」與「道心」這對哲學概念，始見於《僞古文尚書・大禹謨》。「人心惟危，道心惟微，惟精惟一，允執厥中」這十六個字，被道學家稱爲「十六字心傳」。程顥解釋說：「『人心惟危』，人欲也。『道心惟微』，天理也。『惟精惟一』，所以至之。『允執厥中』，所以行之」❺。朱熹也認爲「道心者天理也，微者精微」；「人心者人欲也，危者危殆也」，「只是這一個心，知覺從耳目之欲上去，便是人心；知覺從義理上去，便是道心」❺。王廷相對上述程朱的觀點，既有繼承，也有修正。他對「十六字心傳」解釋說：

> 舜之戒禹而以人心道心言者，亦以形性爲一統論，非形自形而性自性也。謂之人心者，自其情欲之發言之也；謂之道心者，自其道德之發言之也。二者，人性所必具者。但

---

❺　《朱子語類》卷5云：「蓋心便是包得那性情，性是體，情是用」。
❺　同❷。
❺　《河南程氏遺書》卷11。
❺　《朱子語類》卷78。

道心非氣稟清明者則不能全，故曰「道心惟微」，言此心
甚微眇而發見不多也；人心則循情逐物，易於流蕩，故曰
「惟危」，言此心動以人欲，多致凶咎也❺❹。

如果把王廷相同程、朱相比，就「道心＝天理（道德）」、「人
心＝人欲（情欲）」這一內涵看，是一致的。但也有不一致的地
方：

（一）道心和人心的來源不同。程朱從性分天命之性（義理之
性）與氣質之性出發，認爲道心「原於性命之正」，即「天命之
性」，人心「原於形氣之私」❺❺，即「氣質之性」。而王廷相則
認爲道心和人心都來源於「氣質之性」，「氣稟清明者」便是
「道心」，「非氣稟清明者」便是「人心」，「道心」與「人心」
都具於「生而固有」的人心之中。他論證說：

> 道化未立，我固知民之多夫人心也。道心亦與生而固有，
> 觀夫虎之負子，鳥之反哺，鶩之呼食，豺之祭獸，可知
> 矣。道化卽立，我固知民之多夫道心也。人心亦與生而恒
> 存，觀夫飲食男女，人所同欲，貧賤夭病，人所固惡，可
> 知矣❺❻。
> 惻隱之心，怵惕於情之可怛；羞惡之心，沘頳於事之可
> 愧，孟子良心之端也，卽舜之道心也。「口之於味，耳之
> 於聲，目之於色，鼻之於嗅，四肢之於安逸」，孟子天性

❺❹　同㉒。

❺❺　《朱子語類》卷62。

❺❻　同❺。

之欲也，卽舜之人心也。 由是觀之， 二者聖愚之所同賦
也，不謂相近乎㊼ ？

這就是說，不管是「道心」還是「人心」，都是「與生而固有」
的，「非自外得者也」。他用動物的某些本能來證明人生而具有
道心，固然是錯誤的，但他肯定飲食男女，人所同欲，是聖愚所
同賦的人性有一定的合理性。理學家認爲「道心」卽天理「自外
而有之」，是離心而言天理。這是王廷相同程、朱的重要分歧之
一。

　　(二)程朱認爲「性體情用」，而王廷相則認爲「虛靈」乃是
「 心之體 」， 而道心與人心都是心體之運用發見，只是人心指
「自其情欲之發言之」，道心指「自其道德之發言之」而已。這
同張載的「心統性情」的思想，是一脈相通的。

　　王廷相的「心統性情」說，就它把心看作是性與情的物質基
礎， 具有一定的合理因素， 因爲人的性情是以人心爲物質前提
的。但是，人的性情並不純是生物學的概念，而是根源於社會存
在的社會學範疇。王廷相離開人作爲社會關係總和的存在物，離
開人的社會實踐活動，只是從生物學上的人來說明心與性情的關
係，從根本上說，也是一種錯誤的觀點。

　　王廷相雖然承認人心、道心皆「與生而固有」，但並不否定
道心對人心的制約作用。在他看來，如果任其人心發展，勢必會
造成爭奪、恣殺等社會現象。他說：「人心、道心，皆天賦也。
人惟循人心而行，則智者、力者、衆者，無不得其欲矣；愚而寡
弱者，必困窮不遂者矣。豈惟是哉 ？ 循而遂之 ， 滅天性，亡愧

㊼　同❺。

恥，恣殺害，與禽獸等矣，是以聖人憂之。自其道心者，定之以仁義，齊之以禮樂，禁之以刑法，而名教立焉。由是智愚、強弱、衆寡，各安其分而不爭，其人心之隄防乎！」⑱他認為，只有制人心於道心，再輔之以禮樂、刑法、名教，使人各安其分而不爭，才能維護封建社會的穩定。

四、習與性成

在王廷相看來，人是稟氣而生，生而具有善、惡之天性。社會上所以會有善人和惡人，這是「習與性成」的結果。人性雖先天具有善惡，但它只是一種可能性，可能性變成現實性是後天客觀環境與社會教育的結果。人們後天「習於名教」，「修其性之善者」，便成為善人；「循乎情欲」，「開其利心」者，便成為惡人。

為了說明「習與性成」這一命題，王廷相從理論上和事實上作了全面論證。

從理論上，王廷相認為「習與性成」是符合儒家經典的，是有經典根據的。他指出：

> 變質成性，觀《書》之遜學；善善惡惡，觀《詩》之無邪；禮嚴而法恕，觀《春秋》之公；安天地，遂人物，觀《禮》之敬；妙感應，成變化，觀《易》之神。神也者，學之極致也夫⑲！

---

⑱　《愼言・御民篇》。
⑲　《愼言・文王篇》。

從古今對比上，王廷相指出：

> 古人孝廉，在在有之，天地豈厚於古之人耶？蓋風俗敎化
> 然耳 **⑩** 。
>
> 「造化生人，古今異乎？」曰：「天賦相近，何太遠哉？
> 習性之日殊爾。古也樸，今也曰文；古也直，今也曰巧。
> 神鑿而靈散也久矣，鳥巢之卵，焉得探而取之？《六經》
> 之敎，救其習之日降而已矣」 **⑪** 。

這些事實說明，古今在人性和道德上的差異，完全是由「習性之
日殊」產生的。

從各地民性的差別上，王廷相認爲是由「習於聖人之敎」所
造成的。他說：

> 東極之民僬，南極之民譎，西極之民戾，北極之民悍，中
> 土之民和，非民性殊於四極也，習於聖人之敎然也。蠻夷
> 者，封疆土俗限之也；聖人之敎可達，孰謂異吾民哉 **⑫** ？

根據「習與性成」的道理，在政治上，王廷相引出了「敎」
與「法」的「治國御民之術」。他說：

> 凡人之性成於習，聖人敎以率之，法以治之，天下古今之

---

⑩ 《浚川駁稿集》卷下，<爲復學事>。

⑪ 同 **⑤** 。

⑫ 《愼言‧小宗篇》。

風以善為歸，以惡為禁❸。

學校之禮樂，官府之刑法，皆聖人修道之具也，故圍於中者，則變其性而移其習，由之為善則安，為惡則愧❹。

可見，「習與性成」的人性論，歸根結底，是爲統治者製造理論根據的。這是王廷相人性論的最後歸宿之所在。

根據「習與性成」的原則，王廷相十分強調名教的作用。他指出：「生也，性也，道也，皆天命也，无教則不能成。老、莊任其自然，大亂之道乎！」❺這一批評，既是針對道家的任其自然論，也是針對明代心學派的順其自然即可成聖思想而發的。

根據「習與性成」的原則，王廷相強調聖人「修道立教」的重要性。他由此對薛瑄批評說：「薛文清云：『《中庸》言明善，不言明性，善卽性也』。愚謂性道有善有不善，故用明。使皆善而无惡，何用明爲？聖人又何強爲修道以立教哉？」❻王廷相從「性成於教」的觀點出發，指出薛瑄以性皆善而無惡，就是否定聖人修道立教的作用。這是王廷相所反對的。

從思想繼承上，王廷相的「習與性成」觀點源於張載的「變化氣質」之說。張載雖然把人性分爲「天地之性」和「氣質之性」，但是他倡言「變化氣質」的學說還是正確的。張載認爲，變化氣質在於學習，在於克己。他說：「爲學大益，在自〔求〕變化氣質，不爾〔皆爲人之弊〕，卒无所發明，不得見聖人之

---

❸ 同❹。

❹ 同㉒。

❺ 同㉒。

❻ 同㉒。

奧」❻。又說：「如氣質惡者，學卽能移」❻。「性不美則學得亦轉了」❻。在他看來，「惟其能克己則可能變化卻習俗之氣性，制得習俗之氣」❼。王廷相在批評朱熹的「氣稟有定論」的過程中，向前推進了張載的「變化氣質」的學說。「習與性成」說同「變化氣質」說相比，不但在廣度上更加豐富了，而且在深度上也克服了張載的「所受定分」的形而上學思想❼。後來王夫之的「命日受則性日成」❼的人性論，則是對王廷相的「習與性成」思想的進一步發展。可以說，王廷相的「習與性成」說，是從張載的「變化氣質」說到王夫之的「命日受則性日成」論的中間發展環節。

---

❻　《經學理窟·義理》。

❻　《經學理窟·氣質》。

❻　《張子語錄》。

❼　《經學理窟·學大原上》。

❼　張載認為：「人之氣質善惡與貧賤壽夭之理，皆是所受定分。」（《經學理窟·氣質》）。

❼　《尚書引義·太甲二》。

第十章 理想人格論

　　王廷相的道德觀，是以「聖人」爲最高人格理想；「存天理，去人欲」是達到「聖人」境界的根本途徑；而「動靜交養」又是「存天理，去人欲」的具體修養方法，三者構成了王廷相的完整的道德學說。

一、人格層次論

　　張載根據人的道德水平的不同，把人分成「世人」、「學者」、「大人」（賢人）、「聖人」。他認爲「世人」限於聞見之知，終日行之「俗事」卽忙於飮食男女而不留意於義理，醉生夢死。「學者」之知是德性之知，習於儒家道德並按它做人的人。「大人」（賢人）之知是「德性所知」，「无我而後大」，只有達到「無我」境界的學者，才是賢人。「聖人」純是天德，其知是「誠明所知」，率性而行，與天合一，是道德修養的最高境界。王廷相吸取張載人格層次論的思想，根據道德修養水平的高低，亦把人格分成四等：一是「純疵交葛」的「俗人」。所謂「俗人」，是指「隨波徇俗、私智害正」的人；二是由「俗人」修養而成的「大賢」。所謂「賢人」，是指「嚴於守道」，「不

惑於異端九流，以亂道眞」的人；三是由「大賢」修養而成的
「亞聖」❶。所謂「亞聖」，是指「契道之眞，以命令於一世」
的人；四是由「亞聖」修養而成的「聖人」❷。所謂「聖人」，
乃是「道德之宗正，仁義禮樂之宰攝」❸。意謂「聖人」是仁義
禮樂道德的最純粹、最集中的體現者。所以，只有「聖人」，才
是道德修養的最高理想人格。

聖人應該具備什麼樣的道德品格和精神境界呢？

關於聖人之德，王廷相指出：

> 「溫」和而不暴戾，「良」善而不險狠，「恭」敬而不患
> 肆，「儉」約而不多欲，謙「讓」而不好勝，此聖人之盛
> 德也❹。

把溫和、善良、恭敬、儉約、謙讓規定爲聖人之德，顯然是從
《論語》承襲來的❺。「溫良恭儉讓」雖是統治者用來調整內部
矛盾和束縛被統治者的精神枷鎖，但也包含有協調人際關係的合

---

❶　王廷相認爲顏回是「亞聖」。他說：「『省其私，足以發』，明道
　　之幾也。『不遷怒，不貳過』，進德之途也。『用之則行，舍之則
　　藏』，動以時矣。『簞瓢陋巷，不改其樂』，純乎天矣。是故顏子
　　亞聖。」（《愼言・作聖篇》）。

❷　王廷相承襲儒家的傳統說法，認爲孔子是聖人。他說：「顏子近聖
　　人之資，孟子近聖人之才，仲尼兼之而敦粹。」（《愼言・作聖
　　篇》）。

❸　《愼言・作聖篇》。

❹　《雅述》上篇。

❺　《論語・學而篇》云：「夫子（指孔子）溫、良、恭、儉、讓以得
　　之」。

理思想。

　　關於聖人之道，王廷相指出：

　　　　聖人之為學，博文約禮，求其中而執之。聖人之立心，正
　　　　義明道，無所為而為之。聖人之應事，主之以義，而由之
　　　　以誠，終也得失要於命焉。夫斯道也，何簡易若諸！何要
　　　　若諸❻！

所謂「聖人之道」，包括聖人「為學」、「立心」、「應事」三
部分。在「為學」方面，聖人既不同於「務博」派的煩瑣，也不
同於「務約」派的空疏，主張博約合一，「求其中而執之」。在
「立心」方面，聖人提倡「正義明道」，對於「貧賤富貴不動其
心，死生禍福不變其守」，做到「無所為而為之」。在「應事」
方面，「聖人執道不執事」，一切「主之以義，而由之以誠」，
至於人世間的富貴、生死、得失，「隨寓而安」，聽從時命安排
而已。

　　在王廷相看來，聖人所以具備上述道德品格，因為聖人通過
修養達到了「與天地同體」的「無我」的精神境界。「無我者，
聖學之極致也」。在這個「無我」的最高精神境界中，「天德王
德、天道王道」❼是合二為一的。由於聖人「無我」，所以「聖
人之於物也，無喜、無怒、無好、無怨、無得、無喪、無智、無
功」。一切「行於不得已之區，宅於無所利之塗」❽。由於聖人

---

❻　《慎言・五行篇》。

❼　同❸。

❽　同❸。

「無我」，所以能夠泛愛人和萬物。他說：「仁者，與物貫通而無間者也。『萬物並育而不相害，道並行而不相悖』，天地之仁也；『老者安之，朋友信之，少者懷之』，聖人之仁也。故物各得其所，謂之仁」❾。即使「行一不義，殺一不辜，得天下」，聖人亦「不爲」。這種泛愛人和萬物的觀點，如同孔子提倡的「泛愛衆」和張載主張的「民胞物與」一樣，在階級社會裏雖是一種美好的願望，但不過是一種空想而已。

王廷相提出的「無我」的最高道德境界，雖帶有很大的空想性，但他宣傳儒家的人道主義精神，提倡國家之「大公」，反對個人之「私欲」，還是有其積極意義的。

二、「無欲」是「作聖之要」

聖人是道德理想的最高理想人格。然而，如何才能達到聖人境界呢？王廷相吸取道家的「無欲」說❿和儒家的「寡欲」說⓫，在發揮二程的「克己」與「改過」相結合的修養方法⓬的基礎

---

❾ 同❸。

❿ 道家提倡「無欲」說。《老子》云：「不見可欲，使心不亂。……常使民無知無欲」（三章），「無欲以靜，天下將自定」（三十七章）。《莊子・天地篇》云：「大之畜天下者，無欲而天下定」。《莊子・馬蹄篇》云：「同乎無欲，是謂素樸，素樸而民性得矣」。

⓫ 「寡欲」說亦稱節欲說。《孟子・盡心篇》云：「養心莫善於寡欲：其爲人也寡欲，雖有不存焉寡矣；其爲人也多欲，雖有存焉者寡矣」。

⓬ 二程認爲，「克己」與「改過」是存天理、滅人欲的重要修養方法，指出「克己之私旣盡，一歸於禮，此之謂得其本心。」（《二程粹言》卷2）；「學問之道無他，惟其知不善，則速改以從善而已。」（《近思錄》卷5）。

上，指出：

> 作聖之途，其要也二端而已矣：澄思寡欲，以致睿也；補
> 過徙義，以日新也。辛以成之，曰誠❸。

「澄思寡欲」和「補過徙義」雖然同是作聖的途徑，但是兩者相比，「澄思寡欲」則更爲重要。所以他進一步指出：

> 人心澹然无欲，故外物不足以動其心，物不能動其心則事
> 簡，事簡則心澄，心澄則神，故「感而遂通天下之故」。
> 是故无欲者，作聖之要也❹。

把「無欲」看成「作聖之要」，並不是王廷相的獨創，而是周敦頤、王陽明等理學家的共識。周敦頤早在《通書·聖學》中說過：作聖的關鍵是「無欲也，無欲則靜虛、動直，靜虛則明，明則通；動直則公，公則溥。明通公溥，庶矣乎！」王陽明論及聖人時，也說：「聖人之所以爲聖，只是其心純乎天理而無人欲之雜，猶精金之所以爲精，但以其成色足而無銅鉛之雜也。人到純乎天理方是聖，金到足色方是精」❺。

人總是有情欲的動物，所以要達到「純乎天理而無人欲之雜」的聖人境界，並不是一件容易的事。而是要在不斷地革除「人欲」過程中逐步實現的。什麼是「天理」？王廷相如同程朱

---

❸　同❸。

❹　《愼言·見聞篇》。

❺　《傳習錄》上篇。

一樣，認爲天理是指仁義禮智等封建道德。什麼是「人欲」？王
廷相認爲：「欲多塗；好功、好名、好文章、好安逸、好諸非性
分者皆是也，不直好富貴耳」⑯。「人欲」是指與「天理」相違
背的私欲，卽人過分地追求富貴、功名、安逸等「非性分者」而
言。

　　那麼「天理」和「人欲」的關係是什麼呢？如前所述，王廷
相認爲「心」有兩重性：一是就其情欲之發而言，稱之爲「人
心」（卽「人欲」）；一是就其道德之發而言，稱之爲「道心」
（卽「天理」）。天理和人欲雖共存於一心之中，但兩者不能「並
存而不害」，是互不相容的。他反復地指出：

　　　利欲昏智，敗義，喪仁⑰。
　　　學至於成心，則習識堅固，吝其舊學而不舍，雖賢者猶不
　　　能辯其惑，而況愚不肖之无識乎？故習識害道⑱。
　　　君子平生惟義是集，則於天下之事固无不敢爲者矣。然亦
　　　有懾於禍患，惜其生命，而自私之心勝於義者⑲。

這說明，「天理」和「人欲」是互相對立的：其一，人欲昏天
理，習識害道義。這和王陽明說的「其心本無昧也，而欲爲之
蔽，習爲之害」⑳，是一個意思。其二，或天理戰勝人欲，或人

------

⑯　同❹。
⑰　《愼言・小宗篇》。
⑱　《愼言・君子篇》。
⑲　《王氏家藏集》卷37，＜答孟望之論愼言＞。
⑳　《王文成公全書》卷7，＜別黃宗賢歸天台序＞。

欲戰勝天理，無中立共存之理。這和朱熹說的「人之一心，天理存，則人欲亡；人欲勝，則天理滅」**㉑**，也是一個意思。

既然「天理」和「人欲」相互對立，那麼也就存在着善惡轉化的兩種可能性。如果以「天理」戰勝「人欲」，則善日長，而成爲君子；如果以「人欲」戰勝「天理」，則惡日長，而成爲小人。所以，王廷相進一步從君子和小人的對立中來論證「天理」和「人欲」的對立。他說：

> 君子尊德性，故得喪重乎內，重乎內，則善日長；小人恣情欲，故得喪重乎外，重乎外，則惡日長**㉒**。
>
> 君子惟義是嗜，故守道而不渝；存心仁恕，故與物而不害；不與人私競，有所競者，公家之事耳，非求利己焉，故一不得意於人，則奉身而退，而小人乃得志矣。小人惟利是嗜，故犯義而不恥；存心妬忌，故隱忍以害物；好爲諂媚，以取悅於上，故有不得於人，則合黨以交詬，而君子遂受屈矣**㉓**。
>
> 夫恬靜者，君子之流也；奔競者，小人之類也。奔競者進，則恬靜者必退。由是以小人引小人，而朝寧（音住，人君視朝所立之處）之上无君子矣**㉔**。

王廷相認爲，「天理」和「人欲」的對立還表現在古今士大

㉑ 《朱子語類》卷13。

㉒ 同**⑱**。

㉓ 同**④**。

㉔ 《浚川奏議集》卷9，〈天變自陳疏〉。

夫的不同道德水平上。在他看來，古之士大夫素有所養，順其天
理，使天理戰勝人欲，成爲達觀之士；今之士大夫徇其私欲，成
爲奔競之小人。所以，王廷相從古今對比中，揭示天理和人欲的
對立。他說：

> 大抵吾人，此身之外，皆是長物。古達觀之士，不治生，
> 不華身，不勞己以奉妻子。故一飲食衣服之餘，視之若浮
> 烟耳。然非通窮達、齊生死而爲一塗者，決不能此。今四
> 海之內，謂之名公大人，不貪富貴而慕權勢者，吾寥寥未
> 之睹，安望後生之士見古高士之風也哉❷！
> 古之士大夫以公朝爲心，故主於益國，而不以勝其職爲
> 務。今之人各競其所職，爭之道也。惟賢者能推心於國，
> 有裨大猷，舍己從人，自勝之私不留焉❷。

從上述各種對比中，王廷相深刻地認識到：「貪欲者，衆惡之
本；寡欲者，衆善之基」❷。所以，他和程、朱、陸、王一樣，
認爲欲達到聖人之境界，必須進行「存天理，去人欲」❷的道德

❷　《王氏家藏集》卷27，〈答楊舉人愷〉。

❷　同❹。

❷　同⓮。

❷　程頤曰：「人心私欲故危殆，道心天理故精微。滅私欲則天理明
　　矣。」(《河南程氏遺書》卷24)。朱熹曰：「聖賢千言萬語，只是教
　　人明天理，滅人欲。」(《朱子語類》卷12)「學者須是革盡人欲，復
　　盡天理。」(《朱子語類》卷13)。陸九淵曰：「欲之多，則心之存
　　者必寡；欲之寡，則心之存者必多。……欲去則心自存矣。」(〈養
　　心莫善於寡欲〉)。王陽明曰：「學者學聖人，不過是去人欲而存
　　天理耳。」(《傳習錄》上篇)。

修養。他形象地說：

> 人心如匱，虛則容，實則否。道義者，心之天理也，知之
> 必踐之，以為寶而匱之；戾乎道義者，心之私欲也，知之
> 且禁之，以為沙礫而棄之。匱之未盈，猶足容也，故私欲
> 之感，或可以乘隙而入；至於天理充滿，無少虧欠，匱盈
> 而無隙可乘矣，夫安能容？故學者當蓄德以實其心❷❾。

這就是說，只有不斷地「革盡人欲」，才能逐步地達到「聖人」
的境界。「無欲」是「作聖」的根本途徑。

　　在「天理」和「人欲」上，王廷相把「天理」和「人欲」對
立起來，未能擺脫宋明理學家的說教，所以受到清初陳確、王夫
之、戴震等人的批評是理所當然的。明清之際的進步學者，多持
「理存於欲」說，反對宋明理學家的「存理去欲」說。這是兩種
根本對立的觀點。

三、內外交養，德性乃成

　　如果在理想人格和道德教育方面，王廷相同道學家沒有多大
區別的話，那麼在道德修養上則存在着重要分歧。

　　如何才能通過「存天理，去人欲」的道德教育達到「無欲」
的聖人境界呢？這需要做一番道德修養的工夫。這個工夫，周敦
頤叫做「主靜」，程朱叫做「主敬」，而王廷相則叫做「動靜交

---

❷❾ 《慎言‧潛心篇》。

養」，這是王廷相道德學說中最有價值的部分。

「動靜交養」的工夫，是以性「合內外而一」為前提的。宋明道學家繼承了儒家的「人生而靜，天之性也；感於物而動，性之欲也」❸⓪的傳統觀點，提倡「性靜欲動」的學說。王廷相針對這一觀點，指出「此非聖人語。靜屬天性，動亦天性，但常人之性動以物者多，不能盡皆天耳。今曰動乃性之欲，然則聖人之動亦皆欲而非天邪？此論似為偏頗」。他進一步批評說：

> 性者，合內外而一之道也。動以天理者，靜必有理以主之；動以人欲者，靜必有欲以基之。靜為天性，而動卽逐於人欲，是內外心迹不相合一矣，天下豈有是理！聖人德性養成，无欲无為，至虛至一，靜亦以天，動亦以天，物來應之而已，夫何有欲以將還於外❸①？
> 靜，生之質也，非動弗靈；動，生之德也，非靜弗養❸②。
> 靜，寂而未感也；動，感而遂通也，皆性之體也❸③。

人性本體包含有動靜兩方面：「寂而未感」之時卽靜，「感而遂通」之時卽動。所以，「動以天理者，靜必有理以主之；動以人欲者，靜必有欲以基之」。靜「非動弗靈」，動「非靜弗養」。動與靜，都是人之天性，「是合內外而一之道」。如果把靜說成天性，把動說成人欲，「是內外心跡不相合一矣，天下豈有是理！」

---

❸⓪　《禮記・樂記》。

❸①　同❹。

❸②　同⓮。

❸③　同❹。

正因爲性是「合內外而一」、「合動靜而一」，所以在修養方法上，王廷相以他的「知行兼舉」的認識論爲指導，提出了「動靜交養」的學說。他說：

> 存養在未有思慮之前，省察在事機方萌之際。《大學》心有所忿憶，有所好樂，有所恐懼，有所憂患，則皆不得其正，是敎人靜而存養之功也。能如是，則中虛而一物不存，可以立廓然大公之體矣。《論語》非禮勿視，非禮勿聽，非禮勿言，非禮勿動，以克去己私，是敎人動而省察之功也。能如是，則己克而一私不行，可以妙物來順應之用矣。聖人養心愼動之學莫大於此，學者當並體而躬行之，則聖人體用一源之域，可以循造矣❸❹。
> 夫何以爲存養？曰：心未涉於事也，虛而无物，明而有覺，恐恐焉若或汩之也。夫何以謂省察？曰：事幾方萌於念也，義則行之，不義則否，履冰其愼也，恐一念不義，蹈於小人之途也❸❺。

這就是說，在王廷相看來，所謂「靜」，是指「靜而存養之功」，認爲凡是不利於封建統治的「不義之念」，最好是「存養在未有思慮之前」。先以義理養其心，使心「虛而無物，明而有覺」，「志於道，據於德，依於仁」是也。誠能如是，「則中虛而一物不存」，卽「可以立廓然大公之體矣」。所謂「動」，是指「動

---

❸❹　同❹。
❸❺　同❷❾。

而省察之功」，認為凡是不義之言行，最好是「省察在事機方蒙
之際」。「以禮樂養其體，聲音養耳，彩色養目，舞蹈養血脈，
威儀養動作是也」。使人「克去己私」，「非禮勿視，非禮勿
聽，非禮勿言，非禮勿動」。誠能如是，則「己克而一私不行，
可以妙物來順應之用矣」。學者只有把「靜」（存養）和「動」
（省察）兩種修養方法「並體而躬行之」，才可以逐步達到「動
合天則」，「與道為一」的「無欲」的聖人境界。這就是王廷相
所說的「動靜交養」的工夫。

　　依據「動靜交養」的原則，王廷相集中地批評了宋明道學家
的「主靜」說。「主靜」說的首倡者，是宋代的周敦頤。他主張
「聖人定之以中正仁義，而主靜（自注：無欲故靜）」❸。明代
陳獻章亦力倡此說，認為「為學之要，在乎主靜」❸。王廷相針
對「主靜」說，指出：

　　第一，他並不是一般地反對「主靜」，只是反對片面「主
靜」而不「慎動」的觀點。主張「主靜當察於事會」，當於「義
理、德性、人事，著實處養之」。他說：

　　　周子倡為「主靜立人極」之說，誤矣。夫動靜交養，厥道
　　乃成，主於靜則道涉一偏，有陰無陽，有養無施，何人極
　　之能立？緣此，後學小生專務靜坐理會，流於禪氏而不自
　　知，皆先生啟之也。嗟嗟！立言者，可不慎乎哉❸！
　　　動靜交相養，至道也。今之學者，篤守主靜之說，通不用

---

❸　《太極圖說》。

❸　《明儒學案・白沙學案》。

❸　同❹。

察於事會，偏矣。故僕以動而求靈為言，實以救其偏之弊也。非謂主靜為枯寂無覺者耳❸。

儒者以虛靜清沖養心，此固不可無者，若不於義理、德性、人事，著實處養之，亦徒然無益於學矣。故清心靜坐不足以至道，言不以實養也❹。

世之人知求養而不知求靈，致虛守靜，離物以培其根，而不知察於事會；是故淡而無味，靜而愈寂，出恍入惚，無據無門，於道奚存乎❹？

以上所引幾段文字，都說明王廷相反對「致虛守靜」和「清心靜坐」，而主張「實養」，即「察於事會」，「以動而求靈」，否則會流於禪氏而不知。

第二，王廷相從「動靜交養」原則出發，指出周敦頤等人倡導的「主靜」說，實際上是一種「禪靜空虛」之說。他指出：

聖人養靜以虛，故中心無物；聖人慎動以直，故順理而應，此皆性學之不得已者。後儒獨言主靜以立本，而略於慎動，遂使孔子克己復禮之學不行，而後生小子以靜為性真，動為性妄，流於禪靜空虛而不自知，悲哉❹！

動靜者，合內外而一之道也。心未有寂而不感者，理未有感而不應者。故靜為本體而動為發用。理之分備而心之妙

❸　同⑲。
❹　同❹。
❹　同⓮。
❹　同❹。

全，皆神化之不得已也。聖人至靜，先其本體養之云爾。
「感而遂通」，「左右逢原」，則靜為有用，非固惡夫動
也。世俗以動為客感而惟重乎靜，是靜是而動非，靜為我
真而動為客假，以內外為二，近佛氏之禪以厭外矣❹。

張載由於受到佛教和周敦頤的影響，雖然主張「虛心」與「重
禮」相結合的修養方法，但有時亦傾向於「主靜」說。所以，王
廷相對他也提出了批評，他說：

橫渠謂「心寧靜於此，一向定疊，目前縱有何事，亦不恤
也」，此似欠會通。心固貴靜定，目前之事有不得不動而
應者，雖細小之感，亦當起而應之，所謂常靜、常應是
也。《易》曰「無思也，無為也，感而遂通天下之故」，
豈有事至目前而不恤者耶？若然，類禪定而無應矣，於
道也奚益❹？

程朱已經覺察到主靜說「流於禪靜空虛」的弊病，指出「此語有
病。守靜之說，近於佛、老，吾聖人卻無此說」❹。所以他們提
倡「主敬」❹。實際上，這也是一種脫離實際的「近禪氏之虛

---

❹　同❹。

❹　同❹。

❹　《朱子語類》卷60。

❹　程頤認為「存天理，去人欲」的秘訣，存於「涵養須用敬」。(《河南
程氏遺書》卷18)。「敬則自然敬，不可將靜來喚作敬。」(《朱子
語類》卷96)。所謂「敬」，「主一之謂」也；所謂一，「無適之
謂」也(《河南程氏遺書》卷15)。「若事至前，而自家卻要主

靜」的修養方法。王廷相批評說：

> 學者始而用功，必須主敬存誠，以持其志，而後有進；久
> 而純熟，動靜與道為一，則誠敬不待養而自存，志亦不待
> 於持而自定矣。程子論持志曰：「只此便是私」，此言亦
> 過高，或恐非先生之言。儒者遂以主敬存誠以持其志為有
> 意，而貶修治之學，殊失「上學下達」之義，近禪氏之虛
> 靜矣❹。

不管是周敦頤的「主靜」說，還是程朱的「主敬」說，他們的最
根本的缺陷，就是沒有和實際相聯繫，只是「閉門思過」的修養
方法。王廷相的「動靜交養」說，強調道德要在「察於事會」
中，要在「著實處養之」，反對道德脫離實際的修養方法，這在
理論上是有價值的。

　　在道德修養上，王廷相雖然在某些方面批評了張載、朱熹，
其實，他也從張載、朱熹思想中吸取了不少有價值的東西。張載
論及「變化氣質」時，指出：「修持之道，既須虛心，又須得
禮，內外發明，此內外之道也」❹。朱熹論及「居敬窮理」時，
也講「內外交相養之道」。他說：「主一似持其志，閑邪似無暴
其氣。閑邪只是要邪氣不得入。 主一則守之於內 ， 二者不可有

（續）靜，頑然不應，便是心都死了。無事時，敬在裏面；有事時，敬在
　　　事上；有事無事，吾之敬未嘗間斷也。」（《朱子語類》卷12）。
　　　意謂不管有事無事，時時刻刻都要把注意力集中到遵守封建倫理上
　　　去，不可有一絲一毫的背離。
❹　同❹。
❹　《經學理窟・氣質》。

偏，此內外交相養之道也」❹。又說：「以義制事，以禮制心，此是內外交相養法」❺。不難看出，王廷相在吸收張載、朱熹的合理思想的同時，也批評了他們的不徹底性。

王廷相的「動靜交養」說，是從周敦頤的「主靜」說到王夫之、顏元的「主動」說的重要過渡環節。基於「主靜」說之弊，王廷相提出「動靜交養」說，強調「愼動」在道德修養中的重要作用。明淸之際，隨着反理學思潮的發展，王夫之、顏元在王廷相的思想基礎上，大力提倡「主動」說。王夫之把他的「動靜皆動」的方法論運用於道德修養學說，十分強調「動」的重要性。他說：「與其專言靜也，無寧言動。……性效於情，情效於才。情才之效，皆效以動也」❺。又說：「動者，道之樞，德之牖也」❺。顏元認爲「養身莫善於習動」，指出「宋元諸儒者皆習靜，今日正可言習動」，「吾儒時習力行，皆所以治心」❺，強調「古人爲學，全從眞踐履眞涵養做工夫」❺。可以說，如果沒有王廷相的「動靜交養」說的啓廸，王夫之、顏元是不可能提出「主動」說的，他的歷史功績是應當加以肯定的。

❹　《朱子語類》卷96。

❺　《朱子語類》卷78。

❺　《詩廣傳》卷1。

❺　《周易外傳》卷6。

❺　《習齋先生言行錄》。

❺　《四書正誤》。

第十一章 「藏富於民」論

「明道而不切於政，則空寂而無實用」❶。根據儒家的「內聖外王」的原則，王廷相認爲明道的目的全在於實政。王廷相的實政論，主要包括「藏富於民」論和「經國濟世」論兩部分。

「民窮盜起而國事日非」❷，是王廷相對明代中葉以後社會的一個基本認識。他認爲要防止「盜起」，要富國強兵，就必須「藏富於民」。而要「藏富於民」，就必須首先提倡「抑豪、稽籍、正租之法」，「重農本」，「勸耕桑」，以發展生產；其次要「輕徭薄賦」、「崇儉禁奢」，以節省開支；最後還要做好「荒政」工作。「藏富於民」論，是王廷相的經濟思想的核心。

一、重農本，勸農桑

欲要富民，必須「重農本」，「勸耕桑」。這是封建社會的經濟基石。

明朝初年，由於封建統治者在經濟上採取了一些進步措施，諸如移民墾荒，輕徭薄賦等，曾一度出現了「勸農務墾闢，土無

---

❶ 《王氏家藏集》卷22，＜石龍集序＞。
❷ 《浚川奏議集》卷9，＜天變自陳疏＞。

萊燕，人敦本業」，「宇內富庶，賦入盈羨，米粟自輸京師數百
萬擔外，府縣倉廩蓄積甚豐，至紅腐不可食」❸的繁榮景象。但
是，明中葉以後，由於土地兼併和「橫征暴斂」，農民「一困於
賦，再困於役」，造成了流民日增，「田卒汙萊」，「海內困
敝」❹的貧窮局面。這同明初的「百姓充實，府藏衍溢」的情
景，形成了鮮明的對比。當時有的州縣「千里一空，良民逃避，
田野拋荒，租稅無征」。貧苦農民「往往車載幼子，男女率扶，
瞽疾老羸採野菜，煮榆樹皮而食，百十為羣，沿途住宿」。農民
的極度貧困和大規模流亡，必然導致農民暴動。所以，王廷相把
「田野蕪以不治，民流而稅逋」❺，作為當時「可畏之憂」的重
要社會問題。在這種情況下，王廷相作為進步勢力的代表人物，
提出了「重農本」、「勸耕桑」的主張，十分關心和重視農業生
產的發展。他說：

> 君子惠民之政五，而立政之本則存乎農。制禮樂者數教，
> 嚴法令者明刑，比十伍者治兵，羣勤力者課工，勸耕桑者
> 督農。使農事不修，則稼穡滅裂；稼穡滅裂，則芻粟減
> 輸；芻粟減輸，則廩庾虛耗。由之，子弟寡賴而教不率
> 矣，詭僞日滋而刑罰濫矣，饋餉弗給而兵戎不振矣；貿易
> 不通而農末失資矣。故曰惠民之政五，而立政之本則存乎
> 農。是故教農者，有司之實政也❻。

---

❸ 《明史‧食貨志》二。
❹ 《明史‧食貨志》一。
❺ 《王氏家藏集》卷30，〈策問〉十四。

> 農困則庾虛，庾虛則兵疲，茲用可憂矣。善漁者不淺澤，善田者不竭卉，畜其利者深矣。農困，國之大疹也[7]。

王廷相在這裏提出的「惠民之政五，而立政之本則存乎農」的主張，不僅在實踐上對於恢復和發展當時社會經濟十分有益，而且在理論上把「重農本」看作是「敷敎」、「明刑」、「治兵」的物質基礎，包含有可貴的歷史唯物論的思想萌芽，在人類認識社會的長河中，無疑地增添了眞理的顆粒。

為了「勸耕桑」，王廷相在〈刻齊民要術序〉中，十分重視「播植五穀，畜字六擾，區灌蓏蔬，栽樹果實」，以為這些是「訓農裕國之術，君子所以仁育天下者」。不論是聖人「刊耒耜，畫井疆，敎稼穡，開蠶織」，還是後賢敎人「時樹藝，謹牧圉，戒窳惰，抑侈費」，都是聖賢「重農本」的有力措施。極力反對「作無益，崇土木，耗貨財」[8]，以為這是「剝本」的行為。認為只有充分發揮人的主觀能動作用，重視改進農業技術，才能促進農業生產發展。如果惑於「風水說」，而棄置農事，使「農者不論天時耕耨」，「一惟聽於風水」之說，則將會得不到顆粒的收成。

為了發展農業生產，王廷相對物候學非常重視。他在《夏小正集解》中，根據物候學的知識，指出應按照物候學的規律安排農事活動，如：一月，令農「修封疆，審端徑術」，「修耒耜，具田器」，以備春耕；二月，「種早黍」，「采蘩（白蒿）」；

---

❻　《王氏家藏集》卷22，〈刻齊民要術序〉。

❼　《愼言・保傅篇》。

❽　同❼。

三月，采蘱草，以作蘱食。「攝桑」，「妾與子始躬蠶事」，祈之先農，以成麥實；四月，執馬駒，「敎之服車」；五月，「種菽（豆）黍麋」，「頒良馬而養乘之」；六月「麀桃」；七月，「灌荼」；八月，「剝瓜」卽畜瓜之時也，「鹿人從」，卽古山虞掌獸之官從禽也；九月，「樹麥」，卽抓緊種麥，以昆蟲蟄，「火田不禁也」；十一月，「王狩」卽王田冬獵開始；「陳筋革」卽準備弓甲器用，以備冬獵；十二月，設網罟，以入澤捕魚。

為了發展農業生產，王廷相非常重視水利建設。他在總結大禹治水經驗的基礎上，提出了「疏源導委，汜濫自息」的治水規律。在《雅述》下篇中，他具體地分析說：「禹治江、淮、河、漢，皆自西而東，先疏其上源，而後及其下流也。如導河自積石，至於龍門，至華陰，東下砥柱，及孟津、洛汭，至於大邳，北過至於大陸，播為九河，入於海。導漾自蟠冢，東流為漢，又東為滄浪之水，過三澨，至於大別，南入於江。汶山導江，東別為沱，又東至於澧，過九江，至於東陵，東為中江，入於海。導淮自桐柏，東會於泗、沂，入海於。皆自西而東，順其就下之勢」。

為了發展農業生產，王廷相非常重視土壤研究。在《答天問》中，他把土壤分為五類，指出「土色有五：白黑青赤黃；土質有五：壤墳泥埴壚」。根據土質好壞，「別其田之等差；別其田者，定其稅之所宜」，也是頗有見地的。

二、抑豪、稽籍、正租之法

欲要富民，必須合理地解決土地兼併問題。

　　如前所述，明代中期，土地兼併之風十分盛行。伴隨它而來的是國家賦稅減少，財用匱乏，貧富懸殊，社會矛盾尖銳。面對這種現象，在地主階級中，除了頑固派繼續堅持土地兼併外，而改革派則看到兼併土地所造成的財富分配的不均，使大量農民破產流亡，對封建統治形成嚴重威脅。同時，也損害了一部分中小地主的利益。因此，他們提出「復井田」或「限田」之類的辦法，企圖對土地兼併加以限制。在封建社會裏，每當土地兼併嚴重的時候，總有一些儒生喜歡拿出「復井田」作為解決這一頑症的「靈丹妙藥」，如宋代的李覯、張載、林勛、朱熹等人❾。稍早於王廷相的明代理學家胡居仁 (1434-1484)，也主張「井田之法，當以田為母，區畫有定數，以人為子，增減以授之」❿。

　　王廷相畢竟不同於一般腐儒，他是一位腳踏實地的政治家。他沒有陷入「復井田」的幻想，而是從明代實際情況出發，反對「井田之法」，認為這是根本行不通的「迂儒之論」。早在北宋時，蘇洵就針對李覯、張載的「復井田」的主張，曾批評說：「既為井田，又必兼備溝洫」。「九夫為井，井間有溝。……成間有洫，其地百井而方十里。同間有澮，其地萬井，而方百里。百里之間，為澮者一，為洫者百，為溝者萬。……夫間有遂，遂上有徑，十夫有溝，溝上有畛，百夫有洫，洫上有涂，千夫有澮，澮上有道，萬夫有川，川上有路，萬夫之地，蓋三十二里有

❾　詳見《李覯集》卷6 <國用> 四、卷19 <平土書>；張載《經學理窟・周禮》、《性理拾遺》；呂大臨 <橫渠先生行狀>；林勛《本政書》；朱熹 <井田類說>（《朱文公文集》卷68）、《孟子集注》卷5、《朱子語類》等。

❿　《明儒學案・崇仁學案》二。

牛。而其間爲川爲路者一，爲澮爲道者九，爲洫爲涂者百，爲溝爲畛者千，爲遂爲徑者萬。此二者（指井田、溝洫）非塞谿壑，平澗谷，夷五陵，破墳墓，壞廬舍，徙城郭，易疆壠，不可爲也。縱使能盡得平原廣野，而遂規劃於其中，亦當驅天下之人，竭天下之糧。窮數百年而專力於此，不治他事，而後可以塋天下之地盡爲井田，盡爲溝洫，已而又爲民作屋廬於其中，以安其居而後可。吁！亦已迂矣！井田成而民之死其骨已朽矣！」**⓫**南宋葉適從「不得天下之田盡在官，則不可以爲井」，「其爲法琑細煩密，非今天下之所能爲」，今天下君縣吏「率二三歲一代」，甚至「有不能一歲而化去者，是將使誰爲之乎？」「封建旣絕，井田雖在，亦不能獨存矣」等方面，證明「儒者復井田之學可罷」**⓬**。明代丘濬也反對復井田，除了重復蘇洵、葉適的論點外，着重指出土地私有「久已成俗，一旦而驟而革之，難矣」**⓭**。王廷相繼承了蘇洵、葉適、丘濬的思想，進一步分析說：「田不可井者三：山谷之坎壤，不可以方制，雍、冀、梁、益、荆、揚之區，平野之可井者能幾何哉？一也。大河大陸之區，溝澮具而水不瀦，二也。一夫百畝，奪富人之田者多矣，三也。聖人不作無益，順其治而緣人之情，求歸於治而已矣。必言可井者，迂儒之慕古也。勢終不能，徒生擾擾爾」**⓮**。

　　王廷相雖然正確地指出了「井田之法」是「迂儒之慕古」，具有空想的性質，但是由於他的地主階級立場，使他同樣不可能

⓫　《嘉祐集》卷5，＜田制篇＞。

⓬　《水心別集》卷2，＜民事＞下。

⓭　《大學衍義補》卷14，＜制民之產＞。

⓮　《愼言·保傅篇》。

尋找出眞正解決土地兼併問題的途徑和辦法。那麼，到底如何解決當時的土地兼併問題呢？王廷相繼承和發揮了王安石的「方田均稅法」和朱熹的「丈土地、均田稅」的思想，提出了「抑豪、稽籍、正租」的主張。他說：

> 阡陌開而兼併生。抑豪、稽籍、正租之法善也。佔田有限，所以抑也；疆界有書，所以稽也；租稅有常，所以正也。抑則民之業普，稽則田之隱寡，正則貧之食足。官民之利，貧富之願，由之而可均也，不亦善乎哉[15]？

所謂「抑豪」，就是對當時豪門大族的土地兼併進行限制。「佔田有限，所以抑也」。正是在這種「限田」思想的支配下，王廷相極力反對勢豪之家侵占民田。他主張：(一)各地王府及勢豪之家，如果以威勢「強占田地」，「情重者，除眞犯死罪外，其餘俱問發邊衞充軍」[16]；(二)凡是沒收罪犯之莊田地土，「不許變賣，給與附近本里無田貧民承種，辦納稅糧」，決不允許「中間有等官豪勢要之家，及素有行止，久占衙門狡猾之徒，乘機用倖，交通原委官員，欺瞞上司，矇矓承領占種，以致無田貧民，不蒙恩澤，虛受實惠」[17]；（三）「山林、川澤、丘陵、海斥之利，則皆與民共之而不私」[18]，反對豪族勢要之家霸占山林湖海之田。

---

[15]　《愼言・保傅篇》。
[16]　《浚川內臺集》卷3，〈覆奏語略〉。
[17]　《浚川公移集》卷1，〈案驗錄・爲侍奉事〉。
[18]　《王氏家藏集》卷29，〈與開封趙二守書〉。

所謂「稽籍」，就是稽查土地籍簿，以查出勢要富豪之家隱瞞的田地。「抑豪、稽籍、正租」的主張，是王廷相於嘉靖六年在《愼言》中提出的。嘉靖八年霍韜奉命修《會典》時說：「自洪武迄弘治百四十年，天下額田已減強半。而湖南、河南、廣東失額尤多。非撥給於王府，則欺隱於猾民。……司國計者，可不究心？」當時，「桂萼、郭宏化、唐龍、簡霄先後疏請覈實田畝，而顧鼎臣請履田丈量。丈量之議由此起」❶❾。可見針對猾民欺隱田畝，提出「稽籍」主張，是一個進步的社會主張。王廷相揭露說：

> 大小衙門，有等勢要富豪，無知之徒，賣囑監造官吏，里書人等，欺瞞正官，任情作弊，故將買到他人田糧，不行推收過割，以致貧民地去糧存；及有平素侵占逃移貧民田地，不行首官改正，俱各乘機混造，妄為已業，遺下錢糧，通同欺隱，因循年久，版籍脫漏，無憑查徵；及至原逃人民復業田地，被其隱占錢糧，屈受包賠；及有軍匠戶籍，因其攢轄里分，却乃乘機造入別里之中，或改戶頭，或改戶丁，或改戶籍，以為後來無憑清查張本；又有假作消乏，分出正格❷⓪，收入畸零戶❷①內，年復一年，遂稱逃絕，田糧俱無下落，致使里甲包納❷②。

---

❶❾　《明會要・食貨一》。

❷⓪　正格，亦叫正圖。明朝規定，凡十歲以上的男子，或有田地財戶的僧道，或久居他鄉已有產業的人戶，都要編入正式圖册之內。

❷①　畸零戶，明朝規定，只有十歲以下的兒童，或無田地財戶或年老的僧道，才准編入圖册內的管帶畸零戶。

❷②　《浚川公移集》卷1，〈為禁革攢造黃册積弊等事〉。

王廷相針對上述「版籍不正」的現象，規定：(一)不許勢要豪富之家「將田糧收入畸零戶內」，以隱瞞田畝和逃避稅收；(二)不許勢豪大戶、里書吏役之家，將自己田糧，假作逃絕，賣求官吏，洒入各里之中；(三)逃絕人口田地，「例應貧難無力及久居豪民，頂補承種，供辦糧差」。不許「富者得以濫頂，而貧者不容干預」，以致「富者愈富，貧者益貧」。

　　所謂「正租」，就是糾正「勢豪利兜攬，經年不上納」[23]的不公平現象。王廷相以四川為例，對當時「田稅不均」的現象，揭露說：在交納賦稅上，「下戶細民，無所恃賴，畏官守法，恒先輸納。惟此豪猾，或依其勢力，或恃其族大，或巧於浸潤，或肆於挾制，往往得計，而逋稅之風成矣」。所以，欲「督逋稅，稽收納」，「當先治其豪猾大姓」。「今當舉此大家，嚴以法令，諭以禍福，責以義分，以為諸民倡，將見豺狼既伏，而狐狸自懾矣」[24]。

　　王廷相企圖通過「抑豪、稽籍、正租」的辦法，來解決當時的土地兼併和分配不均問題，達到「農之業普」、「田之隱寡」、「貧之食足」的目的。這一主張，雖然含有抑制豪族勢衆，反對豪族土地兼併、侵隱田畝和不納租賦的進步意義，但是在不觸動封建土地所有制的前提下，至多只能夠對當時土地兼併的加劇起到某種暫時緩和作用，並不能從根本上解決封建社會的土地問題。這種主張，不過是地主階級改革派用來調整地主階級內部土地關係，緩和階級矛盾，維護整個封建統治的主觀願望的反映，並不具有近代啟蒙的意義。

[23]　《浚川奏議集》卷4，〈閱視陝西延寧邊防題本〉。
[24]　《王氏家藏集》卷26，〈呈盛都憲撫蜀七事・儲餉〉。

三、輕徭薄賦

「寬賦稅，輕徭役」，是王廷相「藏富於民」論的重要內容之一。

王廷相作爲地主階級改革派的代表人物，在「事簡」與「事繁」、「賦輕」與「賦重」的對此中；清醒地認識「繁役」、「重賦」是國家危亂的重要原因。他說：

> 治安之國，其事簡，其賦輕，其政平，其氣和，其民樂，災異足以警寇賊，奸宄無釁以起，夷狄仰其治而順化，而祥瑞不與焉。危亂之國，其事繁，其賦重，其政僻以淫，其氣乖，其民畏以怨，祥瑞適以肆寇賊，奸宄竊發，夷狄乘其敝而擾，而災異不與焉[25]。

他還以劉濬伯治理杞縣爲例，具體地分析說：

> 吾杞，河省巨邑也，昔之令於斯者，方且嚴督責之令，刻征賦之期，啓無藝之科，周賓客之需，結權勢之好，其政赫赫，其民焦焦，其用紜紜，其民嗷嗷，蓋要名悅上之爲務，其勢必至於此也。在上者雖幸而嘉與之，而吾民實罔甘心焉。今劉公之蒞吾民也，務宣德化，致樂利，祛奸蠹，拯困殆，寧緩公家之需，而不忍奪民之有，寧稽在己

---

[25] 《慎言·御民篇》。

之政，而不忍傷民之心。蓋其志靜，其行約，其守正故爾。其志靜，故其為政簡，其行約，故其用物儉；其守正，故其援於上寡。較之皎皎務飾者不足，求之惠愛之實則有餘，渾涵敦大之下，而民已陰被其福澤矣。其受上之知遇也不亦宜哉❷❻！

他還從歷史事實的對比中進行論證說：

三皇之民靜以樂，五帝之民安以逸，上無欲而事簡也。三王之民勤而不失其所，事雖煩而聖人之政仁也。春秋、戰國之民苦而不適其生，王政衰而兵賦酷也。漢、唐、宋之民勞而不倦，武帝、南宋近戰國矣。高、孝應兵，不得已也；武帝窮兵四夷，何為也哉？是故事簡，則用夫民者寡；不得已而後用兵，則民之樂生也多。聖人仁天下之政，斯二端而已矣❷❼。

漢文帝未嘗理財也，而京師之錢累巨萬，太倉之粟陳陳相因。後世入粟補官，入貲除罪，算及緡錢，舟車鹽鐵，如弘羊、孔僅之徒，非不能興利也，卒不補海內之虛耗。唐太宗未嘗言利也，而貞觀之初，天下殷富，斗米三錢。後世兩稅間架和糴括苗，鑄錢借商，如楊炎、趙贊之流，非不聚斂也，太倉所積，卒無十日之供。此其故何耶？豈後世多事，而財用故不足耶❷❽？

---

❷❻　《王氏家藏集》卷22，〈送杷令劉濬伯序〉。

❷❼　同❼。

❷❽　《王氏家藏集》卷30，〈策問〉七。

在王廷相看來，「事簡」、「賦輕」是古之「仁政」。這樣，才能「風俗淳而禍亂不作矣」。反之，則是「危亂之道」。

王廷相在反復對比中，進一步深刻地認識到「役繁」、「賦重」是當時「民窮盜起」的主要原因之一。他多次地指出：

> 侵漁之政，不惜夫財盡而民窮；貪濫之官，罔知夫本傷而末萃；牧羊之子，幸分狼虎之餘；羅省之夫，不數鷹鸇之獲。加之征賦頻繁，力役困憊，……以致軍民流亡，盜賊蜂起[29]。

> 邇者，朝廷復譴重臣迎佛西夷，其調發之費，動數十萬。撫臣茫然如失，守臣束手無措，而庫藏空虛，民力困竭，將如之何哉？然財賦非天雨而鬼輸也，必取之於民。今民窮不可取矣。不可取而強取之，必致有意外之患[30]。

> 嘗觀民之為盜，有侵漁迫於外，饑寒切於身，勢不得已而為之者[31]。

> 夫盜之起，多以仍歲凶荒，賦斂橫出，徭役頻興，故聚而為盜[32]。

> 人君侈費無度，常賦不充，必至加斂暴徵，則民之蓄積耗而生計微，生計微則家貧無所戀愛矣。以無所戀愛之心，加之以貪官狡吏摧楚，其不舍其邑里耕桑而去者幾希矣！去則流離失業，困極為盜，勢所必至，此黃巾、紅巾之患

---

[29] 《浚川公移集》卷3，〈巡按陝西告示條約〉。

[30] 《王氏家藏集》卷30，〈策問〉二十四。

[31] 《王氏家藏集》卷26，〈上巡撫公治盜議〉。

[32] 《浚川奏議集》卷8，〈再擬憲綱未盡事宜疏〉。

所由起也❸。

基於上述認識，王廷相站在維護封建統治的立場上，提出了「寬賦稅，輕徭役」的主張。

賦稅是地主階級維持龐大國家機器和軍隊的財政來源。所有的地主階級代表人物，根據「有田有租、古今通議」❸的原則，都主張對農民徵收賦稅。「財賦之制，有國所不容已者」❸。但是，王廷相作為改革派的代表人物，卻極力反對對農民的「重賦」掠奪，主張「寬賦稅」。所謂「寬賦稅」，至少有以下四層含義：

（一）反對在「常賦」之外，「加斂暴徵」，即反對「假以公用而科斂任情，指稱修理而罰金無度」❸。王廷相以陝西為例指出：陝西各地衙門，「或於本管上司，或於經過使客，或假公以營私，或任情以求利，或討土宜，或賣貨物，或名倒金，或為取礦，或指取兵快防護，或指取皂隸跟隨，或指取車輛，或指取馬匹，假揑公文，實皆私票。差去人員，復如狼虎。由是，逼於威勢，變其操持，凡有行求，為便承奉，大科小斂，靡所不為，腳價輕賚，隨取而足。豈有司之家財，實斯民之膏血。以致流亡有日，控訴無門。私弊寒心，怨聲滿耳」❸。因此，王廷相提出「罷橫斂」的主張，規定凡是大小官吏「貪濫不法」、「科斂害衆」者，「定行拿問參究，重治不恕」❸。如巡按胡文舉、定遼

❸　《雅述》上篇。
❸　同❸。
❸　同❸。
❸　《浚川奏議集》卷8，＜遵憲綱考察御史疏＞。
❸　《浚川公移集》卷1，＜為禁革有司科斂事＞。
❸　《浚川公移集》卷3，＜巡按陝西告示條約＞。

右衞指揮使王詔指稱索財千兩以上。王廷相參奏朝廷，將胡文舉革職，「發回原籍爲民」❸❾。

王廷相在從政的過程中，一方面自己積極推行「薄賦稅」的經濟政策，如「治亳及贛楡，二地之民迫於徵求也，徙逃他所，籍十去五。余至而懷集之，損其戶數，寬其租賦，優其苑倪，節其供億，期季而民復其業過半，廢田畫墾，公私裕如」❹⓪。另一方面，他對推行「寬賦稅」政策的「良牧」給以肯定和讚揚。如山東布政使司參議陳溥「差榷臨淸舟稅。時寇掠之餘，商船甚少，稅鈔不逮常額。或勸加稅取盈，公曰：『茲其仁者之心哉！剝商以成官，吾不忍爲也』。竟以少稅報」。王廷相稱讚他是一位具有「仁德」品格的淸官❹①。

(二)反對「賄賂公行」。明代中葉，權奸秉政，貪污賄賂之風大行。正如王廷相所深刻揭露的：「巡按御史所帶書吏，依籍聲勢，濫受贓私，御史多不能禁。蓋巡按事權旣重，有事之人百計貪緣，賄通書吏，或抄摘狀詞，或說按字樣或沉匿案卷，或稟行牌面，或透漏消息，無所不至」❹②。各地大小官員，「或請謁行而枉人之直」，「或賄賂通而害人之正」者，比比皆是。因此，王廷相規定，今後大小官員如再「貪縱不檢」、「賄賂公行」、「重者卽爲退黜，輕者注以不謹，決不情貸」❹③。只有杜塞「貪

---

❸❾　《浚川內臺集》卷３，＜爲違法事＞。

❹⓪　許宗魯：《少華山人文集》卷３，＜送浚川王先生序＞引。

❹①　《內臺集》卷６，＜明故朝議大夫山東布政使司參議陳公墓志銘＞。

❹②　同❸②。

❹③　同❷❾。

污」、「賄賂」之風，才能從根本上達到「寬賦稅」的目的。

　　(三)「寓兵於農」，以省賦稅。在封建國家裏，兵賦是一預
巨大的財政開支。王廷相從人口日增與財貨有限的矛盾中，已經
認識到「今之民，生齒繁矣，財貨微矣，田有限而用日廣矣。久
而無度，兵農俱敝之道也」**④**。所以，他主張「寓兵於農」。所
謂「寓兵於農」，即在一年內，「農忙之時，聽民耕種；農隙之
際，嚴督操練，有事徵守，無軍給餉」。「寇至則農皆兵，寇退
則兵皆農，此即古昔寓兵於農之意也」**⑤**。這樣，既有足兵之
用，又無軍餉之給。改「兵農之分」為「兵農合一」，是減省賦
稅的重要措施之一。

　　(四)荒歉地方，減免賦稅。根據這個原則，他在〈與杭方伯
論移料價書〉中，主張對連年遭受災荒的儀封「停免賦糧」。他
說：儀封「比歲河流行田地中，稍息泛濫，時而秋水蕩汨，兩涯
崩塌，壞民田廬，不可勝計，……加以連年蝗旱，人不充食，今
夏二麥，收不及種，嗷嗷待哺，勢將流移，其困殆可知也」**⑥**。
根據「藏富於民」的原則，對於明初永不起科之田，他主張不再
「令民起科」。儀封從永樂以來，十之四五田地「不登稅籍」，
如果現在代之以稅，勢必「涉於擾攘驚駭之塗也」**⑦**。

　　在王廷相看來，徭役如同賦稅一樣，也是「不得已之政」。
但是，他主張「薄徭役」。所謂「薄徭役」，主要有三方面內
容：一曰「輕徭」，二曰「均徭」，三曰「杜私役」。

---

　　④　《王氏家藏集》卷22，〈送少司徒黃公提督太倉序〉。
　　⑤　《浚川公移集》卷2，〈優恤民壯〉。
　　⑥　《王氏家藏集》卷29，〈與杭方伯論移科價書〉。
　　⑦　同**⑱**。

　　所謂「輕徭」，即「省繁役以甦民困」之意。他在出按陝西
時，有人提出「修舉廢缺」，王廷相批駁說：「陝西地方連年用
兵，財力俱困，撫寧之勤，恐猶失所，工役一動，民何以堪！若
稱隨時補葺，難免物議沸騰」❹，所以禁止修葺廢缺。他在任湖
廣按察使時，發現江夏縣近年來「差繁累乏，丁亡戶絕」，規定
今後凡新官到任或過往士大夫，「不許令里甲再出長短夫役」，
以甦民困❹。他在兵部左侍郎供職期間，奉命清查騰驤四衞勇
士，提出凡屬「詭冒名籍及不在衞應役、居住各州縣者」，「老
弱不堪及歷年事故者」，應「盡行革退，開除名籍」；規定四衞
勇士定額，「不許額外增添」❺。他在南京任兵部尚書時，針對
南京進貢馬快船只不遵「物有定品，船有定數」的規定，肆意
「綁縛夫役」，「勒討幫銀」，「虛張品物，多置槓櫃，務求船
多，以濟己私」的弊病，規定進貢物品「可省則省，可併則併」，
裁減進貢船隻❺。他在任都察院左都御史時，指出：自正德以
來，「權姦用事，法度更張，羣小橫恣，任意科取，以致差役繁
興」。主張凡「科派無名雜役，濫役橫索，擾害居民者」，許被
害之人「指實呈告，參送法司」，依例治罪。如此，才能「法令
劃一，宿弊劃革，而困民少甦矣」❺。

　　所謂「均徭」，是針對「豪富通財而差役得免」❺的「姦

❹　《浚川駁稿集》下卷，＜爲修舉廢缺事＞。

❹　《浚川公移集》卷 2 ，＜議處江夏縣鋪陳夫役＞。

❺　《浚川奏議集》卷 4 ，＜清查騰驤四衞勇士題本＞。

❺　《浚川奏議集》卷 7 ，＜裁減南京進貢馬快船隻題本＞。

❺　《浚川內臺集》卷 2 ，＜爲乞恩省繁役以甦民困事＞。

❺　同❸。

弊」而提出來的。他曾對「賣富差貧，作弊百端」的現象，進行
過淋漓盡致的揭露。他說：「近來江南富豪，不博乞冒濫以制干
官府，則投靠勢要以炫嚇上下。是以貧困無聊者差利不已，財雄
一郡者坐享安閑。卻將田不百畝，人不三丁者，編爲民壯一名，
十年消乏，方得更換，家道頗過，再當一輩。是不計其勞逸，必
卻便於斯民，盡皆於消乏而後已也。鄉民而安於耕桑，不能親身
赴役，市井無籍，包攬一名，每年得銀十兩；又不安分，爭赴府
縣，謀攬批帖，或摧利，至鄉村需求，是鄉人割肉養虎以待其噬
己也。掌營頭目，一身包當數名，影射窺利，府縣用以跟隨迎
送，每指看庫看監，破調上司禁約以容其身；或有警則累正戶親
行，徒竭民膏，緩急無濟。……每行府州縣，委官重審裁減，蓋
得者皆富實豪雄之輩，而艱難守分者，長年應當」。因此，王廷
相規定：今後各府州縣掌印官員，不分貧富，將民壯分爲兩班，
「以一年計之，正月至六月爲第一班，六月至十二月爲第二班。
每週上班之月，責令各戶精壯親丁，自備鋒利器械，赴官自認，
嚴督操練；至應當滿日，二班赴官，回家耕種」❺。

　　所謂「杜私役」，是針對當時各級官吏「違例占役而耕田採
獵，或賣放買閑而包納月錢」等弊病而提出來的。當時如南京神
宮監太監劉杲，司苑局左監丞鞠貴等人利用職權，私占軍士，受
財賣放的現象，相當普遍（詳見《浚川奏議集》卷5〈參劾神宮
監太監劉杲賣放軍士題本〉、《浚川奏議集》卷6〈參劾南京司
苑局左監丞鞠貴等題本〉）。所以，王廷相規定：今後必須「嚴
督各該掌印官員，仍置立格眼卯簿一扇，時常點閱，不許撥送各

---

❺　同❹。

官私衙與夫鄉宦之家包占役使,及今巡捕官積年總甲人等賣放包
占及營求差遣勾攝公事,科歛害人」⑤。只有這樣,才能眞正達
到「薄徭役」的目的。

四、崇儉禁奢

「崇節儉,禁侈踰」,也是王廷相「藏富於民」的一項重要
措施。

明朝初年,封建統治者還比較「簡省」。據《明史‧食貨
志》載,當時「郡縣供香米、人參、葡萄酒,太祖以爲勞民,卻
之」;明宣宗罷「官買乳牛」,以供「軍屯」等。但從明中葉
後,封建統治者的生活便日益奢侈。明英宗時,僅宮中胭脂白粉
一項,年開支竟達四十萬兩白銀;明武宗營建乾清宮,竟「用銀
至兩千萬兩,役工匠三千餘人,歲支工食米萬三千餘石」;明世
宗營建齋醮,到處伐木探寶,竟用黃白臘三十餘萬斤,「沈香、
降香、海漆諸香至十餘萬斤」,派人搜求「貓兒睛」,「祖母
綠」等稀世珍寶。各地富豪大家和各級官吏也都仿效皇帝,「恃
主私,據尊位,縱欲敗度,不知節止,舞姬歌兒,食前方丈,淫
侈過泰,爲天所忌」⑤。

王廷相清醒地認識到「崇儉禁奢」決不只是一個生活問題,
還是一個重要的政治問題和道德問題。在生活上,如不「崇儉禁
奢」,勢必會給封建統治帶來嚴重危害。(一)在道德上,奢侈無

---

⑤　同⑤。
⑤　《王氏家藏集》卷25,〈王別駕畫像述〉。

度是一種危害極大的社會風俗。他說：「風俗莫善於儉約，莫不善於奢侈。居官者奢侈則必貪，爲士者奢侈則必淫；富者以奢侈而遂貧，貧者以奢侈而爲盜。故風俗之弊，惟奢侈爲甚」❺❼。只有「崇儉禁奢」，才能「質樸寡飾而眞誠之意存」，達到「反樸歸眞」的道德境界。(二)在經濟上，「崇儉禁奢」是民富國強的重要措施之一。他說：「酒醴害穀，羅綺害絲，華臘珍食害味，雕楹刻桷害木，綜之害貨財，耗天下。聖王爲民儲富，必嚴令以禁之」❺❽。他以歷史爲鑒，指出：「北虜生生之資，仰給畜牧，績毛飮湩，以爲衣食。各安土風，狃習勞事，不見紛華異物而遷。故家給人足，戎備完整。歷代以來，雄者便能虎視四方，金太祖、元世祖是也。中國風俗之弊，季運之際，奢侈無度，財用損耗，人情偷惰，民窮盜起，遂至兵事不振。呼！可畏哉！有天下者宜存遠計」❺❾。（三）在政治上，儉必治，奢必亂。他說：「儉自生簡，簡則易治；奢必生僭，僭則易亂。故儉爲禮之本，司國禮者不可不愼」❻⓪。

王廷相還從古今對比中，進一步闡述了「儉治奢亂」的思想。他指出：

> 夫農軒簡用，土毛之稅可足矣；堯、湯有儲，水旱之沴可免矣。其約德之微乎！榷鐵算緡，鬻爵贖禁，后王之耗政也，其侈心之爲乎！斂愈橫而用愈急，國非其國也宜

❺❼　同❸❷。

❺❽　同❼。

❺❾　《雅述》下篇。

❻⓪　同❸❸。

哉⑥！

古昔君臣以節儉率天下，其德樸素，其政簡易，其化清
靜，故當時之人蕩蕩然得以樂其生。今之時，其政繁，其
風移，取諸其民也過度，填膏脂於溝壑也弗所恤，厥情苦
矣，厥財力竭矣，柺柺然喪其樂生之具矣。為政者乃不思
而反之，是謂剝本，其如為國何哉⑥？

三皇草衣木食，人曰：「時也」。王子曰：「聖人儉以順
俗也」。堯、舜茅茨土階，人曰：「時也」。王子曰：
「聖人儉不務飾也。此天下之大樂也；今之時，政繁矣，
風侈矣，民勞矣，財困矣，生促矣，天下之大災也。上之
人如不思而反之，其胥溺之道乎！舍是而欲有為，其為治
也亦外矣」⑥。

由此可見，「崇儉禁奢」不只是道德問題，也是涉及到社會貧富
和國家安危的重大政治問題。 因此，王廷相從維護封建統治出
發，提出了「崇節儉，禁侈踰」的主張。

如何「崇儉禁奢」呢？王廷相認為：

第一，君臣躬行節儉，以身感化天下。王廷相根據孔子所說
的「其身正，不令而行；其身不正，雖令不從」⑥的思想，認為
欲變「奢侈」為「節儉」，首先要從聖君做起。在王廷相看來，
「甲令在而民不知禁者，由上之自慢始也。故聖王躬行節儉而近

---

⑥　同⑰。

⑥　《王氏家藏集》卷23，＜送少司空林公序＞。

⑥　同㉕。

⑥　《論語・子路篇》。

習化，近習化而近臣化，近臣化而天下不化者，未之有也」❻。
如果只是強調法禁，而不提倡以身作則，以德化人，是禁不住
的。因此，王廷相主張聖君應「以節儉率天下」，規定國家「賓
客、喪祭、衣服、飲膳，有常用，弗益也。百官之祿，戎賦之
輸，有常制，弗變也。不以非道施惠也，不以蔑功行賞也，不以
無名興役也，不以黷武動衆也」❻。這樣，天下之人自然「化於
儉素而樂於簡靜」，達到天下大治的目的。王廷相特別強調巡按
御史的表率作用，他規定今後巡按御史，務要躬行儉約，以身率
下。「日廩五升之外，秋豪毋得取費於有司；一菜一魚，必以廩
米照依時值易之」；不乘四轎而乘驛馬，不乘座船而乘站船；除
自巡捕官、護印、皂隸、清道之外，不許多帶人馬隨行，不許多
用導從。這樣，才能「令行司府州縣官吏軍民人等，悉從儉約：
凡飲食、宴會、服飾、車馬、婚姻、喪祭等項，俱有品節限制，
不得過爲侈靡；一切縱欲敗度踰禮犯分之事，無不禁革」❻。

　　第二，獎勵「節儉」，懲罰「奢侈」。王廷相極力稱讚沈陽
中護衞右所百戶李廣「起家至萬金，而儉素之德始終一致」❻的
品德；他對東光縣知縣張瑛夫婦的「儉素之德」也備加讚揚說：
居官「衣浣濯之衣，食蔬糲之食」，致仕而歸，「車馬無所載，囊
囊無所有，田廬寡所增，依然舊時布衣，鄉人慕其清白」❻。工

---

❻　同❼。

❻　同❼。

❻　同㉜。

❻　《王氏家藏集》卷31，＜故沈陽中護衞右所百戶李公墓誌銘＞。

❻　《王氏家藏集》卷31，＜故贈文林郎東光縣知縣張公妻太孺人李氏
　　墓誌銘＞。

部都水司郎中高魁「刻廉勵節，期自身始，多不必爐，暑不必蓋，飯不必肉，一布裘六年」**⑩**，受到王廷相的稱讚。王廷相對於黃逸菴的廉約精神也稱讚說：「自歷官以來，未嘗廣田畝，大居室，飾裘馬，茅茨布素，藜羹脫粟，晏如也」**⑪**。對於各級官吏「縱欲敗度，踰禮犯分」的行爲，是決不輕饒的。認爲「罰金、沒官之令，待頑淫者可也」**⑫**。

在這裏，王廷相的「崇儉禁奢」的思想，含有雙重涵義：既有對封建統治者腐化生活批判的一面，又有維護封建等級生活標準，反對勞動人民改善生活狀況的要求的一面。「儉」與「奢」的標準，是由當時的生產發展水平所決定的，是按照統治者長遠利益所決定的。王廷相作爲封建統治者的一員，主張封建社會的不同等級應有不同的生活消費標準，這不僅是一個物質享受問題，而且也是他們統治地位和權力的象徵。所謂「縱欲敗度、踰亂犯分之事，無不禁革」，就是決不允許處於較低等級的人高於自己等級的生活標準，力圖把勞動人民的生活水平壓到最低限度，以保證封建統治者占有和享用更多的物質財富。否則，卽不但是經濟上的「奢」，而且是政治的「僭」。只有嚴格按照封建等級消費標準，才能做到「侈麗亡而僭踰絕」。但是，王廷相畢竟是地主階級中的有識之士，從封建統治的長遠利益出發，認識到如不批判和約束封建統治者的過度侈靡生活，勢必激化階級矛盾，加劇社會危機。王廷相企圖通過「德教」與「法治」相結合

---

⑩ 《王氏家藏集》卷31，＜明故工部都水司郎中進階中憲大夫高公墓誌銘＞。

⑪ 《王氏家藏集》卷31，＜逸安先生墓誌銘＞。

⑫ 同**⑪**

的辦法，貫徹他的「崇儉禁奢」的主張，雖然具有緩和階級矛盾、促進生產發展的進步作用，但在階級社會裏，歸根到底，是爲封建統治服務的。

五、流民與荒政

王廷相的荒政論包括「救荒」與「備荒」兩部分。由於政治腐敗和生產凋蔽，明中葉以後，幾乎每年都有災荒發生（詳見《明通鑑》）。而災荒的發生，造成大量流民，這往往是農民戰爭的前奏。對於這一點，王廷相是有清醒認識的。他指出：

> 今川北之荒（係指正德十五六年川北保寧、順慶等府災荒），流民入東達之境者，聞已甚多。深山大谷，倚恃險阻，苟所在有司，無撫安之術，激而為變，亦勢所必至者[73]。
>
> 湖廣地方，連年水旱相仍，今歲（係指嘉靖二年）尤甚。入秋以來，飢餓之民，因而為盜，始焉竊發於山澤，漸以流刧於江湖[74]。
>
> 臣竊見去年（係指嘉靖七年）以來，川、湖、河、陝、山東、山西六省地方，大罹荒旱，百姓缺食，流亡餓殍，轉死溝壑；甚至自相殘食，或甘為刧盜，苟延旦夕之命而不耻[75]。

---

[73] 《王氏家藏集》卷29，＜答李獻忠論救荒事宜書＞。
[74] 《浚川公移集》卷2，＜議留僉事楊守禮給由＞。
[75] 《浚川奏議集》卷3，＜乞行義倉疏＞。

蓋年穀不登，苟不先加賑恤之政，安責其不變而為盜⑯？

正因為如此，「救荒」的問題，就成為當時一個比較突出的社會政治問題。許多關心民間疾苦的政治家和思想家，都在不斷地探索解決這個問題的辦法。例如，景泰五年（1454），王竑面對災荒而造成的「人畜僵死萬餘，弱者鬻妻子，強者肆劫掠，衣食絕路，流離載途」的悲慘情景，曾提出過「欽天命，法祖宗，正倫理，篤恩義，戒逸樂，絕異端，斯修德有其誠矣。進忠良，遠邪佞，公賞罰，寬賦役，節財用，戒聚斂，卻貢獻，罷工役，斯圖治有其實矣」⑰的主張。嘉靖二年（1523），江、淮發生水災，「漂沒人畜田廬無算」。吏部侍郎何孟春提出恤災八事：「曰禁奢靡，曰減百官俸薪，曰革冗費，曰廣聽納，曰安撫江、淮百姓，曰不許鄰近州縣遏糴，曰免來歲被災稅糧」⑱。嘉靖八年（1529），廣東按察僉事林希元提出災荒之年有六禁：「禁侵漁，禁遏糴，禁抑價，禁宰牛，禁度僧」⑲。王廷相是一位關心民間疾苦、勇於解決社會問題的政治家，他在總結當時各種「救荒」經驗的基礎上，提出了八條「救荒」措施：

（一）停免賦稅　他認為，災荒之年，「百姓乏食，自活不暇」，而官司仍舊「追徵稅糧，是已病羸之人而服勞苦，安得不斃？故流殍載途，閭井蕭然，禍民深矣」。所以，應當停免賦

---

⑯　同⑲。
⑰　《明史·王竑傳》。
⑱　《明通鑑》卷50。
⑲　《明通鑑》卷54。

稅⑳。這是承襲《周禮》的「薄徵」思想而來。

（二）弛力、舍禁、去譏　所謂「弛力，息繇役也；舍禁，山澤無禁也；去譏，關市不譏察也」⑪。這是對《周禮》的舊方的重複。

（三）立勸諭之法，令豪族大家輸穀助荒　「荒年不足者，多係貧下之戶，豪族大家，必是蓄富。若勸諭之法不行，使官司米斛不多，雖有銀錢，無所糴買，亦將無以受實惠矣。故立勸賞約束，如冠帶義民之類，令之輸穀助荒，以續官司不及」⑫。這可能是對宋代董煟的「勸分」思想的發揮。由這一思想出發，王廷相在爲安桂坡撰寫墓碑銘時，極力稱讚他的輸穀救荒的仁義精神。他說：「吳民飢、君輸粟若干石，爲諸大家倡。自毗陵及旁郡，所賴以全活者甚衆。宗黨之貧與鄉之故老，皆月有給，歲有贍；死不能葬，負無所償者，君多給之棺歛，折其卷書。其仁及鄉黨，義先官府，多類此」⑬。張宗秩因往歲荒饉，「捐粟千餘石以救貧」，近歲「復捐粟千餘石，又復減值糶其餘粟。及熟而賴以活者，又數千人矣」。嘉靖皇帝以此加「指揮使之銜，寵以三品官之服」。王廷相稱讚道：「廣哉美乎！肆厥惠而閟於德，義不足以槩之也。不忍民飢以死，則爲仁；代上以賑其民，則爲忠；施餘物而成美德，則爲智。夫財貨所以奉身也，足乎生之用，無困於身之養，止矣。厚積而不知散，則眚興；自養而不矜乎人，則怨集。是故貪夫殉財，昧輕重之等而爲之，仁智者顧如

---

⑳　同⑬。

⑪　同㊾。

⑫　同⑬。

⑬　《內臺集》卷5，〈明故桂坡安徵君墓碑銘〉。

是乎？」⑧

（四）禁遏糴，禁抑價　罹荒地區，「穀少則價貴，商賈細民貪利，必輦賤處之穀，以售於荒歉之鄉。若官司惡其貴而減其價，則商賈聞風不來，谷無由至，為害大矣。當出榜禁諭，寧許有增，不許有減，則諸處商谷，必為輻輳，價不待減而自平矣」⑧。顯然，這是來自董煟、林希元的救荒思想。

（五）處置流民於豐稔之州　「民既流聚他所，若無處置之法，則止棲無依，必至困極為盜，豐荒之民俱弊矣」。所以「富鄭公在青州，河朔之民流來日眾，公乃使之散入林落、坊村、釋寺及公私室屋，各隨所宜居之；得公私粟二十餘萬斛，計以薄書，約以日期，出納之詳，一如官府。比麥熟遣歸，得活者數百萬口」⑧。這可能是對董煟的「存恤流民」思想的發揮。

（六）停止催逼一切公私逋債　「細民豐收之年，公私尚多逋欠，況此飢饉，焉能還償？可逐處出榜禁革，但係公私一切逋債，俱為停止，無得摧逼，以致流亡」⑧。葉縣儒學訓導周埜菴在弘治五年歲凶之時，「鄉閭貧乏，貸而不能償者，君卽勸其祖悉其卷焚之」。王廷相稱讚他是「仁者愛人」⑧。這一點，頗具獨見。

（七）選委才能之官，主持賑濟之事　「賑濟之法，貴在貧者蒙惠。使主者不得其人，則吏胥作弊，戶籍無實，富者有盈釜

⑧　《王氏家藏集》卷23，＜贈張宗秩救荒加職序＞。

⑧　同⑦。

⑧　同⑦。

⑧　同⑦。

⑧　《內臺集》卷6，＜明故葉縣儒學訓導埜菴周君墓碑銘＞。

之資，而貧者有赤手之嗟矣。故當選委才能之官以主其事，使在籍皆貧下之人，而在官吏胥之徒不得以肆其奸，則濟荒雖無善政，而亦稍爲得法」**❽**。這是針對當時賑濟之弊而發。

（八）**貸給口食、牛犢和種子，以發展生產**　荒飢之年，「百姓旣已缺食，焉得種子？可於口食之外，再有牛犢穀種之給，使本鄉有所顧戀，不至盡爲溝壑之瘠」**❾**。這是承襲《周禮》的「散利」思想而來。

王廷相在綜合前人救荒思想的基礎上，提出的八條「救荒之策」，只能起到治標作用，並非是「儲備荒，悲民窮，重邦本之大計也」。在王廷相看來，平時無儲積，一旦遇到災荒，「皇上下哀憫之詔，發內帑之積，蠲上供之稅，罷一切之征，……但連年飢饉，公私告乏，雖有銀錢，無處糴買，是以貧下小民，枵腹坐斃，何啻巨萬！」**❹**從歷史上看，「堯、湯水旱，民無菜色，備之素故也。遇荒而議濟賑，是猶決西江而濡轍鮒，鮮不及矣」。只有採用古人的常平倉、義倉的辦法，「持豐濟凶，用盈補縮，天道作沴，民實賴之矣」**❺**。王廷相由「救荒」進而提出「備荒」的思想。

王廷相的「備荒」思想，包括兩方面的內容：一是整頓預備倉（亦稱官倉），二是設置義倉（亦稱民倉、社倉）。

自明初設置預備倉以來，曾起過一定的積極作用。「但行之年久，法弊政偷，有名無實」。所以，一旦遇到水旱蝗蟲之災，

---

❽　同**❼**。

❾　同**❼**。

❹　同**❺**。

❺　《王氏家藏集》卷30，＜策問＞九。

「百姓便至流離轉徙，不能自存」。預備倉的弊病在哪裏？又如
何整頓預備倉？王廷相深刻地指出，它的主要弊端有二：一是逋
欠賦稅，二是收支作弊。第一，他以四川爲例，指出「蜀中儲糧
之法，廢弛久矣。民以逋欠爲常，官以姑息爲德」。「蜀民逋稅
習風久矣。其猶甚至，莫如瀘州、富順、銅梁。括其一年正額，
不下十餘萬石，所入公家者，止三二分爾。使能一一完納，十年之
間，可得百數十萬。軍旅之供，卽此可資，況加之諸郡縣乎」 ❾❸ ？
因而要保證預備倉溢盈，就必須「督逋稅」。只有如此，才能
逐年儲積，必至官倉盈實。若遇災荒和兵革之舉，旣無倉卒不
給之憂，也無民人凍餒之苦。第二，關於預備倉收支作弊的情
況，他深刻地揭露說：「近來官司倉庫罔修，出納滋僞；或實藏
不及月報之多，或濫費已過歲積之半，或匿案而通同侵欺，或乘
機而私自借貸」 ❾❹ 。有的監收錢糧官員，不行「正收正支」，而
「多要稱頭或高收斛面」，以致造成倉庫空虛 ❾❺ 。甚至有的地方
僉派殷實大戶收解錢糧，「多者每人動至數千，少者亦不下數
百。及至給文領出，見其銀多，易於圖利，或置買田宅，或撒秋
生放，任意侵欺，視爲已有」 ❾❻ 。而小民每年上納錢糧，「止附
入私簿，腳價火耗，額外多添。如已收銀萬兩，止將五六千或七
八千附上官簿；收銀千兩，止將五六百、七八百附上官簿；餘俱
隱匿，一遇恩詔宥免，就將前項未報之數，通作小民拖欠；以致
奸人任意侵欺，上司無憑查考」 ❾❼ 。針對上述弊端，王廷相主

❾❸　同❷❹。
❾❹　同❸❷。
❾❺　同❷❾。
❾❻　《浚川公移集》卷2，<議處殷實收解錢糧>。
❾❼　《浚川公移集》卷2，<處置收受錢糧>。

張：㈠改革稽考之法。王廷相認爲：「夫錢糧之有欺弊，以稽考之法疏也」。今後「各殷實大戶，由各本州縣給與印信文簿經收；每戶，官給與花欄小票一張」，上塡某倉納糧若干。赴各大戶納糧簽收畢，「將票與簿相合，用印鈐記，半在票上，半在官簿，給與該戶收執；通完之日，照簿總算，煎銷解納；若有私印無官印，有官印無私印者，查糧之日，通不准算。如此，庶錢糧易於稽查，大戶亦不得侵欺矣」❾❽。㈡加強巡視倉庫。王廷相在都察院任職時規定：「今後巡按御史所至，務須親臨倉庫，嚴加點視；逐年簿籍，必挨閱以驗其收除，各官儲蓄，必分注以別其勤惰；中間如有侵欺實跡，卽行參奏拿問，毋得專一委官查盤，虛應故事。巡歷滿日，仍將查盤過錢糧等物，參問過侵欺人員，備細數目事由開報」❾❾。

　　王廷相「備荒」思想的另一項重要內容，是建議在各地設立義倉。王廷相認爲，預備倉雖然重要，但也並非備荒之善政。因爲一旦發生災荒，倉卒之際，民命所關，「欲發官廩，則所儲不給；欲勸富家，則未免強取；專靠輓運，則遠不及事；務煮糜粥，則聚而交困」❿。所以，他在總結明代「備荒」經驗的基礎上，吸取隋、唐、宋所行義倉之法的長處，認爲「前代備荒之政，有所謂義倉者，出之於民而藏之於社，下足以救其凶荒，上不至費其帑藏，乃經國之良法，活民之大政」❿❶。他認爲建立義倉有三大好處：

---

❾❽　同❾❼。

❾❾　同❸❷。

❿　同❼❺。

❿❶　同❼❺。

（一）**可以及時救荒，以收備賑之效**　「同住一城一村者，每二三十餘家約爲一會。……共推家道殷實素有德行者一人爲社首，處事公平人所信服者一人爲社正，頗曉文書會算者一人爲社副，凡在會在倉出納會計糾正賞罰之事，共商議行之」。同會之人，各以人戶上中下等出米：「上等之家出米四斗，中等之家二斗，下等之家一斗，每米一斗，再加耗米五合，務要乾圓潔淨，可以久貯者入倉。其所置倉囷，必推本村上等殷實仗義之家主之」。遇有荒歉之年，百姓自相計議而散。「惟中下之家得給，蓋以己之有餘助人之不足，所謂義倉之義，正在於此。但大荒之年，上戶家口眾多，亦有食米不能給者。若積米有餘，社首社正亦許同眾共議，量口給以貸之，豐年照依原米還倉，中下戶所給之米不復還。若積米止足給散中下人戶，上戶亦不必貸」。這樣，「既無官府編審之煩，又無胥吏顚倒之弊，賑恤不勞於上，而實惠得沾於民，縱有水旱之災，決無流亡之患，活民之法，莫善於此」⑩。

（二）**可以寓鄉約，以敦風俗**　每月朔望日一會，社首社正率一會之人，各序長幼，宣讀太祖高皇帝教民榜文。禮畢，序坐。「社首社正將前月會中行過好事者一人，舉其事而稱獎其善，眾人共一揖以贊賞之；再將行過不好事者一人，舉其事而論說其不善，眾人亦一揖而勸戒之。如無善惡可舉，卽收米入倉，一茶而散。間有於會法抗拒不遵者，重則社首率眾告於官而治之，輕者社首社正量情罰米一倍入倉」⑩。

---

⑩　同⑦。

⑩　同⑦。

（三）可以寓保甲，以弭盜賊 「凡同會之家，務要各相保愛；遇水火盜賊，則同心救護；有婚姻喪葬，則協力贊助；其因事鬥爭不相和好者，社首社正集同會之人，評其事之曲直，使曲者服罪以謝直，不從則率衆以求直於官府而治之。會中之人，或各家子弟有遠出者，則告於衆曰：『某爲某事向某處去』，社副卽附於簿，回日，本家請社首同衆點視其行李物件記之；有親友自外來者，當日卽報於社首等曰：『某親友，某處人，爲某事來』，社副亦卽附於簿，當日，本家亦請社首同衆視其行李物件記之，去之日同。此其間有面生可疑之人，暗來暗去，不令衆知者，社首等因會而疑論之，察其不悛，率衆捕獲，送於官而究之」⓾。

由此可見，義倉之法雖有備荒、救災的積極意義，但同時也是統治階級用來灌輸封建倫理思想和控制人民造反的措施，具有鮮明的封建政治內容。在王廷相的建議下，嘉靖皇帝雖下令各地設立義倉，但「其後無力行者」⓾。這主要是因爲義倉之權掌握在豪族大家之手，而義倉對他們的經濟利益又有所損害，所以義

⓾ 同⓻。

⓾ 設立義倉，是王廷相於嘉靖八年正月，向明世宗提出的。《明會要》卷56云：「嘉靖八年三月，從兵部侍郎王廷相言，令各撫按設社倉，令民二、三十家爲一社。擇家殷實而有行義者一人爲社首，處事公平者一人爲社正，能書算者一人爲社副。每朔望會集，別戶上中下，出米四斗至一斗有差，斗加耗五合，上戶主其事。年飢，上戶不足者量貸，稔歲還倉。中下戶酌量賑給，不還倉。有司造冊，送撫按，歲一察核。倉虛，罰社首出一歲之米。其法甚善，然其後無力行者。」（《明史·食貨志·三》）。

倉之法只能是一種美好的設想，它的失敗是義倉自身所包含的社
會矛盾所注定的。

第十二章 「經國濟世」論

　　王廷相的「經國濟世」論，是基於對當時的社會矛盾的認識
提出來的。以「仁義刑法並用」來解決地主階級和農民階級之間
的矛盾；「以夷治夷」來解決朱明王朝和少數民族之間的矛盾；
以「備邊禦戎」來解決朱明王朝和北方蒙古貴族之間的矛盾。解
決這一切社會矛盾，歸根到底，都是通過賢人政治來實現的。

一、御民之道

　　如前所述，明代中葉以後，農民暴動遍及全國，嚴重地威脅
着封建地主的統治，「御民之道」成了當時社會的一個突出的政
治問題。由於王廷相對當時的地主階級與農民階級之間的矛盾以
及由此而爆發的農民起義有比較清醒的認識，所以，他在總結歷
史經驗的基礎上，依據孔子的「寬猛相濟」的治國之道，提出了
「仁義刑法並用」❶的主張。他說：「聖人之道爲天下國家，故
道德、仁義、禮樂、刑法並用，是以人道清平，宇宙奠安，通萬
世而可行。世無君長則已，有則必取孔子之道以爲生民準。……

---

❶　《王氏家藏集》卷30，〈策問〉二十八。

惟孔子之道，虛心寡欲，定靜安慮，道德率民，刑法齊物，以之
治己則性命修和，以之治人則綱紀畫一」❷。所以，聖人「定之
以仁義，齊之以禮樂，禁之以刑法，而名敎立焉。由是智愚、強
弱、衆寡，各安其分而不爭，其人心之隄防乎！」❸他還從三代
之治與晉代之亂的對比中進一步論證了「仁義刑法並用」的重要
性，指出：「三代仁義刑法並用，故國祚靈昌，而子孫皆綿數百
之祀，中土亦無夷狄之擾，良有以也」。「晉以虛無放蕩爲尚，
使先王禮樂刑法崩弛大盡，在上者無綱維固結之術，在下者成淫
僻頹靡之風，是以五胡乘隙因之以濁亂天下，固其然矣」❹。這
些歷史經驗敎訓說明，是否採用「仁義刑法並用」的「御民之
道」，是國家興亡，社會治平的根本問題。

所謂「仁義」，在政治上就是「德治」。所謂「德治」，主
要有三方面內容：一曰「化民」，二曰「惠民」，三曰「安民」。
所謂「化民」，就是「以德化民」，卽在思想上以仁義禮樂敎化人
民。王廷相根據「防民植敎」的原則，十分強調仁義禮樂的敎化
作用，認爲這是長治久安之道。他說：「聖人以禮防天下，使民
各安其分而不爭，是故或役或承，或亢或卑，或寵或奪，或泰或
約，一受其正，奔命執分而無外慕，心定固也。是爲天下齊一、
久安長治之道乎！」❺又說：「禮樂者，齊世之具，我制之，民
化之，通百王而不易者也。一日缺禮樂，則民不肖之心生；不肖

---

❷ 《雅述》上篇。
❸ 《愼言・御民篇》。
❹ 同❶。
❺ 同❸。

之心生，弒父與君無不爲也」❻。如果拋棄仁義禮樂而一味地強
調嚴刑峻法，就勢必會重蹈「秦人棄禮義而尚功利，雖速得之，
必速失之」❼的覆轍。可見，仁義禮樂是統治者在思想上用來論
證其統治和剝削合理性的精神武器，是用來控制被統治者的精神
枷鎖。

當王廷相的門人劉伯山向他請敎「牧民之道」時，他系統地
闡述了「德治」的內容。他說：

> 牧民有道，亦在得乎民之心而已。民以財利爲心，故不欲
> 多費；民以安居爲心，故常欲袪暴；民以樂生爲心，故不
> 欲煩擾。使伯山之爲廣靈也，以儉自持，而無藝科司之不
> 作，則民之業利；以嚴爲治，而暴橫強梁滅其迹，則民之
> 良者安；以簡靜御事，而里胥吏卒不擾於下，則民之生
> 樂。民樂利以安，則生遂矣，烏有不得其心者哉❽！

王廷相還從「仁政」與「暴政」的對比中，進一步論證了他
的「德治」主張。他在〈送幕史陳君還麻城序〉一文中，指出：

> 撫養以惠生，敎化以植德，緝暴革奸，使民衎衎於田裏，
> 其敷政有如此者。淡泊以自守，一私無所營，而志浩，而
> 操貞，使人仰之若天日之皎，其行檢有如此者。斯人也，
> 百姓必戴之，有司必嘉之，其以賢而進，進而徙諸崇階，

---

❻ 《愼言‧魯兩生篇》。
❼ 《愼言‧君子篇》。
❽ 《內臺集》卷5，〈送劉伯山之廣靈令序〉。

必然矣。刻峭以為公，聚斂以為能，民隱弗恤，而蒼鷹乳虎之是志，其蒞政有如此者。媚上以求容，壞下以自潤，踪跡秘於鬼蜮，污濁肆於貪饕，其行檢有如此者。斯人也，百姓必怨之，有司必惡之，其以不肖而合，合而困於草野，必然矣❾。

　　從上述引文中，我們可以看出：王廷相所謂「惠民」，主要是指在經濟上「以儉自持，而無藝科罰之不作」，「淡泊以自守，一私無所營」，提倡「崇儉禁侈」，實行「輕徭薄賦」；反對「聚斂」，反對「貪饕」。所謂「安民」，主要是指在政治上「緝暴革奸」，「以嚴為治，而暴橫強梁滅其迹」；「以簡靜御事，而里胥吏卒不擾於下」。只有這樣，才能使「民之生樂」，「得乎民心」，借以維持封建統治。

　　王廷相雖然十分強調「德治」，但是他畢竟不是腐儒，並不否定「刑法」的作用。他說：「刑法者，聖王甚不得已之政也，故曰弼敎。修德靖民，聖人豈不欲之？而戻敎者，則毒良矣，非刑法何以齊之？」在他看來，刑法雖不是御民的長治久安之道，但它也是「弼敎」的重要手段。如果全盤否定「刑法」的作用，則是「莊老矯世之謬談也」❿。

　　但是，王廷相從秦朝濫用刑法導致「二世以亡」的敎訓中，深刻地認識到「愼明刑獄」的重要性。所謂「愼明刑獄」，主要有三層涵意：一曰「執法秉直，不阿於權」；二曰「刑罰合宜」；

---

❾　《王氏家藏集》卷22。
❿　同❷。

三曰「寬刑罰」，「清獄囚」。

在王廷相看來，由於「權勢之家，問官懾於利害；富豪之室，賄賂靈如神明；樸實之民，鈍口奪於狡佞；酷暴之官，殺人輕於草菅，粗疏之吏，才情拙於淑問。由是情偽莫分，寃枉無愬，小民不得其生者多矣」⑪。所以，王廷相主張「執法秉直，不阿於權」⑫，主張在法律面前人人平等。他規定今後各級官吏「務要以公廉勤慎為心，貪私怠緩為戒」，切不可「請竭行而枉人之直」，「賄賂通而害人之正」。違者事發，「重者即為退黜，輕者注以不謹，決不情貸」⑬。各地王府宗室如不遵守天憲，犯有招集無賴，打死人命，勢吞小民之財，奸淫民人妻女，敗倫傷風等不法之事，一旦「體勘明白，即具情罪輕重，奏請定奪，或降為庶人，或革去祿米，或送發高墻」⑭，以正國風。各地士豪勢要之家，如再倚恃人力衆多，財貨富足，挾持官吏，欺害小民，或把持行市，或包攬錢糧，或窩藏賊盜，或打害人命，或強賴婚姻，或搶奪財物。小民一有冒犯，輒便糾集人衆，執拿凶器，平空欺打，殺害性命，定要以法嚴懲，「輕則照例充軍，重則奏請遷徙」⑮。

由於「推情訊獄」本不是易事，「非上智之才，公平之心，鮮有能得其眞者」，何況「粗疏之吏，才情拙於淑問」，往往造成「情偽不分」，量刑不稱。所以，王廷相要求各級官吏應「虛

⑪ 《浚川奏議集》卷8，＜遵憲綱考察御史疏＞。
⑫ 《王氏家藏集》卷32，＜祭易菴郭先生文＞。
⑬ 《浚川公移集》卷3，＜巡按陝西告示條約＞。
⑭ 《浚川內臺集》卷2，＜為凶豪打死人命事＞。
⑮ 同⑬

心推理，緣情求實，但有枉抑，勿拘成案，即與伸理」，做到
「刑罰合宜」，以釋民冤。王廷相是這樣說的，也是這樣做的。
他在都察院供職期間，河南錢龍等人依仗伊王權勢「虐害五命，
抄沒七家」，判以發邊充軍。但錢龍等人借詔赦天下之機，請奏
「宥免罪愆」。而王廷相則認爲錢龍等人罪大惡極，判以發邊充
軍，罪有應得，理應如此，不得引詔「宥免」⓰。陝西道奏請犯
人張表原以盜倉庫錢糧判以發邊永遠充軍，有人「援引恩詔宥
免」。王廷相駁斥說：「各邊錢糧，今日最爲緊要，但被奸徒肆
行侵欺，以致邊儲缺乏，往往如是；比之嚇詐財物、指稱打點
者，尤爲可惡。合無但犯侵欺錢糧至斬罪，例該永遠充軍者，俱
不得援引恩詔宥免」⓱。以上二例，說明重罪不得輕判。反之，
輕罪亦不得重判。嘉靖年間，南京御史馮恩應詔上書揭露大學士
張孚敬、吏部尚書汪鋐等人貪鄙狀，世宗欲以《上言大臣德政
律》判以死刑。王廷相則辯解說：「本犯罪狀與律不類，情實可
矜」。建議改用《奏事不實律》，「輸贖還職」，遂遣戍雷州⓲。
畿民盜天壽山陵樹，巡按楊紹芳引《盜大祀神御物律》斬。王廷
相反駁說：「大祀神御物者，指神御在內祭器帷帳之物而言。律
文：盜陵木者，止杖一百，徒三年。今舍本律，非刑之平」⓳。

　　王廷相針對當時「酷暴之官，殺人輕於草菅」和「淹禁無罪
犯人」等弊病，提出「寬刑罰」、「清獄囚」的主張。他在巡按

⓰　《浚川內臺集》卷１，＜爲應詔陳情，懇乞天恩，寃宥罪愆、分豁
　　等事＞。
⓱　《浚川內臺集》卷３，＜爲拖欠官糧，負累職官事＞。
⓲　《明通鑑》卷56。
⓳　《明史‧王廷相傳》。

陝西期間，發現在押犯人中，問成強盜者「通無分豪贓證」，「止
憑仇隙證告，一概刑逼，問擬斬絞罪名」；或者「徒流仗罪人犯
內，多監禁五、七年者有之，俱各不行發落」，以致「在監病
故」或「虧餓以斃」。據此，王廷相規定：各級官吏「今後務要
躬親逐一遍歷所屬府衞州縣大小衙門，將見監問一應輕重罪囚，
逐一照卷查審，情眞者監候，情可矜疑並犯在例前不係十惡不宥
人數，照例呈詳徒流杖罪，徑自分豁發落，以清獄訟，以釋人
寃」❷⓿。王廷相巡撫四川時，針對各地衙門「不論事情輕重，贓
數多寡，一概混監」的情況，發出「清審獄囚」的通令，要求
「將見監一應充軍徒杖人犯，如有折納徒價工食，監並半年以
上，果實貧難無措者，即與照例改擬，應擺站者定配解發，應杖
者就行決放；其餘及充軍追併、給主人官贓物三十兩以下，還官
贓物十兩以下，查無產業變賣者，亦要從宜召保營辦，係充軍者
就便拘妻發遣，見問者作速催行歸結；其原告躲避，正犯脫逃，
監併家屬被告者，俱即與釋放，責限挨拿」❷①。

　　「文武兼資」，也是王廷相「仁義刑法並用」的重要內容。
他說：「文綏太平，武緝亂略，致治保邦，於玆爲要矣。稽之古
昔，鴻才實學，恆兼體而並用之。是故陳《伊訓》者，主升陔之
師；敷丹書者，董牧野之陳，功致彌綸，名並聖傑，邈乎不可及
矣。後世聖王之教不興，俗尚之學頓異。嗜詞章者，不閑於戎
務；習軍派者，不識乎一丁。遂使文武歧爲二途，盛世全才不復
再見。然而儒者之將，亦間有之。觀其輕裘緩帶，預定平吳之

---

❷⓿　《浚川公移集》卷1，＜爲出巡事＞。
❷①　《浚川公移集》卷2，＜清審獄囚＞。

策，圍萁睹野，別授擊秦之謀；屯田渭南，而魏人不敢戰；經略
延慶，而夏人不敢欺；亦皆振揚國華，偉哉上達之士也。要其終
論之，雖有成與否之不同，而文武兼資，以擅一代之英，則一而
已。……夫六經之論述，非文之經，則武之緯，而孔子夾谷之
會，立談之際，足以折齊侯之強，遏萊人之兵。由是觀之，文事
武備，兼而有之，斯儒者之實學也」❷。在他看來，那種「耻談
兵事，不齒孫吳者」，不過是一種「迂儒之論」。因爲在封建社
會裏，軍隊是戡禍定亂的工具，是萬萬不可缺少的。王廷相畢竟
不同於空談的「迂儒」，而是置身於階級鬪爭和民族矛盾的漩渦
之中，深切地認識到軍隊是封建國家生死存亡的基石。他說：
「有邊鄙必有爭，承平久必有逆賊，生齒繁必有妖民。鬼方之
役，邊也；淮西之役，逆也；黃巾之役，妖也。三者，勢之所必
至者乎！武以戒備，不可已之政也。鄙談兵者，迂不振者乎！銷
兵者，愚乎！徐偃王身行仁義，來朝者三十二國，可以伯矣；武
備不修，楚滅之。宋襄公以仁義行師，不擒二毛，諸侯服矣；威
不振衆，楚執之。由是觀之，迂儒之論不足以立國也明矣。後世
猶有安於承平而不講者，不達於治忽之幾者也。是故兵也者，危
道也，非得已者也，可以威也，不可以黷也；可以戒也，不可以
去也」❸。

王廷相的「仁義刑法並用」，是儒家的一貫治世之道。早在
春秋，孔子就提倡「導之以德，齊之以禮」，同時，也不否認
「導之以政，齊之以刑」❹ 的作用。漢代大儒董仲舒基於秦亡的

❷　《王氏家藏集》卷30，＜策問＞三十二。

❸　同❸。

❹　《論語・爲政篇》。

歷史教訓，雖然強調「任德不任刑」，但同時也主張「明敎化」
與「正法度」結合起來❷。北宋社會改革家王安石主張德刑並用
的御民之道❷。南宋理學集大成者朱熹旣講仁政、德治，也講嚴
刑峻法，主張把二者統一起來。陳亮主張王霸並用，君道師道並
舉。這些說明，王廷相的御民之道，屬於儒家的政治學範疇。在
以仁義爲主、刑法爲輔的「仁義刑法並用」中，反映了儒家的民
本思想，體現了儒家的人道主義精神。

　　王廷相根據「仁義刑法並用」的原則，批評了老莊的「自然
無爲之治」。在王廷相看來，「民無統主，則強食弱也，衆暴
寡也，智死愚也。極也必反之，相戕相賊，報覆相尋，民之獲其
生者寡矣，是故任其自然者，亂之道也。美色，人情之所欲也，
強而衆且智者得之；貨利，人情之所欲也，強而衆且智者得之；
安逸，人情之所欲也，強而衆且智者得之。得之則樂，失之則
苦，人情安得宴然而不爭乎？安能皆如老莊之徒，淡然無欲乎？
安不至於亂乎？」「仁義道德之修，非徒爲已也，將以化人也；
禮樂法制之設，不徒治人也，亦以安己也，勢之所必然者也。謂
聖人得已乎？夫法以治之，而猶有意外之奸，況蕩然自由乎？云
自然者，謬幽之說也」❷。所以，老莊無爲之治，「必欲無爲以
任其民，大亂之道也。故老子之道，以之治身則保生，以之治國
則長亂」❷。同時，王廷相也批評了佛教的「禪悟生死之說」，
指出「佛氏之道爲已之性命，故禪悟生死之說，耽寂靜勝之士多

---

❷　〈舉賢良對策〉。

❷　〈熙豐知遇錄〉、〈三不期〉、〈原敎〉等。

❷　同❸。

❷　《愼言・五行篇》。

好之，然於世道終無益也」。如果「人皆清靜禪定，世道孰與拯
救，斯於人道也何益？」⑳

二、制夷之道

如前所述，由於朱明王朝推行大漢族主義，對少數民族進行
殘酷剝削和政治岐視，使國內民族矛盾激化，以致釀成多次的少
數民族暴動。在這種情況下，王廷相向統治者提出了兩個值得深
思的問題：(一)暴動的原因是什麼？是「本於習俗土地致之」還
是「上之人處之者有未盡其道乎？」(二)「制夷之道」是什麼？
即「欲使諸夷懷德畏威而誠以向化，斯民安居樂業而恥於作梗，
當何施而可？」⑳

王廷相雖然站在維護朱明王朝的立場上，主張對少數民族暴
動進行武裝鎮壓，並且曾親自率兵鎮壓過四川芒部沙保起義，但
是他畢竟是一個清醒的政治家，在武裝鎮壓的過程中，深入地考
察了「夷亂」的原因，切實地提出了行之有效的「制夷之道」。

王廷相在總結歷史經驗教訓的基礎上，認為有的少數民族暴
動是「上之人處之者有未盡其道」所致。他以四川芒部為例，指
出芒部時叛時服，邊患無窮，主要是由朝廷「改土歸流」所致。
他說：

㉙　同❷。
㉚　同❶。

漢唐以來，中國之待遠夷，每每推其首長為眾所順服者立
之，亦未嘗必求其族屬之正而後授之也。蓋以夷治夷、羈
縻之道當如是耳，又何必論其枝派親疏，如吾中國之法也
哉？今川、貴有事於芒部，兵已三至矣。定而復亂，順而
復逆者，何哉？其大義不過欲復其土官耳㉛。

蜀之南鄙，皆蠻夷也。……漢唐以來，皆置郡縣。我朝以
夷治夷，皆設土官，兼以軍衞，實華民之藩幹也。但烏芒
之北，戎瀘之南，中有小夷雜居，曰楚人，曰玾人，曰山
都掌，曰水都掌，未經設有土官衙門管轄，故往往為邊邑
之患㉜。

既然芒部「夷亂」在於「欲復其土官」，如果不復土官，「以兵
加芒部，是遏其流者也。苟不自其作亂所由然者治之，則兵愈加
而愈不靖。如不塞其源泉，而欲求末流之止息，又豈可得也
哉？」所以「制夷」的久遠之計，當「以復土官舊貫為第一義
也」。以芒部暴動為例，王廷相認為，「改土歸流」所以不可行
者，原因有三：（一）「隴壽、隴政兄弟爭官爭印，非叛逆之大
惡也。芒部既平，當求隴氏之後而立之，以為部族之主，義也。
而當事者乃置流官以主之，此何異於兄弟告爭家產，不幸俱斃於
獄，而官司遂以入官乎？堂堂天朝，舍禮義之當，而爭小夷微眇
之利，其於朝廷正大恢闊之體，不幾於有損乎？其不可者一
也」。（二）「今芒部百餘年來，為我輸租稅矣，為我應站驛矣，

㉛ 《王氏家藏集》卷29，〈與胡靜菴論芒部改流革土書〉。
㉜ 《王氏家藏集》卷26，〈呈盛都憲公撫蜀七事〉。

爲我來朝貢矣，不流固爲我服屬，流亦爲我之服屬，當事者何苦
於擾擾設流，以啓兵端，而困我之地方，疲我之人民邪？聖人廓
然大公，物來順應之見，恐不如此。其不可者二也」。（三）「夫
設流官必建城池，有城池必須軍守，有軍守必須糧食，此事勢必
然而不可易者也。以芒部言之，自納溪南入七百餘里，方至其
境，中間永寧、赤水、畢節等衞，皆隸貴州，必須挖運重慶、敍
瀘腹裏之糧而後克濟。以七百里之程，轉輸糧斛以充軍餉，不惟
勞擾百姓，而軍士亦恒有飢色矣。既非拓土開疆之功，實爲勞民
費財之舉。棄着緊之倉儲，而區區從事於無益於國之夷，智者深
慮遠計，應不如此。所謂務虛名而受實患者此也。其不可者三
也」❸。

既然四川南部普法惡、阿漾、阿黑「蠻夷之亂」在於「未設
土官」，那麼當以設土官爲「經久之圖」。他根據「以夷治夷」
的原則，建議「兵部計議，行四川巡撫、總兵、三司等官，親臨
其地，使各砦主自擇素有名望、衆所畏服者一人，立爲長官，統
屬各砦，仍隸本府，而該部鑄降印信，開設衙門，照依鄰境九姓
長官司事例，奉修職貢，則統屬既定，自然順服，不動兵革而邊
境自淸矣」❹。

對於四川西部的藏民暴動，王廷相認爲「國家之取諸斯民
者，徭輕稅薄，寬於他省。其待徼外之夷者，印章衣冠，齊之文
物，亦可謂仁及遠服矣」❺，並不是朝廷處之失道所致，而是
「本於習俗土地致之矣」。王廷相從地理條件和經濟狀況作了認

---

❸　同❸。

❹　同❸。

❺　同❶。

眞的考察和分析，他說：「夫蜀之西鄙，諸番雜居，其部落田
廬，實與蜀民襟幅聯屬，……其性勇戇，貪貨死利。其俗毛織畜
牧，頗知文書，由與中國錯居故也。其所居止，皆依山據險，累
石爲室，高者十餘丈，謂之碉房。其天氣多寒，土地剛鹵，不生
谷粟麻菽，惟以青稞爲食。是以見內地沃壤之田，則思剛鹵之地
不及；食五谷之美，則思青稞之味非所甘。以故疆畛之地，日見
侵奪。民畏其勇悍輕死，棄其業而去者，不知其幾矣」**㊱**。根據
這一精闢的分析，王廷相認爲「欲興師以討，而山川險隘，用兵
甚危，亦非一戰可決」，卽使「小有斬獲，而我士馬物故亦過半
矣，所存不能直其所傷，所得不能補其所亡，可不爲太息乎？」
因此，他吸取漢代趙充國、班彪治羌之歷史經驗，主張對於四川
西部諸番「不欲以兵勝而以計困」、「不欲以威強治而以德信
懷」。具體地說，就是「爲今之計，莫若先自爲備，使我糧餉充
足，士馬精強，威足以懾，誠足以感，然後略其小過，與之更
始，招致各司酋長，明以信誓，定爲約束，量復青稞之稅，以存
事大之體，仍於一月之內，令其酋長謁見守臣一次，卽以茶鹽量
爲給賞。彼利其物，我利其安，羈縻之術，無過於此。復於封疆
交接之所，置立限界，使彼此不得侵奪，違者以約束治罪。夫好
安惡擾，人之情也。彼雖戎狄，亦人耳。其安利於己者，彼之情
亦悅之，又安有不從者哉？」**㊲**

　　王廷相雖然出於大漢族主義，不可能眞正認識到少數民族暴
動的原因，提出以民族平等爲基礎的「靖番」之策，但是，他提
出的「以夷治夷」，尊重少數民族自治權的思想，仍是十分可貴

㊱　同㉜。
㊲　同㉜。

的。在今天，也有一定的歷史借鑒意義。

在對待國內民族團結問題上，王廷相始終堅持統一，反對分裂。他說：「統一華夷者，謂之大統者也，然有正有變焉。居中國而統及四夷，順也，正也，三代、漢、唐、本朝是也。入中國而統及四夷，逆也，非變乎？元是也。……元也，雖以變通例之，亦不能廢其大統天下之實矣」❸。這裏，王廷相雖然把「大統天下」分爲「順」與「逆」、「正」與「變」，反映了他的大漢族主義思想，但是他主張民族統一，反對民族分裂，仍不失爲一種進步思想，應當加以肯定。

三、禦戎之道

明代中葉，邊事頻起，特別是北部蒙古貴族的侵擾，不但給邊民的生命和財產造成巨大損失，而且對朱明王朝的統治也形成嚴重威脅。在對待蒙古貴族的侵擾問題上，王廷相是堅定的主戰派。他多次給皇帝上書，揭露小王子、韃靼等入侵的罪行，並親自閱視邊防、督修城堡，宣傳「備邊禦戎」的必要性。王廷相從「備邊禦戎」這一愛國主義立場出發，在軍事、經濟和用人等方面都提出了一系列的改革方案，爲鞏固明王朝的邊防作出了重要貢獻。

(一)邊鄙儲蓄之策　王廷相認爲「興師動衆，食貨爲先」。如果儲餉不足，勢必會造成士卒困餒；而士卒困餒，邊事必坐待而敗矣。所以，他主張「欲治兵，當先饋餉」❸。然而，王廷相

---

❸　《愼言・保傅篇》。
❸　《浚川奏議集》卷1，＜擬經略邊關事宜疏＞。

發現邊防糧倉儲蓄「多者可夠主兵四五個月支用，少者止夠主兵一個月支用」。如果敵人大舉深入，自己狼顧不暇，安能調動重兵？「當是時也，縱有十分調度，而舟車不通，止憑馱負，所濟能幾何哉？況烽火交馳，遠近堅壁清野，恐不及矣，尚敢僕僕道路，運輸糧草乎？此事勢之的然者，不可不早計也」⑩。在王廷相看來，造成邊鄙糧草不足的原因有三：「歲餘有定數而小民常逋欠，一也；勢豪利兜攬，經年不上納，二也；遊擊常按伏，實糧多虛費，三也」⑪。根據這一分析，他提出籌建邊糧的三條「權宜之策」：第一，「乞支借太倉銀兩，量度各邊之用，權備一年之儲，差遣能幹官員，分投邊方收糴」；第二，「乞勅運漕官員，暫停今年之運，先將正運之數，收為折色，次籌腳價加耗，一同收貯解部。正運之數還充官俸，餘具給充邊糴」；第三，「近年以來，權豪勢要阻壞鹽法，商賈不通，國無利益」。建議嚴禁權勢之家阻壞鹽法，與民爭利。違者治以重罪，「如此，則商賈大通，而國享其利矣」。三項銀兩既備，然後選擇「精明能幹、氣節高古、不畏權勢者數人，令其於緣邊豐熟米賤州郡，招商收糴。如此，則興師十萬，日費千金，可以不慮矣」⑫。

（二）**振刷兵戎之策** 饋餉既備，如兵戎不振，「猶舟車備而輪軫柁楫之或缺，亦不能有行矣」。於是，王廷相提出了五條「振刷奮激之術」，即「擇將才以立兵本，公薦舉以杜僥倖，明賞罰以勵軍士，罷節制以責專統，務攻戰以挫虜志」⑬。

⑩ 《浚川奏議集》卷 4，〈閱視陝西延寧邊防題本〉。
⑪ 同⑩。
⑫ 同⑨。
⑬ 同⑨。

第一，「擇將才以立兵本」。他認為，古之用將，不拘其門第，人惟其賢。如韓信拔於亡命，衞靑擢於奴僕，所以能成誅秦滅項、威鎭四夷之業。今謂名將者，大多「皆平日紈綺膏粱之子，富貴之極，無不如意，擁姬妾，麗宮室，沉酣於酒色紛華之中，惟恐一朝不諱而不得邃其樂矣」。依靠這種人，「謂能有智慮才略哉？謂能奮勇赴敵，以身殉國哉？」是萬萬不能為我盡力的。所以擇將才應不拘其門第，「必求其果智者，果仁者，果勇者，果信者，果嚴毅者，而後用之。雖在行伍，簡拔之以試其能；雖在下位，超擢之以盡其才。否則，雖出將門故家，祿之而不用也。如此，則將得其人矣」❹❹。

第二，「公薦舉以杜僥倖」。欲得良將，貴在公道。但是，今之邊將，多「貪緣權勢，賄賂左右，徒然而得者，亦不為少」。「彼既費賂而得，必索軍士以償，不刻剝其月糧，則減削其賞賚，計索巧圖，無所不至。既奪軍士之利，必失軍士之心；失軍士之心，其何以御敵哉？」所以，他建議皇帝對今日邊將，「但係大臣會薦者用之；其涉平日僥倖而進者，皆為罷黜，上以絕苟且之私，下以杜倖進之路。如此，則將皆賢智，而邊防有所倚賴矣」❹❺。

第三，「明賞罰以勵軍士」。他指出：「賞罰者，人主之大權也。賞當其實，則有功者知所勸；罰當其罪，則有過者知所懲」。但是，「今之邊士，每有控弦鳴鏑之勞，斬獲首虜之功矣；至於升賞之時，類皆權貴之人得之。……斯人也，不出京城，不

<hr>

❹❹　同❸❾。

❹❺　同❸❾。

持弓矢，貴官大爵乃安而得之。……拚性命而爲之，曾不一受其直焉，軍士之心，其何以勸！」他建議，「自今以後，各邊奏報功次，但係買功詐冒之人，或被巡按查出，或被軍士告發，財不追還，功歸原主；報功紀記之人，定爲連坐之罪，則人不買功而軍受實賞矣」❹。

第四，「罷節制以責專統」。王廷相認爲，「兵機之重，貴在專統」。但是「今之邊將，進止觀望於兵部；遊擊副參，統於大將，督以大臣，又降中官以監臨之。十羊九牧，聚言盈庭。虜可制者，失於事機之會」。如此之師，沒有不失敗的。因此，王廷相建議皇帝「罷牽制之形，嚴專統之責」。「統帥專則人心齊，人心齊則力不分，力不分則戰必克、攻必取，而謂不能制敵者，未之有也」❹。

第五，「務攻戰以挫虜志」。王廷相在視察邊防過程中，發現各邊軍士既不「耕種戍守」，又不「邀擊截殺」，而是「賊來寇邊，任其深入腹裏，全不當鋒阻遏」❹。他規定今後各邊將帥，敵人未犯，固不可掩襲生事；一旦敵來犯邊，亦不可閉城堅守。應當「左右迎擊，縱橫救援，示之以強可也」❹。如再「偸惰自逸，萎靡不振者，盡罷黜之」❺。這種人不犯我，我不犯人，人若犯我，我必犯人的正義立場，是值得稱贊的。

（三）撫恤軍士　這是針對當時「虐害軍人」的弊病而提出來

❹　同❸。
❹　同❸。
❹　同❹。
❹　同❸。
❺　同❹。

的。王廷相指出：「夫人之危苦，莫甚於軍；今雖相安於承平無事之日，然或營操，或領運，或守城，或屯種，終歲勤苦，不得少寧」。然而，「近日管軍官役恣肆貪殘，生事虐害，遇公務輒以月米扣除，給屯田動以威力侵占；餘丁則包納役使，犯罪則拘繫索財，剝削之害，非止一端。若不禁除，而欲天下軍士得所亦難矣」❺❶。王廷相建議巡撫御史今後閱視邊防，發現「如有前項虐害軍人弊政，具實參奏提問。其能視軍士如視己子，撫恤之政卓異衆人者，仍須一體旌舉，以爲武用之備」❺❷。這對於協調官兵矛盾，加強邊軍戰鬥力，增進軍隊內部團結，是一項有力的措施。

　　（四）**寓兵於農**　在王廷相看來，朱明王朝在正統己巳之變敎訓的基礎上，提出的「寓兵於農」的主張，是一項治邊備戰的根本措施。他分析說：「正統己巳之變，兵部徵各省兵入禦虜。時天下承平日久，軍政弛緩，逃敵不清，徒具尺籍，應者無幾。當時大臣建議，設立民壯，以備倉卒，法古兵出於農之義，三時在野力田，一時入城講武，若有徵調，即同正軍。此舉獨出漢、唐、宋發募刺配之上，又陰蓄重兵於天下，一時卒用，旬日可集。但歲月積久，其法浸壞；人不揀選，委弱備數者有之；籍無定名，戶人輪役者有之；人無定戶，均徭流編者有之；甚至徭銀在官，雇覓游手者有之。此皆有司之失政也」。甚至某些短視者，「不達前人至計遠慮，睹目前役占之苦，便欲從而罷之，爲休息民隱」，這完全是一種「以國大計等爲兒戲喜怒」。在他看來，只

---

❺❶　《浚川奏議集》卷 8，＜再擬憲綱未盡事宜疏＞。

❺❷　同❺❶。

有「提撕整頓，使復舊貫」，❸這才是治邊備戰的宏圖遠慮。

四、用人之道

王廷相針對當時社會的積弊，在政治、經濟、軍事等方面都提出了一系列積極的改革主張。如何推行這些改革主張呢？王廷相認爲：關鍵在於得人，「不在制法」。法不過是人治的「持循之具」❹。只有良法而無持法之人，這些改革方案，只能是一紙空文。所以，「修政之要，莫先於任賢」❺。

正是從這種正確認識出發，王廷相才把「任賢」看成國家興亡治亂的根本。因爲只有賢人在位，才能眞正做到「職司由之可以修舉，德意由之可以宣布」，「安天下不失丘民之心」。他以豐富的歷史知識，論證說：

> 堯舜在上，俊傑滿朝，猶恐野有遺賢，詢咨岳牧。周公佐主，海內乂安，顧且握髮吐哺，懼失賢士。是故唐、虞、成周，得賢最盛，稱贊美治，百祀無論矣❻。
> 《書》載堯舜之典法，蓋當時政治之跡也。後世君臣欲有爲於天下者，孰不取而鑒之？而唐虞之盛，卒不能復見於世，何哉？非其人故也，……故曰「其人存則其政舉，其人亡則其政息」。由是言之，天下無難事也，得其人則易

---

❸ 《雅述》下篇。
❹ 《王氏家藏集》卷21，〈送王維賢督學陝西序〉。
❺ 《浚川奏議集》卷2，〈災異乞休疏〉。
❻ 《浚川奏議集》卷1，〈請起用修撰呂柟疏〉。

如反掌矣；天下無易事也，非其人則難於登天矣。伐齊之兵一也，以樂毅則下七十餘城，以騎劫則盡亡之。削山東諸侯一也，以晁錯則致亂而難，以主父偃則謀行而易。以此觀之，法不可以定守，變不可以先圖，惟其人而已矣(57)。

欲得賢人，先要知賢。如何知賢呢？王廷相發揮了韓非的「以功用爲之的彀」和王符的「知賢之近途，莫急於考功」的觀點，提出了「人才臧否，賴之採訪」(58)的思想。他指出：近年以來，舉薦官吏「不問其人品高下，立心行事曾有卓異政績與否，但見其奉承齊備，禮貌足恭，便以爲好，卽一概濫舉，多至數十餘人，致使賢否同途，薰蕕並器而不辨」(59)。但是，君子與小人同朝，往往小人得勝，造成「小人唯利是嗜，故犯義而不恥；存心妬忌，故隱忍以害物；好爲諂媚，以取悅於上，故有不得於人，則合黨以交詬，而君子遂受屈矣」。所以，「人主爲國遠圖，當急於君子小人之辨」(60)。如何識別君子與小人呢？他指出：官員賢否，必須在實踐中進行採訪、考察。在察訪過程中，第一，「廣詢密察」，防止「偏信」，力倡「兼聽」。「不可任一己之私，昧衆人之見；凡考察官吏廉貪賢否，必於民間廣詢密察，務循公義，以協衆情；毋得輒憑里老吏胥人等之言，顚倒是非，亦毋待搜求細事，羅織人過」。由此出發，他批評了當時的官僚作風，

(57) 同㉜。
(58) 同⓮。
(59) 同⓫。
(60) 同❷。

指出「近來巡按御史，巡歷旣不能徧，安能廣詢密訪？夫旣不能廣詢密訪，則安得不任一己之私，昧衆人之見乎？安得不聽里老吏胥人等之言，顚倒是非乎？又安得不搜求細事，羅織人過乎？甚至寄耳目于鄉里親戚，其爲害又有不可言者矣」。所以，他規定今後考察官吏，「務要廣詢密訪，或詢諸田野鄙夫，或詢諸耆碩父老，人人致問，事事細察，毋惑于一偏，毋膠于一節」❻。

第二，「得于歷試」。這就是說，識別賢否不只是信其傳聞之言，還必須「卽事察政，卽政察心」❻。他說：「人之賢否，必相處之久而後知。蓋以平日聽其議論，見其行事，察其心術之微多矣，故其賢與否，乃能定之。……乃若信其傳聞之言，聽其一談之美，見其一行之善，而遂定其人爲賢，則所失者多矣。所謂千聞不如一睹，一行之可取，不足以槪平生者是也」❻。不但要看人的「一談之美」，「一行之善」，而且要看人的全部議論和行事，這是辨別賢否的重要方法。他以劉邦之用韓信、劉備之用孔明爲例，論證說：「古人之求將也，道固多端矣。然據其切要，亦不過詢其應變之籌策，觀其處事之膽略而已。故高帝之用韓信，只據其傳檄收秦之謀，而異日誅秦滅項之功，如指諸掌。昭烈之用孔明，亦不過據其取荆、襄，收巴、蜀，以北定中原之論，而異日鼎足之成，如合符節。蓋英雄豪傑平日有是材器，故有是籌策，臨事必有是膽略，一遇知見者取而用之，必能解紛排難以有于天下」。因此，他建議今後薦舉官吏，必須「設爲事變之來以驗其知機，設爲危難以試其膽略，設爲事故糾紛以觀其作

---

❻ 同❺。
❻ 同⓫。
❻ 《涇川奏議集》卷3，〈舉用呂柟崔銑李夢陽疏〉。

為」❻，然後識其賢否，決定黜陟。

　　在用賢問題上，王廷相主張任人唯賢，反對任人唯親。明中
葉以後，由於皇帝重用宦官，導致宦官王振、汪直、劉瑾等人幾
乎控制了全國的軍政大權。各地有鎮守太監以駕馭地方官吏，軍
隊中有監軍中官以監視將領，重大司法案件亦由太監「聽訟」、
「會審」。他們還設立錦衣衞和東西廠特務機構，監視和控制國
家機關和各級官吏，嚴重地危害明王朝的統治。所以，王廷相極
力反對外戚和宦官擅權，揭露了他們參政的危害性。指出：「外
戚侵政，衰世之漸；奄宦擅權，亡國之本。斯人也，蔑公道，無
遠識，快情志，喜勢利，便于私家而不顧傷其國計，利于私人不
顧戕其邦本。禍亂之由，莫大于此，有天下者愼哉！」❻「人主
之權，不在宰相則在外戚，不在外戚則在近習，……惟賢者視君
猶親，視國猶家，兢兢焉日恐其僨也，故君逸而國亦治。斯人
也，周、召是已，世亦鮮矣乎！匪其人，不亦危哉！是故愼任人
之選」❻。同時，王廷相還進一步揭露了「世卿世祿」的危害
性。明王朝建立後，由於承襲了歷史上的「任子之制」和「世襲
之例」，造成無知小人「妄厠公卿」，無能之輩「濫居清要」。
正如王廷相所揭露的：「臣不知今日所用之將，兵部亦曾詢其籌
策，反復以驗其應變之才乎？抑祗取其名位資地之美，不得已而
用之乎？臣以爲今日盜賊之形勢，必籌策絕人，膽略出衆，如古
之名將，以一身任天下者，而後能辦此。若徒以名位資地之美，

❻　《浚川奏議集》卷1，＜論剿流賊用將及將權疏＞。

❻　同❺。

❻　同❸。

徇其常格而推用之,欲收平定安緝之功,決不可得」❻❼。王廷相批評說:「有世功者世爵祿,功薄也者濫矣。爵濫則在位者不得人,祿濫則取于民者過厚。是故《春秋》譏世卿,不獨曰蔽賢而已矣」❻❽。又說:「鲧也伯禹,堯、舜、朱、均,聖賢各稟,安系世類?」❻❾根據「聖賢不系世類」的原則,王廷相主張「不拘資格,從公舉薦」❼❶。只要「心行純正,經術疏達,能通乎治忽安危之機,不迂不阿而以時措之;又能誠心事主,不爲身家,無患得患失之圖,絕非道非義之取」者❼❶,「雖在行伍,簡拔之以試其能;雖在下位,超擢之以盡其才。否則,雖出將門故家,祿之而不用也」❼❷。這是任人唯賢的路線。

「德才具」,是王廷相用人的第一個重要原則。在他看來,有才而無德則不能取信於民,有德而無才則不達用於世。他論證說:「溫恭弘毅,誠信謙讓,而好善不倦者,德也;明決而斷,好謀而成,倉卒而能應,紛糾而能理者,才也;契性命之理,達天人之妙,動中機會,行符時宜者,學識也。具是三美者,惟聖人大賢能之」❼❸。如果錄取人才,「不問人品德行何如,徒以文章合格而舉之,無怪其入仕之狼狽也」。所以,用人「貴先達德」。但是只「取其德行而不察其謀論,則人雖純行,無推行政

---

❻❼ 同❻❹。

❻❽ 同❸。

❻❾ 《王氏家藏集》卷41,《答天問》。

❼❶ 同❻❽。

❼❶ 《浚川奏議集》卷10,〈公薦舉以備任用疏〉。

❼❷ 同❸❾。

❼❸ 同❸❷。

事之才，亦無益於國矣」❼。只有「德才兼備」，才能「興道致治」。

「量才受職，乃爲得人」，是王廷相用人的第二個重要原則。他承襲了荀子的「量能而授官」和王符的「量材受任」的思想，指出：「隨才任使，擇所長而不求備，斯善爲政者焉。廉潔公平，心有計慮者，使之理財；深沉有謀略，果毅有膽氣，足以馭衆者，使之治兵；有斷決之明，存平恕之心者，使之理獄；精深明決，識微達變者，使之運謀；勤敏不懈，毅然敢爲者，使之幹事。如此，則職司皆得其人，而事無不理之患矣」。如果不堅持「隨才任使」的原則，勢必會造成「材任相違，必至壅滯不達，治具雖存，亦無益於事矣」。這就如同「圬堂之水，可以浮芥，以之受盈尺之木則膠；鵾鵬之翼，可以蔽天，拔之施于鳩鷃則累」❼。

「取其大體，略其小過」，是王廷相用人的第三個重要原則。王廷相雖然要求「德才兼備」，但是並不主張「搜求細事，羅織人過」，以「小過」而失「大體」。他認爲督馭之道，應是「取其大體，略其小過，無爲掣肘，無求速效，使得從容展布，竭盡心力，則事功積累，必有可觀」❼。正是從這一用人原則出發，其舉用將官，如姚信、溫恭、馬昂、趙旭等，「皆拔自閑散之中，起於廢謫之後，略棄微瑕，重惜合抱，使人因過立功，用圖後效，誠明主愛惜賢才之盛心，駕御英雄之大略也」。他在薦舉原任涼州右副總兵，以過錯降爲陝西都指揮把總時指出：把總

❼　同❺。

❼　同❸。

❼　同❸。

「久在邊方,多經戰陣;居官公廉,最得軍士之心;持身恬退,絕無徼倖之跡」。又「能隨機酬應,似亦胸中有物」;「況體貌魁梧,精神發越」。如能「照姚信等起用」,使他「充一偏將,統軍殺賊,必能有所建立克捷」❼❼。他在舉薦以罪被廢斥的李夢陽時,指出李夢陽「氣節高邁、文章古雅」,實爲「當世之賢傑」。「人非大聖,孰能無過?明主用人,取其所長」,建議升遷收錄❼❽。

從公舉薦,以防偏私,是王廷相用人的第四個重要原則。他認爲在用人問題上,旣不能因爲「鄉里同年親故之情」,對貪奸蠹政而害民者加以包庇,也不應對貪酷之吏和罷軟無爲、老疾之輩濫加推舉,更「不許挾私報怨,以害賢善」。只要「人品高明、心術正大、政事卓異」者,卽可從公舉薦,以備遷升之用。如實屬「貪酷殃民不法之人」,務要據實「奏行罷黜」❼❾。根據這一原則,王廷相極力反對張瓚以私推舉犯有貪贓罪而尚未結案的湯慶爲江防總督。他說:「皇上今日添設江防總督,是欲掃清寇略,以平寧海、沙至計也。推舉廉能謀勇者以當其事,是有忠益於國之心也。今乃以貪賄不潔之人爲之,豈非欺上行私耶?」建議嘉靖皇帝「奪去湯慶參將職事」。這樣,才能做到「用人無偏無黨矣」❽⓪。

重用年力精壯者,罷黜老疾之輩,是王廷相用人的第五個重要原則。王廷相認爲,在用人年齡上,以四十歲左右最爲理想。

---

❼❼ 《浚川奏議集》卷2,<舉用都指揮把總疏>。

❼❽ 同❻❸。

❼❾ 同❶❶。

❽⓪ 《浚川奏議集》卷10,<請停兵部推用江防總兵官疏>。

因爲「方其幼也，氣血強盛，知慮未周，行事多至決裂過當，不可人意」❽。「今之士類以文辭舉之，少年德性未成，義養未至，利害可以憂，疑似可以惑，雖才質有爲，而敗多矣」❽。所以，少年之輩不宜重用，而年老病衰，精力有限，難堪勞苦，亦不宜重用。只有四十歲左右的人，正值年力精壯之時，「經歷多，涵養深，識見精，義理純，天下之事，可以數計而運之掌。以若人而御國，其于治也何有？」❽ 根據這一用人原則，他在巡按陝西時，所以奏請罷蘭海副總兵，是因他已「年過七十，貌相厖羸」，「不堪勞苦」。建議武宗皇帝「另選年貌精銳，謀勇兼資，久經戰陣，能幹將官一員，前來漢中防守」❽。

「予之以重權」，是王廷相用人的第六個重要原則。他認爲治世之材，有三個重要條件，卽「君子有爲于天下，得時以持權，人望以取信，才識以達用而已。才德具而無權曰不遇，有才而無德望曰不信，有望而寡才識曰不濟。三者不足以有爲，均爾矣」❽。才德兼具而無權，經國濟世也是難以成功的。因此「必須予之以重權，隨其便宜而行之」❽，才能獲得成功。

在培養賢才上，王廷相也有不少精彩的思想。自明初推行科舉制度後，逐步形成八股應制文，成爲統治者延攬人材、士子躋進仕宦的重要途徑。但是，這種八股取士的辦法，往往與「求天

---

❽　同❼。

❽　同❺。

❽　同❺。

❽　《浚川奏議集》卷1，＜請罷藍海副總兵疏＞。

❽　《王氏家藏集》卷25，＜張魏公論＞。

❽　同❻。

下賢才以資任用」的目的相反。正如朱元璋所說：「朕設科舉，
求天下賢才以資任用。今所司多取文詞，及試用之，不能措諸行
事者甚眾。朕以實心求賢，而天下以虛文應之，甚非所以稱朕意
也」⑧。顧炎武在《日知錄》中進一步指出：「愚以為八股之
害，等於焚書。而敗壞人才，有甚于咸郊所坑者」。所以，王廷
相為了更好地培養賢才，對明代的教育制度和科舉制度也提出了
批評。他認為當時的教育制度和科舉制度，主要弊病有三：一是
「不以經國濟世為本」，二是單純「以文取士」，三是「文武歧
為二途」。

　王廷相認為，國家建學校，擇師儒，目的在於「求有用之
才，贊無為之治」。他說：「歷代以來，人主教養人材，蓋圖以
治理天下云爾。故學者讀書，當以經國濟世為務」⑧。又說：
「國之所以養士者何耶？要之，欲其懋德成材，裨佐治理爾。…
…守令之急于建學者，何耶？欲明倫興化，以為齊民表率爾」
⑧。「人主用賢，要之在圖治；君子為學，要之在具夫濟世之資
而已」⑨。但是，近世儒者由於不懂得「國家養賢育才將以輔
治」的道理，所以「專尚彌文，罔崇實學；求之倫理，昧於躬
行；稽諸聖謨，疏于體驗；古人之儒術，一切盡廢；文士之藻
翰，遠邇大同。已愧於經明行修之科，安望有內聖外王之業？」
⑨「今之士非不學也，其志非不以古人自期待也，然身出而見諸

⑧　《明史紀事本末》卷14。

⑧　《浚川公移集》卷3，<督學四川條約>。

⑧　《王氏家藏集》卷24，<簡州遷學記>。

⑨　同⑦。

⑨　同⑧。

世用，多至迂執粗淺，而無弘濟變撥之爲，非前軒而後輊，則小辨而大隳，況望王霸之略，保衡爰立之大蹋也哉？」❾這種「不以經國濟世爲本」的教育現狀，同當時急需人材以拯救時弊的政治要求，是完全不相適應的。爲了改變這一狀況，王廷相在教育制度上，規定：(一)「今後諸生讀書，務期以治事爲本，而爲有用之學。其於經書史傳之中，但係聖賢講論治世之道，及古人行事得失之迹，便當以自己身心處之，參之于古而驗之于今，務求可行之具以爲後日居位治事之本。苟平日讀書，止務文詞，一旦天下事務及之于身，其中必無定見，不至於茫然無據者少矣」。(二)今後諸生對於《四書》、《五經》及宋明道學諸書，「必須講明玩索，以究其義理，體驗擴充，以達諸人事；則知行並進，體用兼舉，有用之學，無過於此」。(三)各級督學官吏和儒師，對生員的德行（孝悌忠信禮義廉恥之類）、文藝（經書論策文字及雜學著述，有所發明聖經賢傳之旨者，務舉已成者書之）、治事（某時於過某事，能處能斷能成，有何實迹等）要嚴格考察，如實塡注，以資懲勸❾。這樣，才能達到求賢圖治的目的。

　　王廷相認爲，欲求「有用之才」，必須使每個儒生在德行、經術、詞章諸方面得到全面發展。他說：「選舉之法，曰德行，曰經術，曰詞章，蓋古今並用以求士者」❾。但是，近年以來，由於不懂得「德行道藝造士」的道理，不「以道德中正養其心術」，惟以「習作文詞，進取科第爲要事」，欲得「德行道義之

<hr>

❾　《王氏家藏集》卷30，〈策問〉二十五。

❾　同❽。

❾　《王氏家藏集》卷30，〈策問〉二。

士」，是「索暖於冰，求挈於甄」，終不可得也。王廷相以古今
對比的辦法，說明了「德行道藝造士」與「以文取士」兩種教育
方針的不同結果。他說：「學校之設，所以養育人材，以爲濟理
天下之具者。成周之時，閭有塾，黨有庠，州有序，國有學，大
司徒頒三物而教之，閭師書其『敬敏任恤』，族師書其『孝悌睦
姻』有學，黨正書其『德行道藝』而戒之，州長考其德行道藝而
勸之，鄉大夫考其德行道藝而賓興之。是以當時之士，平居則敦
義興行，效用則治成俗美，而比屋可封矣。自夫科舉以來，在上
者以文取士，而士之爲學者，一切務爲文詞之工，以應上之求，
雖曰敎以《六經》、孔孟道義之實，然不工於文，則無進身之
階，而士之習固自若也。苟能言矣，雖卑汚苟賤者亦與其選；苟
能文矣，雖浮薄輕佻者不在所棄。夫以斯人而登用之，安望其化
民而成俗哉！」❾❺ 所以，王廷相大力提倡「範俗興化，莫先於德
行」❾❻ 的教育思想。德行、經術、詞章相比，德行是第一位的。
根據這一教育思想，他要求重視德行教育，要求教官爲人師表，
務要「守道愼行，以身率人」；如果「不顧廉恥，貪財縱欲，嗜
酒尙氣，營營苟苟，無所不爲」，定要「黜退不恕」。要求有等生
員「重廉恥，修德行，以爲齊民表率」。如「不親其親，不睦其
族，暴橫鄉民，凌傲師長，甚至朋友奸頑之徒，貪嗜刀錐之利，
或攬納稅糧，或包當夫馬，或起滅詞訟，或囑托公事」，定要
「盡行黜退，以敦士風」❾❼。

---

❾❺ 《王氏家藏集》卷30，＜策問＞十。

❾❻ 同❾❹。

❾❼ 同❾❽。

如前所述，王廷相認爲「戡禍定亂資於兵」❾，力倡「文武兼資」。但是，當時的儒生多以談兵爲耻，遂使「文武歧爲二途」。這同當時統治者「弭盜」、「制夷」、「治邊」的現實要求，是不相適應的。所以他主張：「文事武藝，士有志於天下，所不可偏廢」。舉辦武學，提倡「文武兼資」。他在學校教育中，明確規定：「今後提調掌印官，每月朔望，詣文廟行香畢，卽至明倫堂，督同教官，課諸生講論經史，考驗學業，朔日仍觀習冠祭禮儀，望日仍詣射圃亭觀習鄕射禮儀」。「武生習舉者，其課程與諸生員同；不及舉者，令其讀《孝經》、《小學》及《武經七書》、《百將傳》等書，常時演習射藝。若無故不到學者，該學逕行該衞所拘送。如父兄不爲拘發，及該衞所不拘者，本學逕申當職，提問施行。若按臨考試，能背誦一書及通大義者，亦量加賞勸。中間有能精通韜略及弓馬熟嫻者，另行開報，以憑試驗施行」❾。只有加強文事武藝的敎育，才能培養出國家需要的「文武兼資」的人材。

---

❾　《王氏家藏集》卷30，＜策問＞十一。

❾　同❾。

第十三章　對王廷相歷史地位的評估

　　當我們全面地考察了王廷相的哲學思想體系之後，就會發現：王廷相不但是明代最偉大的哲學家、氣論學派的主帥和奠基者之一，而且也是從北宋張載到清初王夫之氣論思想發展環節中的重要人物。他在中國哲學史上占有重要地位，具有深遠的歷史影響，是中國哲學史上第一流的哲學家。

一、王廷相是明代最偉大的哲學家

　　朱明王朝長達二百七十餘年，在哲學上，形成了理學、心學與氣學三大派別，出現了許多著名的哲學家。但是，明代最偉大的哲學家是誰呢？對於這一問題，人們經過了一個逐步的探索與認識的過程。四十年以前，由於《明儒學案》的影響，出版的中國哲學史著作（例如馮友蘭的《中國哲學史》等）和明代思想史著作（例如容肇祖的《明代思想史》等），都很少提到王廷相，他幾乎被人們所遺忘。在這種文化學術背景下，人們便認為明代最偉大的哲學家是王陽明，而不是王廷相。但是，從五十年代以來，情況有所轉變。隨着人們對王廷相著作的整理與研究，他對中國哲學發展的理論貢獻以及他在哲學史上的地位，才被人們所

認識。當我們衝破黃宗羲《明儒學案》的偏見與成說，就會發現明代最偉大的哲學家不是王陽明，更不是程、朱理學家，而是王廷相。這是近幾十年來多數從事中國哲學史研究的學者所共同肯定的。

　　從明王朝建立起，程、朱理學始終占據官方統治地位。朱元璋明確規定，科舉考試「《四書》主朱熹《集注》，《易》主程《傳》、朱子《本義》，《書》主蔡氏《傳》及古注疏，《詩》主朱子《集傳》，《春秋》主左氏、公羊、穀梁三傳及胡安國、張洽《傳》，《禮記》主古注疏」❶。明成祖又命胡廣等人纂修《四書大全》、《五經大全》、《性理大全》，頒布於兩京六部、國子監及天下府、州、縣學❷。規定凡是科舉不以朱學應試，「剽竊異端邪說、炫奇立異者，文雖工，弗錄」❸。為了確立程、朱理學的官方統治地位，最高統治者不但相繼把宋代朱學代表人物胡安國、蔡沈、眞德秀，元代朱學大師吳澄等人從祀孔廟，而且授周敦頤、二程、朱熹後裔為世襲翰林院五經博士，奉祀程、朱。由於最高統治者大力扶植朱學，全國各地相繼建立的白鹿洞書院、嶽麓書院、濂溪書院等，都是以「講說五經要義及濂、洛諸儒遺書」為基本教材。從官方到民間，程、朱理學獨霸於整個哲學思想論壇。

　　由於封建皇帝的大力提倡，有明一代竟把程、朱理學擡到嚇人的法定地位，使學者非孔、孟之書不讀，非程、朱之學不講，一切都以程、朱為是非標準。嘉靖皇帝詔令天下曰：「朕歷覽近

---

❶　《明史》卷70，〈選擧志〉二。

❷　《明會要》卷26。

❸　《松下雜抄》卷下。

代諸儒，惟朱熹之學醇正可師，祖宗設科取士，經書義一以朱子傳注爲主。比年各處試錄文字，往往詭誕支離，皆戾經旨。此必有一等奸僞之徒，假道學之名，鼓其邪說，以惑士心，不可不禁。禮部便行與各該提學官及學校師生，今後若有創爲異說，詭道背理，非毀朱子者，許科道官指名劾奏」❹。或廷杖，或治罪，或處死，或焚書。

正因爲程朱理學居於官方統治地位，所以有明一代出現了許多程、朱理學家，如方孝孺（1357-1402）、曹端（1376-1434）、薛瑄（1389-1464）、吳與弼（1391-1469）、陳眞晟（1411-1473）、蔡淸（1452-1508）、陳琛（1477-1546）、林希元（1482-1567）、張岳（1492-1553）、陳建（1497-1567）等人，他們雖在個別論點（如理氣觀）和對王學的批駁上作出了自己的貢獻，但是從理論總體上他們只知「篤信程、朱」、墨守「宋人矩矱」，很少有獨創性，不過是「此亦述朱耳，彼亦述朱耳」❺。正如《明史・儒林傳》所云：「明初諸儒，皆朱子門人之支流餘裔，師承有自，矩矱秩然」。曹端、胡居仁「篤踐履，謹繩墨，守儒先之正傳，無敢改錯」。對於朱學「遵信之足矣，復何言？」恪守朱學，陳陳相因，衆人一口，千篇一律，思想界猶如死水一潭。所以，王廷相批評說：「大抵近世學者，無精思體驗之自得，一切務以詭隨爲事。其視先儒之言，皆萬世不刊之定論，不惟遵守之篤，且隨聲附和，改換面目，以爲見道；致使編籍繁衍，浸淫於異端之學而不自知，反而證之於《六經》

---

❹　《典故紀聞》卷17。
❺　《明儒學案》卷10，〈姚江學案〉。

仲尼之道，日相背馳，豈不大可哀耶！」❻又說：「若曰出於先儒之言，皆可以篤信而守之，此又委瑣淺陋，無以發揮聖人之蘊者爾，夫何足與議於道哉！齊客有善爲鷄鳴者，函關之鷄聞之皆鳴，不知其非眞也。學者於道，不遠在我心思之神以爲抉擇取捨之本，而惟先儒之言是信，其不爲函關之鷄者幾希矣！」❼正因爲他們缺乏創造性，所以不可能在理論上作出巨大貢獻，也就不可能出現像朱熹那樣博大精深的哲學思想體系，成爲明代最偉大的哲學家，這是不言而喩的，也是無需論證的。

　　在明代哲學論壇上，眞正作出過巨大理論貢獻的是以王陽明爲代表的心學和以王廷相爲代表的氣學。王陽明隨着明代中葉社會危機的暴露和程、朱理學的衰頹，提出了自己的龐大的心學體系，成爲中國哲學史上心學的集大成者。王陽明的心學曾風靡於海內，致使「嘉、隆而後篤信程、朱不遷異說者，復無幾人矣」❽，成爲明朝中後期的「顯學」。論其思想的社會影響，王廷相當然不如王陽明，但是論其理論思維的深度和廣度，王廷相在許多方面確實超過了王陽明。就哲學理論的廣度而言，王陽明提出了「心外無理」、「知行合一」和「致良知」諸命題，對人的主體意識作了全面而深刻的分析，其功不可滅矣。但是，他的心學體系基本上還屬於倫理道德哲學，對於天道觀的許多方面如元氣論、太極說、道氣論、理氣觀、道器說、有無論、虛實論、動靜觀、一兩論、漸驟說、天人論等，都未涉及或涉及很少。而王廷相則在這些重要哲學問題上進行了系統的探索，提出了一些很有

---

❻　《王氏家藏集》卷37，〈答許廷綸〉。
❼　《王氏家藏集》卷28，〈與彭憲長論學書〉。
❽　《明史》卷49，〈儒林傳〉。

理論價值的獨創性的觀點，從而爲明代哲學的發展作出了巨大的理論貢獻，這是王陽明所不及的。

就哲學理論的深度而言，王陽明自有獨到之處，但王廷相在許多方面超過了王陽明，也是一個事實：

（一）**在理的問題上**　王陽明抓住程朱理學的「析心與理爲二」的內在矛盾，認爲「物理不外於吾心。外吾心而求物理，無物理矣」❾，並由此引出了「心外無理」或「心卽理」的結論，從而建構了他的心學體系。「心卽理」這一命題，雖然在理論上和實踐上都有它的價值，但是他卻完全拋棄了程朱學派的「理在氣中」的合理思想。王廷相不同於王陽明，他從程朱理學的「析理與氣爲二」的矛盾出發，在拋棄「理先氣後」、「理本氣末」思想的同時，發揮了程朱的「理氣相依」、「理在氣中」的合理思想，進一步提出了「氣爲理之本、理乃氣之載」❿、「理根於氣」⓫、「氣一則理一，氣萬則理萬」⓬等氣本論思想，從而把「理」完全置於客觀事物之中，肯定「理」是客觀事物的規律性，從而奠定了「理」的物質基礎。

（二）**在格物致知上**　程朱理學具有不可克服的內在矛盾。從形而下看，當程朱學派把「格物」規定爲「卽物窮理」、「格一草一木之理」時，它多少包含有某些合理成分；從形而上看，當程朱學派把「格物」歸根到底說成形而上之理，或把「致知」說成「明吾心之天理」時，它在本質上是先驗論的。當程朱學派把

❾　《傳習錄》中。

❿　《王氏家藏集》卷33，〈太極辯〉。

⓫　《王氏家藏集》卷33，〈橫渠理氣辯〉。

⓬　《雅述》上篇。

「格物致知」當作認識論命題時，它多少含有某些正確成分；而當把它說成「存天理，滅人欲」的倫理學命題時，則純屬於道德問題。王陽明敏銳地看到了程朱派的「格物致知」說的內在矛盾，但是他卻按照心學理論，拋棄了程朱派的「卽物窮理」的某些合理思想，把它變成一個純道德的先驗論命題。所謂格物之格卽「正也，正其不正以歸於正之謂也」。而王廷相則依據他的「物理不聞不見，雖聖哲亦不能索而知之」的思想，認為格物是對「物理」的探索與研究，所謂「通於性命之故，達於天人之化」⑬ 是也。王廷相的格物說比王陽明更具有客觀眞理性。

　　(三)在知行問題上　程朱學派肯定「論其先後，當以致知為先；論其輕重，當以力行為重」⑭，具有二重性。王陽明在「求理於吾心」的基礎上，提出了「知行合一」說，指出「外心以求理，此知行之所以為二者也；求理於吾心，此聖門知行合一之教」⑮。王陽明的「知行合一」說，雖然克服了程朱理學的「知先行後」說的弊端，但是他同時也拋棄了程朱學派的「行重知輕」的合理思想。王廷相則在拋棄程朱理學的「知先行後」說的同時，也批判地改造了程朱學派的「行重知輕」和「知行互發並進」的合理思想，從而在「重行」的基礎上，提出了「知行兼舉」⑯的命題，在中國哲學史上，第一次系統地論證了「實踐」（力行）在認識過程中的地位和作用。這一命題，既高於程、朱的知行學說，也超過了王陽明的「知行合一」理論，達到了明代

---

⑬　《王氏家藏集》卷30，<策問>五。
⑭　《朱文公文集》卷15，<答程正思>。
⑮　<答顧東橋書>。
⑯　《愼言・小宗篇》。

的認識論的最高思維水平。

　　(四)在人性論上　　程朱理學從理本論出發，主張性二元論，把人性分成「天地之性」（本然之性）和「氣質之性」兩種，指出：「論天地之性，則專指理言」[17]。「然其本然之性，則純粹至善而已，所謂天地之性者也」[18]。但是，「論氣質之性，則與理與氣雜而言之」，「人之所以有善有不善，只緣氣質之稟，各有清濁」[19]。王陽明從心本體論出發，根本不承認程朱學派「以氣釋性」的合理思想，認為「性一而已，自其形體也謂之天，主宰也謂之帝，流行也謂之命，賦於人也謂之性，主於身也謂之心」[20]。他依據「心性不二」的觀點，對朱熹的性二元論批評說：「性善之端，須在氣上始見得，若無氣亦無可見矣。惻隱、羞惡、辭讓、是非，即是氣。程子謂『論性不論氣，不備；論氣不論性，不明』，亦是為學者各執一邊，只得如此說。若見得自性明白時，氣即是性，性即是氣，原無性氣之可分也」[21]。王廷相則從氣本體論出發，發揮了程朱學派中的「以氣釋性」的思想，拋棄了「以理釋性」的思想，承認人性只有「氣質之性」，根本不存在什麼「天地之性」，氣與性是「一貫之道」，極力排斥朱熹的「天地之性」的說教。他說：「人有二性，此宋儒之大惑也。夫性，生之理也。……余以為人物之性無非氣質所為者，離氣言性，則性無處所，與虛同歸；離性言氣，則氣非生動，與

[17]　《朱子語類》卷4。
[18]　《朱子四書或問》卷17。
[19]　同[17]。
[20]　《傳習錄》上。
[21]　〈答周道通〉。

死同途；是性與氣相資，而有不得相離者也」㉒。從「性生於氣」原則出發，王廷相提出了「性之有無，緣於氣之聚散」的論斷，肯定性「不以聚散而爲有無，卽佛氏所謂『四大之外，別有眞性』矣」㉓。

（五）在體用問題上　王廷相和王陽明雖然都講體用合一，都講明道與事功的統一，都有赫赫的事功，但是在「用」的方面，王廷相旣在經國濟世上提出了一整套矯正時弊、銳意改革的措施，也在探索宇宙奧秘上提出了一些眞理性的科學思想，從而豐富了他的歷史哲學與自然哲學，這是王陽明所不及的。

綜上所述，我們斷定王廷相是明代最偉大的哲學家的說法，是符合明代哲學發展的實際狀況的。這是近幾十年來明代哲學史和思想史研究的重要成果。從《明儒學案》以來，一直認爲王陽明是明代最偉大的哲學家的說法理應予以糾正，是多數學者的共識與結論。

二、王廷相是明代氣論學派的主帥和奠基者之一

明代中期，旣有程朱的理學派和王陽明的心學派，也有與之對立的氣論學派。明代氣論學派，主要是由王廷相及其同時代的羅欽順、崔銑、韓邦奇、楊愼等人所組成。他們以氣學思想爲武器，共同批判宋明理學和佛老「異端」以及歷史上的一切奇談怪論，形成了有聲有色的社會批判思潮。

㉒　《王氏家藏集》卷28，〈答薛君采論性書〉。

㉓　同⑪。

　　明嘉靖前期，王廷相的重要氣學著作都已刻行於世❷，爲
「四方之士，翕焉爭誦」，在社會上廣爲流傳。正如王廷相自己
所說：「近有好臣之言者，乃遂刊布，今在京學士大夫之家，亦
多有之」❷。這些著作，無論對同時代的氣學代表人物，還是對
晚明的氣論學者，都有一定的思想影響。

　　從橫向考察，王廷相是明代氣論學派的主帥，因爲他比他同
時代的羅欽順、崔銑、韓邦奇、楊愼等人，無論就理論的深度或
廣度，還是就他對宋明理學批判的系統性和深刻性，都超過了他
們，而成爲這一學派的最主要的代表人物。

　　羅欽順（1465-1547）　比王廷相大九歲，是最早從程朱理學
中分化出來的氣論學者。《困知記》是他的氣學的重要著作。他
和王廷相之間有無往來，目前還找不到直接材料，但是他們通過
各自的道路，在哲學上完成了由理學向氣學的轉變，達到了基本
相同的氣一元論結論。所以，羅欽順在《閱王氏家藏集偶書》
中，對王廷相的《愼言》評價甚高，指出「近世諸儒著述不動聲
色，而眞得受用者，無如王氏《愼言》」❷。羅欽順在哲學上的主
要貢獻，是他的氣本論思想和他對王陽明心學的批判。他雖然正
確地提出了「理氣爲一物」的思想，肯定了「通天地，亙古今，
無非一氣」的論點，以氣學重新解釋了「理一分殊」的命題，批
判了程朱的「理氣爲二物」的觀點，但是他對天道觀的許多問題

---

❷　《愼言》撰於嘉靖六年（1527），刊於嘉靖十二年（1533）；《王
　　氏家藏集》刻於嘉靖十五年（1536）；《雅述》著於嘉靖十七年
　　（1538）。

❷　《浚川奏議集》卷10，〈辯劾巡撫都御史周金疏〉。

❷　《整庵續稿》卷7。

如元氣、有無、天人、一兩等，都未能作出系統的說明。而且他與程朱在思想上還沒有完全決裂，還保持着千絲萬縷的聯繫，甚至公開承認「凡執之所爲說，率本諸晦翁先生」㉗。這同王廷相敢於公開點名批評程朱的理論勇氣相比，自然要遜色得多。羅欽順雖然批評了王陽明的「心外無理」和「致良知」學說，但是他並沒有提出完整的知行學說，這與王廷相的「知行兼舉」的認識論相比，在理論上也顯得零散，缺乏系統性。

崔銑 (1478-1541) 不但是王廷相的同鄉，而且他在翰林院與李夢陽、何大復、王廷相號稱爲「四傑」。他和王廷相之間有着密切的關係，這不但從他的著作中可以得到證明，而且從王廷相的著作中亦可以得到說明。王廷相稱讚崔銑是「才識明達，允負經濟」，是「當代之賢傑也」㉘。崔銑針對程朱的「氣有聚散、理無聚散」的思想，指出「造化之原，理常聚而氣亦聚；人、物之生，氣若散而理亦散」。肯定「理者，氣之條；善者，氣之德」㉙。但是在氣本論上缺乏系統性，只是提出了一些零散的氣學觀點。崔銑雖「詆陽明，不遺餘力，稱之爲霸儒」㉚，但是在理論批判上遠不如王廷相深刻。

韓邦奇 (1479-1555) 稱讚王廷相是「海內名士」，王廷相在〈與韓汝節書〉中，稱讚韓邦奇的《律呂新書直解》「甚善」，同時也批評了他的「候氣之說」和「五音相生之序」。王廷相在都察院任職時，就政務曾抵書於韓邦奇，在政治上他們同屬於銳

㉗ 《困知記》卷6附錄〈答林次崖僉憲〉。

㉘ 《浚川奏議集》卷3，〈舉用呂柟崔銑李夢陽疏〉。

㉙ 《士翼》卷1。

㉚ 《明儒學案》卷48。

意改革的進步集團。在哲學上，韓邦奇同王廷相一樣，都是張載的氣學在明代的重要代表人物。韓邦奇不但提出了「天地萬物本同一氣」❸❶的思想，而且依據這一思想，既揭露了周敦頤的「無極而太極」的說法是「老子無生有」，又批評了宋儒的「以道爲太極」是「老氏所謂無、佛氏所謂空」❸❷的說法的再版。在人性論上，他和王廷相一樣，都認爲性有善也有欲，指出宋儒所謂孟子「止有善、全無欲」的說法是一種片面的觀點。在道德修養上，他也主張「動靜交養」，反對「終日靜坐」❸❸。在批評宋明理學中，他雖比崔銑在理論上要系統一些，但他也只能算是一員驍將而不是主帥。

　　楊愼（1488-1559）　比王廷相小十四歲，但他們卻是志同道合的朋友。王廷相曾爲楊愼的《選詩外編》作序，彼此常以詩詞唱和相贈。在哲學上，楊愼提出過一些精彩的命題，如「元氣者，天地之極」❸❹，「形與氣相首尾」、「道以器寓」❸❺，「聞不若見」、「知不若行」、「性與情相表裏」，以及他對「龜卜之法」、「風水說」等迷信思想的批判，雖說在個別論點上，他比王廷相有所前進，但從總體上看，他的哲學思想還比較零散，並未構成系統的哲學體系。這較之王廷相的博大精深的哲學體系，是遠非能比的。

　　現在，我們再從縱向進行考察，就會發現王廷相不但是明代

---

❸❶　《正蒙拾遺・太和篇》。

❸❷　《苑洛集》卷1，＜正蒙拾遺序＞。

❸❸　《苑洛集》卷18，＜見聞考隨錄＞一。

❸❹　《丹鉛總錄》卷12，＜太極無極＞。

❸❺　《丹鉛總錄》卷22，＜瑣語＞。

中葉的氣論學派的主帥，而且也是明中葉以後氣學發展的奠基者
之一。從現已發現的材料看，王廷相的思想直接影響了明中葉以
後的許多哲學家，其中最有代表性的人物是他的氣學思想的繼承
者和發展者 —— 吳廷翰、高拱、黃宗羲等人。

吳廷翰 (1491-1559) 是明嘉靖後期的一位重要氣學代表人
物。他的主要氣學著作 —— 《吉齋漫錄》、《甕記》、《櫝
記》，都在不同程度上受到了王廷相思想的影響。在他的氣學著
作中，曾多次指名不指名地引證過王廷相的話，並把它作爲自己
在宇宙觀、人性論、認識論、無神論、歷史觀和天文學諸方面的
立論根據。他稱讚王廷相「不取『天一生水』之說，極是」；王
廷相對五行家的批評，「其說甚正，無人發明於此」❸❻；指出王廷
相對「五行配四時」的觀點的批評「亦有獨見」❸❼；他認爲王廷
相的無神論思想「此說甚明，足以破世俗之惑」❸❽。在理氣觀上，
吳廷翰繼承王廷相的「元氣之上無物」的思想，提出了氣「爲天
地萬物之祖」❸❾的命題；他發揮王廷相的「氣爲理之本」的思
想，認爲理「非氣之外別有理也」，只是氣在運行中「秩然井
然，各有條理，所謂脈絡分明是已」❹⓿。由此他也批評了程朱學
派的「理先氣後」、「理氣爲二物」的理本論思想。在人性論
上，吳廷翰在王廷相的「性氣相資」思想的基礎上，肯定了「性
氣一物」、「性即是氣」、「氣即是性」的觀點，並且批評程朱

---

❸❻ 《櫝記》卷上。
❸❼ 《櫝記》卷下。
❸❽ 《甕記》卷下。
❸❾ 《吉齋漫錄》卷上。
❹⓿ 同❸❾。

把性氣「分明把作二物」，是「終屬恍惚，終屬意見，近於異說矣」❹。在認識論上，吳廷翰援引王廷相《雅述》中的話，主張「嬰孩之知，必假聞見而始知」，「德性之性，必由耳目始眞」❷。在道器問題上，吳廷翰提出的「形，即陰陽之成形者。以其上言之則謂之道，以其下言之則謂之器，是一形之上下之」❸的思想，比王廷相前進了一步，實爲淸初王夫之的道器統一說的理論先聲。如果在知行問題上吳廷翰遜於王廷相的話，那麼在格物致知上，則豐富和發展了王廷相的思想。他指出：格物只是「於物上見得理，才方是實」；「致知只求於心，則是虛見虛聞，故必驗於物而得之於心，乃爲眞知。此正聖賢之學，所以內外物理合一處」❹。由此出發，吳廷翰既反對程朱把「格物」訓爲「至物」，也反對陸王把「格物」訓爲「正心」，指出王陽明所謂致良知說，「源頭只是佛」。吳廷翰承襲王廷相氣學的思想，在某些方面，又把明代氣學向前推進了一步。

　　高拱（1512－1578）　既是嘉、隆之際的著名的政治家，也是氣論學派的重要思想家。隆慶初年，高拱以崇敬的心情爲王廷相撰寫《浚川王公行狀》，極力稱贊王廷相「立言垂訓，根極理要，多發前賢所未發」。他在《問辨錄》、《本語》、《春秋正旨》中，多次引證王廷相的話，肯定「玆言良是」❺。他是自覺地以發揚王廷相的「深微不測之蘊，應用不窮之妙」而自居的思

---

❹　同❸。

❷　《吉齋漫錄》卷下。

❸　同❸。

❹　同❷。

❺　《本語》卷 3。

想家。如果說高拱提出的「氣具夫理，氣卽是理；理具於氣，理卽是氣」**⑯**，「人生則形色完而天性具，氣與理具存也；死則形色毀而天性滅，氣與理俱息也」**⑰**。「聞見之知，乃德性之資；德性之知，爲聞見主賜」**⑱**等觀點，是王廷相氣學思想的繼承與發揮的話，那麼他在無神論和歷史辯證法領域則比王廷相前進了一大步。在無神論上，他不但系統地批判了天人感應論，而且他進一步依據「天人相勝」的原則提出的「天下有道，理爲主；天下無道，命爲主」的論斷，則是王廷相所不及的。社會歷史領域，高拱提出的「苟出於義，則利皆義也；苟出於利，則義亦利也」**⑲**，「以義用其力，以力成其義」**⑳**，「理欲不兩立，人心無二用」**㉑**，「才之濟時」、「時之濟才」**㉒**，特別是他提出的經權統一說（詳見《問辨錄》卷6），都充滿着歷史辯證法的精神，這也是王廷相所不及的。

黃宗羲（1610-1695）　是明清之際一位著名的思想家。他在《明儒學案》中爲王廷相的氣學立了學案，除了撰寫〈肅敏王浚川先生廷相〉外，他還選錄了《雅述》、《慎言》、〈答薛君采論性書〉、〈陰陽管見辨〉等文章。黃宗羲雖說在許多方面高於王廷相，但就氣學而言他對王廷相的氣本論思想極爲肯定，指出

---

⑯　《問辨錄》卷8。

⑰　《問辨錄》卷10。

⑱　《問辨錄》卷3。

⑲　《問辨錄》卷1。

⑳　《問辨錄》卷7。

㉑　《問辨錄》卷2。

㉒　同**⑯**

王廷相「主張橫渠之論理氣，以爲『氣外無性』，此定論也」[53]
在宇宙論上，他繼承王廷相的思想，極力反對程朱學派的理本論
思想，主張「通天地，亘古今，無非一氣而已」。認爲「氣本一
也，而有往來闔闢升降之殊，則分之爲動靜，有動靜則不得不分
之爲陰陽。然此陰陽之動靜也，千條萬條，紛紜繆轕，而卒不克
亂。萬古此寒暑也，萬古此生長收藏也。莫知其所以然而然，是
卽所謂理也，所謂太極也。以其不紊而言，則謂之理；以其極至
而言，則謂之太極」[54]。他和王廷相一樣，都主張「道、理皆從
形、氣而立，離形無所謂道，離氣無所謂理」[55]。他和王廷相都
承認「無氣外之理」[56]，認爲「理氣之名，由人而造」。理與氣
是「一物而兩名，非兩物而一體也」[57]。由此，他批評了薛瑄的
「氣有聚散，理無聚散」的理學思想。但是，應當指出，黃宗羲
在宇宙觀上雖然吸取了王廷相的氣本論思想，堅持「盈天地皆
氣」的觀點，但是他並沒有把氣本論貫徹到底，有時他還主張
「盈天地間皆心」[58]的觀點。在人性和道德問題上，他一步也沒
有離開王陽明的「心卽理」的理論立場，這較之王廷相就遜色得
多了。

　　無論從縱向還是從橫向考察，都說明有明一代的氣論學者雖
然在氣學理論和批判宋明理學方面都作出了自己的貢獻，但是就

---

[53]　《明儒學案》卷50，〈諸儒學案中四〉。

[54]　《太極圖講義》。

[55]　《子劉子行狀》卷下。

[56]　《孟子師說》卷6。

[57]　《明儒學案》卷44，〈諸儒學案上二〉。

[58]　《明儒學案‧自序》。

他們的理論貢獻和社會影響來說，沒有一個能超過王廷相的。王廷相建構的博大精深的氣學體系，在明代氣論學者中是首屈一指的。因此，把王廷相說成是明代氣論學派的主帥和奠基者之一，是當之無愧的。

三、王廷相是從張載到王夫之的界碑式人物

從宋元明淸時期的氣學思想發展的邏輯程序看，王廷相是從北宋張載到淸初王夫之的界碑式人物。北宋創立氣論哲學思想體系的張載，雖屬於宋明理學的創始人之一，但由於程朱派理學在這一歷史時期始終占居主導地位，代不乏傳人，而張載除了他的人性論和倫理思想爲程門所接受，他的氣論哲學思想卻缺乏傳人，幾成絕學。直到明代中葉，隨着實學思潮的興起，王廷相才眞正開始系統地宣揚張橫渠的氣學思想。只有經過王廷相思想這一重要發展環節，淸初的王夫之才有可能「張橫渠之正學」，把中國古代氣論哲學推到高峰，成爲中國古代氣論哲學的集大成者。王夫之是否讀過王廷相的著作，現在尚無直接證明，但是從哲學發展的邏輯上看，他們二人在氣學的許多基本觀點上都是先後輝映、互爲補充，一脈相承的。

（一）**在本體論上**　他們二人都主張氣本論，反對理本論和心本論。由氣本論出發，在太極問題上張載着重從辯證法的角度，提出「一物而兩體者，其太極之謂歟！」⑲的著名論斷，認爲太極是由虛實、動靜、聚散、淸濁等矛盾構成的統一體──氣。王

---

⑲　《橫渠易說·說卦》。

廷相針對程朱以「理」解「太極」的觀點，着重從實體論的角度，指出太極「卽天地未判之前，大始單純淸虛之氣是也」❻。王夫之綜合他們二人的思想成果，旣肯定太極是「陰陽之混合」的物質實體，從而批評了程朱的離陰陽「別有一太極」的說法，又從「合二而一」與「一分為二」相結合的辯證法高度，認為「自其合同而化者，則混淪於太極之中而為一；自其淸濁、虛實、大小之殊異，則因為二」❻。同時，他又從「體用相函」的角度，提出了「易有太極，故太極有易」❻的辯證法命題，指出無太極，何有陰陽、萬物？這叫「體以致用」；無陰陽、萬物，又何以顯現太極？這叫「用以備體」。從而豐富和發展了張載、王廷相的太極說，把對太極的認識提高到一個新的認識水平。

　在道氣（道器）問題上，北宋張載立足於辯證法，認為道是氣化的過程，「有氣化、有道之名」❻。而王廷相則立足於他的元氣實體論，認為「離氣無道」，「有形亦是氣，無形亦是氣，道寓其中矣」❻。王夫之除了繼承張載、王廷相以「氣」解「道」的思想外，還進一步從「形上」與「形下」、「隱」與「顯」、「體」與「用」諸方面來說明道和器的關係。認為「形而上者謂之道、形而下者謂之器，無非一陰一陽之和而成，盡器則道在其中矣」❻。認為道是「隱然有不踰之天則」卽道是隱於事物之中

　❻　《王氏家藏集》卷33，〈太極辯〉。
　❻　《周易內傳·發例》。
　❻　《周易外傳·繫辭上傳》。
　❻　《正蒙·太和篇》。
　❻　《愼言·道體篇》。
　❻　《思問錄·內篇》。

的規律，器是「形之已成乎物而可見可循者也」。「形而上而不離乎形，道與器不相離」⑥。王夫之力倡「器體道用」說，卽認爲規律（道）只是具體事物（器）的屬性、作用。「道者器之道，器者不可謂之道之器」。

在理氣問題上，張載雖然講「氣」也講「理」、肯定「萬物皆有理」，但重點是講「氣」，還沒有把理氣問題當作哲學中心問題來討論。王廷相發揮張載的「氣中有理」的思想，針對程朱的理氣觀，全面地討論了理氣關係。他從「元氣之上無物」的立場出發，不但系統論證了「氣爲理之本，理乃氣之載」和「理根於氣，不能獨存」的著名論點，而且指出程朱的「理爲氣本」、「理一分殊」的思想是「談虛駕空之論」，實際上是老莊的「道生天地」、佛教的「別有眞性」思想的翻版。王夫之在肯定理是「天地萬物已然之條理」、「理依於氣」的思想的同時，批評了程朱的「離氣言理」的錯誤，進一步論證了「以心循理」的命題，從根本上否定了陸王的「以心主理」的思想。

在虛無問題上，張載在同佛老的辯論中，發揮柳宗元、劉禹錫的以「氣」解「空」的思想，提出了「太虛卽氣、則無『無』」⑥的論斷，肯定了宇宙本體是實有而不是空無。王廷相在張載的基礎上，不但論證了元氣是「實體」的觀念，還進一步說明了氣的辯證性質。他針對程朱只知「氣化」而不知「氣本」的做法，指出「氣者造化之本。有渾渾者，有生生者，皆道之體也。生則有滅，故有始有終；渾然者充塞宇宙，無迹無執，不見其始，安

---

⑥　《周易內傳》卷5。

⑥　同⑥。

知其終？世儒只知氣化而不知氣本，皆於道遠」❻❽。王廷相把
「氣本」與「氣化」、「渾渾者」與「生生者」、「無限」與
「有限」統一起來，認爲氣之聚散的「生生者」是有始有終的、
有限的，而作爲「氣本」的「渾渾者」卻是無始無終、「無迹無
執」的，是無限的。整個物質世界是「氣本」與「氣化」、「有
限」與「無限」的統一。王廷相沿着張載的「太虛卽氣」路線，
提出了「道體不可言無、生有有無」❻❾的命題，克服了張載的
「清虛一大」、「只說得一邊」的理論弱點。王夫之繼承和發揮
了張載、王廷相的思想，明確地提出了「凡虛空皆氣也」❼⓿、
「太虛，一實者也」❼❶的命題，把「虛」、「氣」、「實」三個
概念等同起來，賦予「氣」以客觀實在性，把「氣」從「原始物
質」升華到「物質一般」的水平。並在此基礎上，王夫之全面地
論證了「體用胥有而相需以實」❼❷、「言無者激於言有者」❼❸，
「可依者有也」❼❹、「目所不見、非無色也；耳所不聞、非無聲
也」❼❺等命題，從而對中國古代的有無、虛實之辯作了一次理論
總結。

　　(二)在辯證法上　　張載雖然承認「氣化」的思想，但是他認
爲太虛本體是「至靜無感」的，宇宙間的一切運動變化是「靜中

---

❻❽　同❻❹。

❻❾　同❻❹。

❼⓿　《張子正蒙注・太和篇》。

❼❶　《思問錄・內篇》。

❼❷　《周易外傳・大有》。

❼❸　同❼❶。

❼❹　《周易外傳・無妄》。

❼❺　同❼❶。

之動」、「爲靜而動」，把靜止看成是絕對的，把運動看成是相
對的。王廷相在同程朱的辯論中，承認「靜而無動則滯，動而無
靜則擾」，認爲只有「動靜互涵」，才是「道筌」 ❼。這比張載
前進了一步，但並未解決動與靜何者是絕對的問題。只有當王夫
之既承認「動靜者，乃陰陽之動靜」❼，又承認「動靜皆動」❼，
把運動看成是絕對的時候，才第一次對宋明時期關於動靜之辯作
了一次科學的總結。

　在氣化的動因上，張載在中國哲學史上第一次明確地提出了
「一物兩體」的思想，但是他並未深入地說明統一體中對立面之
間的矛盾關係。王廷相發揮張載的思想，提出了「陰陽相待」的
命題，既承認陰陽「不能相離」的統一性，又承認「陰陽之合，
有賓主偏勝之義」，從而爲張載的「一物兩體」的思想增添了新
的內容。只有在張載、王廷相思想的基礎之上，王夫之才全面地
闡述了他的「分一爲二」與「合二以一」的矛盾法則。認爲「合
兩端於一體」中，既有「相峙而並立」、「相反而相爲仇」的對
立關係，又有「相依而不相離」的統一關係。王夫之是中國古代
辯證法思想的集大成者。

　在運動形式上，張載在中國哲學史上第一次明確地提 出 了
「變言其著、化言其漸」❼的命題，肯定了運動的漸化（化）與
著變（變）兩種形式的學說（詳見《正蒙・神化篇》）。王廷相
承襲了張載的思想，也承認「世變有漸，若寒暑然，非寒而突

---

❼　《愼言・見聞篇》。

❼　《尙書引義・大禹謨一》。

❼　《讀四書大全說》卷10。

❼　《橫渠易說》上經。

暑，暑而突寒也」❽。既肯定自然界和人類社會有「漸化」與「突變」兩種形式，也肯定「驟（突）由漸來」，即質變是由量變積累的結果。王夫之綜合張載、王廷相的思想，不但承認由「漸」到「積」即由量變到質變的辯證法思想，而且進一步承認在質變中既有「質日代而形如一」的部分質變思想，也有「推故而別致其新」的根本質變的思想，從而把中國古代辯證法思想推到一個新的歷史水平。

（三）**在認識論上**　從張載到王夫之是一個逐步深化的過程。

在認識來源上，張載承認「合內外，此人心之所自來也」❽。「人謂己有知，由耳目有受也；人之有受，由內外之合也」❽。王廷相發揮張載的「由內外之合」的思想，提出了「思與見聞之會」❽的論點，肯定了感性認識是「在內之靈」與「在外之資」相結合的產物，也肯定了理性認識是「博於外」與「精於內」相結合的產物。在此基礎上，王廷相批評了張載的「德性所知」的學說，指出「德性所知」是一種「禪學之惑人」。王夫之雖然沒有完全擺脫「德性所知」的思想影響，承認有「不倚見聞」的「德性所知」的存在，但是他畢竟比王廷相高明，不但堅持「形也、神也、物也，三相遇而知覺乃發」❽的由物到心的認識路線，而且也改造了佛教的能所觀，指出「境之俟用者曰『所』，用之加乎境而有功者曰『能』」，主觀（能）與客觀（所）

---

❽　同⑫。

❽　《正蒙·乾稱篇》。

❽　《正蒙·大心篇》。

❽　同⑫。

❽　同⑦。

是有嚴格區別的。同時，他也強調「體俟用則，因所以發能；用用乎體，則能必符其所；體用一依其實，不背其故，而名實各相稱矣」[85]。從而全面地辯證地解決了認識的來源問題。

在知行問題上，張載從認識論與修養論相統一的角度，雖說提出過某些命題，如「尊其所聞則高明，行其所知則光大，凡未理會至實處，如空中立，終不曾踏着實地」[86]。「克已，下學也，下學上達交相培養，蓋不行則成何德性哉！」[87]但是，他的知行學說相當簡略，未成體系，而且帶有濃厚的道德色彩。王廷相在同程朱的「知先行後」與王陽明的「知行合一」說的辯論中，提出的「知行兼舉」的學說，主張在「實踐處用功，人事上體驗」，系統地論證了「講得一事，卽行得一事，行得一事，卽知一事，所謂眞知」的思想，強調實踐在認識過程中的地位和作用。王夫之只有在王廷相思想的基礎之上，才有可能全面地論證他的「行可兼知，而知不可以兼行」的學說。不但承認「行而後知有道」、「知必以行為功」、「知行始終不相離」，而且承認「行焉可以得知之效」。「知之盡，則實踐之」，肯定認識的目的在於實踐，認識的檢驗亦在於實踐，從而糾正了張載的「共見共聞」的眞理標準論的錯誤，把中國古代的知行學說推到一個新的高度。

（四）在人性論上　張載首創性二元論，把人性分成「氣質之性」與「天地之性」，指出「形而後有氣質之性；善反之，則天地之性存焉」[88]。王廷相基於他的氣一元論，主張「性生於

---

[85]　《尙書引義‧召詔無逸》。

[86]　《經學理窟‧義理》。

[87]　《經學理窟‧大原下》。

[88]　《正蒙‧誠明篇》。

氣」❸⑨，極力批評張載的「天地之性」的說教，指出「人有二性，此宋儒之大惑也」。王夫之不但反對張載的性二元論，指出「氣質中之性，而非本然之性以外，別有一氣質之性也」。而且把「變化日新」的觀點運用於人性理論，獨特地提出了「氣日生故性亦日生」❸⑩的命題，既堅持了氣一元論學說，又堅持了辯證法思想。

綜上所述，張載、王廷相和王夫之，是宋明時期氣論思想發展過程中的三個里程碑式的人物。王夫之所以能夠成為中國古代氣學的集大成者，從思想淵源上，並不是簡單地承襲北宋張載，而是經過明代王廷相這個中間發展環節，才逐步達到的。只有從宋明氣學發展的全過程看，才能正確地揭示出王廷相在宋明哲學史上的歷史地位和作用。

---

❸⑨　同❶⑫。

❸⑩　《讀四書大全說》卷7。

年　表

明清譜牒學中，向無王廷相的年譜年表。今據王廷相的著
作、傳記以及明清有關史籍、文集和方誌，撰成王廷相年表。

明洪武十七（公元1384）年甲子

—— 朱元璋頒科舉取士式，規定《四書》用朱熹注，《五經》
用宋儒注及古注疏。

明永樂十二（公元1414）年甲午

—— 朱棣命胡廣、楊榮、金幼孜等纂修《五經大全》、《四書
大全》、《性理大全》。永樂十五年，書成頒布於天下。

明成化十（公元1474）年甲午、一歲

—— 申藏「妖書」之禁。

—— 命王越總制延綏、甘肅、寧夏三邊。

—— 十月二十五日，王廷相生於河南儀封（今河南省蘭考縣）
崇化鄉三圖二甲。王廷相字子衡，號浚川，又號平崖，別
號河濱丈人。其先祖係山西潞州長治人。明天順中，其父
王增以衞籍始徙儀封。其父王增以上「皆隱迹弗耀」。其
父王增、其祖王實一、其曾祖王思義，俱以王廷相貴，累
贈太子太保兵部尚書兼都察院左都御史；其母田氏贈一品
夫人，其妻劉氏累封一品夫人。子三，女五。

明成化十一（公元1475）年乙未，二歲

—— 湖南苗族起義，攻武岡、靖州。

明成化十二（公元1476）年丙申，三歲

　　—— 荆、襄流民日增。

明成化十三（公元1477）年丁酉，四歲

　　—— 黃綰（1477-1551）生。

　　—— 甘肅、寧夏、山東地震。

明成化十四（公元1478）年戊戌，五歲

　　—— 張瓚鎮壓松潘衞藏民起義。

明成化十五（公元1479）年己亥，六歲

　　—— 韓邦奇（1479-1555）生。

　　—— 播州苗族起義。

明成化十六（公元1480）年庚子，七歲

　　—— 蒙族亦思馬因攻掠大同等地。

　　—— 王廷相入私塾，拜李珍爲師。

明成化十七（公元1481）年辛丑，八歲

　　—— 江蘇、安徽、河南、河北地震。

明成化十八（公元1482）年壬寅，九歲

　　—— 河南等地發生水災。

明成化十九（公元1484）年癸卯，十歲

　　—— 廣西桂林等地傜民起義。

　　—— 韃靼小王子攻掠大同等地。

　　—— 王艮（1483-1541）生。

明成化二十（公元1484）年甲辰，十一歲

　　—— 韃靼亦思馬因重掠河套。

　　—— 胡居仁（1434-1484）卒。

明成化二十一（公元1485）年乙巳，十二歲

　　——泰安、固原、遵化、廉州、京師地震。

明成化二十二（公元1486年）丙午，十三歲

　　——韃靼小王子攻掠甘州等地。

　　——王廷相補邑庠弟子員，以能古文詩賦名。

明成化二十三（公元1487）年丁未，十四歲

　　——八月，明憲宗朱見深卒。九月，太子祐堂卽位，是爲明孝
　　　　宗。

明孝宗弘治元（公元1488）年戊申，十五歲

　　——楊愼（1488-1559）生。

明弘治二（公元1489）年己酉，十六歲

　　——黃河水災。

明弘治三（公元1490）年庚戌，十七歲

　　——戶部侍郎白昂役民夫二十五萬，築堤、浚河，河患稍緩。

明弘治四（公元1491）年辛亥，十八歲

　　——鄒守益（1491-1562）生。吳廷翰（1491-1559）生。

明弘治五（公元1492）年壬子，十九歲

　　——廣西瑤族、壯族起義。貴州苗族起義。

明弘治六（公元1493）年癸丑，二十歲

　　——廣西古田壯族起義。

　　——土魯番襲據哈密。

　　——韃靼小王子攻掠寧夏。

明弘治七（公元1494）年甲寅，二十一歲

　　——韃靼小王子攻掠甘、涼等地。

明弘治八（公元1495）年乙卯，二十二歲

—— 大學士丘濬（1420-1495）卒，李東陽（1447-1516）等人
入閣。

—— 王廷相登鄉試。

明弘治九（公元1496）年丙辰，二十三歲

—— 錢德洪（1496-1574）生。

—— 王廷相以會試不第，去潞州展墓，聚友講學。

明弘治十（公元1497）年丁巳，二十四歲

—— 命修《大明會典》。

—— 韃靼小王子攻溯河川、大同等地。

明弘治十一（公元1498）年戊午，二十五歲

—— 王畿（1498-1553）生。

明弘治十二（公元1499）年己未，二十六歲

—— 貴州普安土司米魯起兵。

—— 韃靼小王子入攻河套。

明弘治十三（公元1500）年庚申，二十七歲

—— 理學家陳獻章（1428-1500）卒。

明弘治十四（公元1501）年，二十八歲

—— 韃靼諸衞攻擾延綏、寧夏、固原等地。

明弘治十五（公元1502）年壬戌，二十九歲

—— 瓊州黎族起義。

—— 王廷相登進士第，授翰林庶吉士。善工詩古文辭，**與李夢
陽**（1473-1530）、何景明（1483-1521）等齊名，**時稱**
「七子」。

明弘治十六（公元1503）年癸亥，三十歲

　　——廣東歸善等地起義。

　　——王廷相輯成《溝斷集》（二卷）。

明弘治十七（公元1504）年甲子，三十一歲

　　——韃靼攻掠大同。

　　——思恩土官岑濬起兵，攻占上林等縣。

　　——羅洪先（1504-1564）生。

　　——王廷相授兵部給事中。夏，火篩入大同殺墩軍，官兵傷亡
　　　　慘重。王廷相呈上〈擬經略邊關事宜疏〉。

明弘明十八（公元1505）年乙丑，三十二歲

　　——孝宗卒，武宗即位。

　　——王廷相以父喪，歸籍守制。

明正德元（公元1506）年丙寅，三十三歲

　　——宦官劉瑾專權，提督十二團營，掌司禮監。劉健、謝遷等
　　　　人致仕。

　　——王守仁（1472—1528）謫貴州龍場驛，首倡「致良知」學說。

　　——王廷相仍在家守制，作〈山陰縣教諭張公墓誌銘〉。

明正德二（公元1507）年丁卯，三十四歲

　　——劉瑾矯旨，以大學士劉健等五十三人為奸黨，榜示朝堂。

　　——王廷相在家守制，作〈重修儀封縣學記〉。

明正德三（公元1508）年戊辰，三十五歲

　　——劉瑾專權，收三百餘人入錦衣衛。

　　——王廷相喪制期滿至京。劉瑾中以罪，謫亳州判官。

明正德四（公元1509）年己巳，三十六歲

　　——江西王澄二、四川藍廷瑞等農民起義。

—— 王守仁在貴陽書院講授「致良知」學說。

—— 王廷相升高淳知縣。旋改「巡鹽山東，抉奸剔蠹，權貴斂迹」。

明正德五（公元1510）年庚午，三十七歲

—— 安化王寘鐇起兵叛亂。

—— 江西、湖廣農民起義。河北劉六、劉七起義。

—— 劉瑾謀反事發，逮獄伏誅。

—— 王廷相召爲御史，巡按陝西。查抄劉瑾死黨曹雄家產。

明正德六（公元1511）年辛未，三十八歲

—— 劉六、劉七起義軍轉戰河北、河南、山東等地。

—— 楊虎、劉惠、趙燧等起義軍轉戰河南、山西、湖北、安徽等地。

—— 以河北、山東、河南諸省農民起義，王廷相呈上〈論剿流賊用將及將權疏〉。

—— 王廷相復上〈復論諸將剿賊兵略事宜疏〉。主張「沿河津要，先爲屯布重兵」，阻其南渡。然後，在山東、河北等地，以「追尾、掩、截」三策，追剿劉六、劉七等起義軍。

明正德七（公元1512）年壬申，三十九歲

—— 劉六等起義軍重入河北，京師大震。趙燧起義軍攻破安徽、河南數縣。

—— 高拱（1512-1578）生。

—— 以關東起義軍進逼陝西，王廷相通令陝西各地修理城池。呈上〈潼關增設兵備題本〉。

—— 王廷相巡視陝西各州縣，清查淹禁獄囚，稽查充徒囚犯。

—— 朝廷大造皇册。王廷相頒布〈爲禁革攢造黃册積弊等事〉。

—— 權閹廖鎧鎮守陝西，朘剝無度。王廷相繩之以法。

明正德八（公元1513）年癸酉，四十歲

—— 江西、四川農民起義被鎮壓。

—— 小王子犯大同等地。

—— 王廷相督學北畿，權閹以納賄干及學政，王廷相引使者于
　　庭，焚其書。

明正德九（公元1514）年甲戌，四十一歲

—— 小王子犯邊。

—— 王廷相以廖鎧等權宦誣奏，詔逮下獄，謫贛楡縣丞。

明正德十（公元1515）年乙亥，四十二歲

—— 嶺西傜族、松潘衞番人暴動。

—— 小王子犯邊。

—— 王廷相令民修建贛楡縣廳。王廷相在贛楡「損其戶數，寬
　　其租賦，優其苑倪，節其供億，期季而民復其業過半，廢
　　田畫墾，公私裕如」。

—— 在贛楡，王廷相著有《近海集》。

明正德十一（公元1516）年丙子，四十三歲

—— 王守仁升都察院左僉都御史。

—— 小王子犯邊。

—— 王廷相由贛楡縣丞升寧國知縣。

明正德十二（公元1517）年丁丑，四十四歲

—— 王守仁抵江西，鎮壓農民起義。

—— 何心隱（1517-1579）生。

—— 王廷相升松江府同知。在松江，著有《吳中稿》。

—— 王廷相升四川按察司提學僉事，頒布〈督學四川條約〉。

明正德十三（公元1518）年戊寅，四十五歲

—— 江西農民起義被鎮壓。

—— 王廷相督學川北，作〈巴人竹枝歌〉。又作〈答仲默〉，
與何景明討論哲學問題。

明正德十四（公元1519）年己卯，四十六歲

—— 江西寧王宸濠叛亂。

—— 八月，江西寧王宸濠叛亂奏平。王廷相作〈破賊〉二首，
謳歌統一。

—— 四川西部松潘衞、南部阿漾及流民謝文義等起義，王廷相
呈上〈盛都憲公撫蜀七事〉。

—— 王廷相撰〈深衣論〉、〈深衣本篇解〉，駁「今之圖制論
說」之謬。

明正德十五（公元1520）年庚辰，四十七歲

—— 武宗卒，立興獻王子朱厚熜爲明世宗。

—— 何景明卒。

—— 以川北災荒，王廷相作〈答李獻忠論救荒事宜書〉。

—— 王廷相將游蜀三年「所著詩文雜說凡三百餘首，萃爲帙而
橐之」，輯成《華陽稿》（兩卷）。

—— 王廷相升山東提學副使。

明嘉靖元（公元1522）年壬午，四十九歲

—— 山東青州礦工暴動。

—— 山東舉行鄉試，輯成《詵齒錄》。王廷相應邀作〈詵齒錄
後序〉。

明嘉靖二（公元1523）年癸未，五十歲

—— 山東青州礦工起義被鎮壓。

—— 王廷相向山東巡撫陳鳳梧 (1475-1541) 呈上〈治盜議〉，提出「以不治之法治之」。

—— 夏，王廷相升湖廣按察使。「楚俗悍詐健訟，公讞決如流，滯獄一空，湘民以『青天』呼之」。

—— 以長江流域「盜賊」生發，王廷相呈請〈議處緝捕江賊〉。

明嘉靖三（公元1524）年甲申，五十一歲

—— 定「大禮儀」，以興獻王為「皇考」。羣臣力爭，下獄者一百餘人，廷杖致死者十七人。

—— 王廷相升山東布政司右布政使。

—— 丁母憂，王廷相歸里守制。以喪禮多謬戾難行，著《喪禮備纂》，批評「重以浮屠，追薦尚侈」之風。

—— 作〈故贈文林郎東光縣知縣張公妻太孺人李氏墓誌銘〉，稱讚其子張漢卿在朝廷「議大禮」中的抗疏極諫精神。

明嘉靖四（公元1525）年乙酉，五十二歲

—— 土魯番犯肅州。

—— 張居正 (1525-1582) 生。

—— 以高拱祖父高魁葬於故里，王廷相作〈明故工部都水司郎中進階中憲大夫高公墓誌銘〉。

明嘉靖五（公元1526）年丙戌，五十三歲

—— 四川芒部隴政暴動被鎮壓，改土歸流，設鎮雄府。

—— 小王子侵犯大同、宣府等地。

—— 哲學家何瑭 (1474-1543) 字粹夫，號柏齋，撰成《陰陽管見》。王廷相在〈答何粹夫〉一文中，對何瑭的形神二元論提出了批評。

—— 王廷相輯成《家居集》（三卷）。

明嘉靖六（公元1527）年丁亥，五十四歲

—— 四川芒部隴氏餘黨沙保等再次暴動。

—— 李贄（1527-1602）生。

—— 夏，王廷相升四川巡撫右副都御史。通令四川各地「清審
　　獄囚」，以釋民冤；發佈〈議處殷實收解錢糧〉和〈處置
　　收受錢糧〉等通令，以期改革錢糧收解之弊。

—— 王廷相奉命鎮壓四川芒部沙保暴動。「上嘉悅，賜金綺，
　　酬其勞」。

—— 王廷相撰成《慎言》，系統地論述了他的「元氣之上無
　　物」和「性生於氣」的哲學思想體系。

明嘉靖七（公元1528）年戊子，五十五歲

—— 王守仁以武力鎮壓廣西斷藤峽八寨等地暴動。

—— 小王子犯山西，宣府、大同告急。

—— 王廷相由巡撫四川改行兵部右侍郎。

—— 王廷相奉命閱視三邊，「提督延綏寧夏邊防築垣」。呈上
　　〈閱視陝西延寧邊防題本〉，建議改革「邊事懈弛」、
　　「儲餉不給」、「偷惰自逸」等弊病。

—— 王廷相奉命清查騰驤四衞勇士，呈上〈清查騰驤四衞勇士
　　題本〉，建議將騰驤四衞勇士定爲五千四百三名，今後
　　「不許額外增添」。

—— 十二月，王廷相改爲兵部左侍郎。時值朝廷爭論四川芒部
　　「改流革土」問題。王廷相在〈與胡靜庵論芒部改流革土
　　書〉中，駁斥了以胡靜庵爲代表的「設流改土」派，主張
　　「以復土官舊貫爲第一義」。

—— 王廷相呈上〈與胡靜庵論土魯番書〉。在閉關與通貢的辯

論中，朝廷採納了王廷相等人建議，「自是番酋通貢如故，而哈密存亡遂置不問，河西稍獲休息」。

明嘉靖八（公元1529）年己丑，五十六歲

—— 山西、湖廣、河南、江西、陝西、河北等地災荒遍及。

—— 王廷相呈上〈乞行義倉疏〉。建議以義倉之法救荒、備荒。

—— 王廷相撰成《答天問》一書，糾正柳宗元、朱熹等人的「誣謬奇詭」和「神怪之說」。

明嘉靖九（公元1530）年庚寅，五十七歲

—— 立曲阜孔、顏、孟三氏學。

—— 李夢陽卒。

—— 正月，王廷相由兵部左侍郎升為南京兵部尚書。呈上〈裁減南京進貢馬快船隻題本〉，以期節省財力，蘇息民困。

—— 王廷相呈上〈參劾神宮監太監劉杲賣放軍士題本〉，以懲劉杲玩法欺公、私占正軍、受財賣放之罪。

—— 王廷相呈上〈節省快船冗費題本〉，以紓民力和節省國用。

—— 王廷相呈上〈清革內外守備弊政疏〉，以除擾害地方之弊政。

—— 王廷相參劾南京司苑局左監丞鞠貴等人，「多占上直軍士、勒令辦納月錢，假稱供應之名，實遂貪饕之計」之罪行。

明嘉靖十（公元1531），年辛卯五十八歲

—— 韃靼攻掠甘州、大同等地。

—— 應李夢陽外甥、鳳陽大守曹仲禮之請，作《李空同集·序》。

明嘉靖十一（公元1532）年壬辰，五十九歲

—— 小王子侵犯延綏。

—— 王廷相呈上〈乞革內外守備占收草場銀題本〉。明世宗「命下楊奇、卜春法司問，徐鵬舉姑奪祿米三月」。

—— 王廷相呈上〈請處置江洋捕盜事宜疏〉，提出「復兵備」、「禁沙船」、「復巡船」、「責督捕」、「議鹽禁」等五法，以弭長江流域「盜賊」。

—— 「前七子」之一邊貢（1476-1532）卒。王廷相作「邊司空悼亡次韻〉，以悼念之。

明嘉靖十二（公元1533）年癸巳，六十歲

—— 小王子犯延綏，掠固原。

—— 大同兵變。

—— 南京御史馮恩因言事下獄。

—— 王廷相升都察院左都御史。

—— 王廷相為嚴嵩詩文集作《鈐山堂集序》。

—— 王廷相呈上〈遵憲綱考察御史疏〉。規定考察差回御史六事如下：(1)除奸革弊，以防因循；(2)伸冤理枉，以防苛刻；(3)揚清激濁，以防偏私；(4)完銷勘合，以防淹滯；(5)清修簡約，以防擾民；(6)撫按協和，以防其傲。

—— 王廷相〈再擬憲綱未盡事宜疏〉。續列三事如下：(1)巡視倉庫，以清奸弊；(2)巡察盜賊，以督剿捕；(3)撫恤軍士，以除虐政。

—— 王廷相呈上〈請定剿捕大同叛軍賞格疏〉，主張採取「重立賞格」的措施，以平定兵變。

—— 冬，王廷相上疏辯救馮恩，「以伸臺諫敢言之氣」。

—— 是年，以皇子生詔赦天下，王廷相呈請復議蔡天祐等人罪案。

明嘉靖十三（公元1534）年甲午，六十一歲

—— 張瓚率兵平定大同兵變。

—— 小王子犯大同，吉囊犯響水堡。

—— 王廷相升兵部尚書。提督團營，仍掌院事。

—— 王廷相呈上〈請議南京外守備事權疏〉。世宗遂解徐鵬舉
　　兵權，以防後患。

—— 王廷相撰成〈答何柏齋造化論〉。在〈答何柏齋造化論〉
　　一文中，全面地批駁了何瑭的哲學思想，系統地論證了他
　　的「道體本實本有」和「陰陽相待」的氣論思想。

明嘉靖十四（公元1535）年乙未，六十二歲

—— 遼東兵變，執巡撫呂經。

—— 王廷相議處遼東兵變。決定「以僉都御史韓邦奇爲副都御
　　史，巡撫遼東，召呂經還」。

—— 詔授河南儀封縣孔子後裔孔永肅國子監學正。王廷相作
　　〈送世襲國子監學正孔先生序〉。

明嘉靖十五（公元1536）年丙申，六十三歲

—— 賜道士邵元節爲禮部尚書。

—— 韃靼攻掠涼州、延綏、大同。

—— 王廷相呈上〈請更調遼東總兵馬永疏〉，建議調馬永鎮守
　　薊州，以衞京師之安。

—— 明世宗加升王廷相爲太子太保。

—— 王廷相以張延齡獄中怨謗嘉靖皇帝事，奏請「清獄法，疏
　　壅滯，以正綱紀」；「究怨謗，誅元惡，以謝天下」。

—— 詔赦天下。王廷相遵詔，議處各地復查案件。

—— 王廷相呈上〈修舉團營事宜疏〉，提出「選軍」、「惜馬」、

「訓練」三項改革措施。

明嘉靖十六（公元1537）年丁酉，六十四歲

—— 御史游居敬劾王守仁、湛若水私創「偽學」，遂罷各地私立書院。

—— 韃靼攻擾大同、宣府。

—— 王廷相應何景明外甥王朝良之請，作《何氏集序》。

明嘉靖十七（公元1538）年戊戌，六十五歲

—— 韃靼攻擾大同、宣府、河西等地。

—— 明世宗命王廷相為殿試讀卷官。

—— 王廷相撰成《雅述》。在《雅述》中，王廷相在本體論上着重闡述他的「元氣為道之本」的觀點，指出程朱的「理為氣本」的思想，是老莊「道生天地」的「改易面目之論」。在認識論上，主張一切認識都是「因習而知，因悟而知，因過而知，因疑而知」。在人性論上，主張「性生於氣」，反對朱子「本然、氣質二性之說」。

明嘉靖十八（公元1539）年己亥，六十六歲

—— 世宗以道士陶仲文為秉一真人。

—— 韃靼犯宣府、攻楡林。

—— 以獻帝神主北遷，嘉靖皇帝欲躬自往視，王廷相呈上〈乞留聖駕南巡疏〉。疏入，世宗「皆以溫旨慰答，即令公輔行，掌軍務及行在兵部都察院事。沿途日侍帷幄，恭和聖制詩篇，賞賚稠疊」。

—— 以王廷相積有年勞，升太子太保，仍掌院事。

—— 雷震奉先殿。王廷相呈上〈天變自陳疏〉，借以斥責嚴嵩等人的貪污、奔競之風。

明嘉靖十九（公元1540）年庚子，六十七歲

—— 世宗服藥求仙。楊最力諫，被杖死。

—— 兵部尚書張瓚薦舉犯贓私罪的湯慶爲江防總兵官。王廷相呈上〈請停兵部推用江防總兵官疏〉，建議「不必點用」。

—— 世宗爲方士所惑，欲成神仙，遂令太子監國。舉朝文武大臣「愕不敢言」。王廷相冒死呈上〈議太子監國等事疏〉。疏入，其事報罷。

明嘉靖二十（公元1541）年辛丑，六十八歲

—— 武定侯郭勛失寵，被劾下獄，逾年死。

—— 以廷試天下貢士，王廷相充任讀卷官。

—— 王廷相奏請治前遼東巡按胡文舉，帶定遼右衞指揮使王詔到瀋陽等地「指稱誆編」罪，建議世宗「先將胡文舉罷黜」，「本院仍行提問重治」。

—— 王廷相以郭勛事牽連，被罷官歸里。

明嘉靖二十一（公元1542）年壬寅，六十九歲

—— 廣州瓊州黎民暴動。

—— 韃靼犯山西。

—— 王廷相罷歸家居。抵家後，「閉門讀書，對親友不言宦績。時游東園會客，葛巾野服，訢訢焉」。

明嘉靖二十二（公元1543）年癸卯，七十歲

—— 貴州銅仁苗族起義。

—— 俺答犯延綏，擾昌平。

—— 直隸巡按監察御史郭廷晃出按江北，途經儀封，向王廷相請教。王廷相取出《駁稿集》和《公移集》，指出「惟公、惟明、惟愼，變而通之，推而行之，斯按治也庶幾矣」。

明嘉靖二十三（公元1544）年甲辰，七十一歲

—— 俺答攻大同。小王子掠蔚州，京師戒嚴。

—— 加道士陶仲文秩少師。

—— 九月 ，王廷相以病逝世 。臺諫交章謂宜加恤典，以慰人心，而當事者竟泥之。「隆慶初，詔臺諫舉先朝應得恤典諸臣，輿論皆以公爲最。詔復原官，贈少保，諡肅敏；諸餘葬祭，皆視他有加數云」。

引 用 書 目

1. 周　禮
2. 老　聃　老子
3. 孔　丘　論語
4. 管　子
5. 孟　軻　孟子
6. 莊　周　莊子
7. 荀　況　荀子
8. 韓　非　韓非子
9. 呂不韋　呂氏春秋
10. 黃帝內經
11. 賈　誼　新書
12. 劉　安　淮南子，1989年，中華書局，北京。
13. 董仲舒　春秋繁露
14. 董仲舒　舉賢良對策（載於《漢書·董仲舒傳》）
15. 班　固　漢書
16. 揚　雄　法言，1987年，中華書局，北京。
17. 王　充　論衡，1979年，中華書局，北京。
18. 張　衡　渾天儀注（《開元占經》卷1引）
19. 王　符　潛夫論，1979年，中華書局，北京。
20. 何　休　春秋公羊傳解詁
21. 范　曄　後漢書
22. 嵇　康　嵇康集，1962年，人民文學出版社，北京。

23. 張　湛　列子注

24. 范　縝　神滅論（載於《梁書・范縝傳》）

25. 劉禹錫　劉禹錫集，1975年，上海人民出版社，上海。

26. 李　翱　復性書

27. 柳宗元　柳河東全集，中華民國二十年，世界書局，上海。

28. 李昉等　太平御覽

29. 李　覯　李覯集，1981年，中華書局，北京。

30. 周敦頤　周敦頤集，1990年，中華書局，北京。

31. 邵　雍　皇極經世

32. 張　載　正蒙，收於《張載集》，1978年，中華書局，北京。

33. 張　載　橫渠易說，同上。

34. 張　載　經學理窟，同上。

35. 張　載　張子語錄，同上。

36. 程顥、程頤　河氏程氏遺書，收於《二程集》，1981年，中華書局，北京。

37. 程顥、程頤　河南程氏粹言，同上。

38. 胡　宏　知言，收於《胡宏集》，1987年，中華書局，北京。

39. 朱　熹　朱文公文集

40. 朱　熹　太極圖說注

41. 朱　熹　四書章句集注，1983年，中華書局，北京。

42. 朱　熹　朱子語類，1986年，中華書局，北京。

43. 陸九淵　陸九淵集，1981年，中華書局，北京。

44. 葉　適　葉適集，1961年，中華書局，北京。

45. 丘　濬　大學衍義補

46. 陳獻章　陳獻章集，1987年，中華書局，北京。

47. 羅欽順　困知記，1990年，中華書局，北京。

48. 羅欽順　整庵續稿

49. 王守仁　王文成公全書

50. 王廷相　王氏家藏集，收於《王廷相集》，1989 年，中華書局，北京。

51. 王廷相　雅述，同上。

52. 王廷相　愼言，同上。

53. 王廷相　內臺集，同上。

54. 王廷相　浚川內臺集，同上。

55. 王廷相　浚川公移集，同上。

56. 王廷相　浚川駁稿集，同上。

57. 王廷相　浚川奏議集，同上。

58. 王廷相　喪禮備纂，同上。

59. 王廷相　華陽稿

60. 崔　銑　士翼

61. 韓邦奇　苑洛集

62. 韓邦奇　正蒙拾遺

63. 楊　愼　太史升庵全集

64. 楊　愼　丹鉛總錄

65. 吳廷翰　櫝記，收於《 吳廷翰集 》，1984年，中華書局，北京。

66. 吳廷翰　甕記，同上。

67. 吳廷翰　吉齋漫錄，同上。

68. 高　拱　高文襄公文集

69. 高　拱　本語

70. 高　拱　問辨錄

71. 李　贄　焚書，1975年，中華書局，北京。

72. 李　贄　續焚書，1975年，中華書局，北京。

73. 呂　坤　呻吟語

74. 焦　竑　國朝獻征錄

75. 黃宗羲　明儒學案，1985年，中華書局，北京。

76. 黃宗羲　宋元學案，1986年，中華書局，北京。

77. 黃宗羲　孟子師說，載於《黃宗羲全集》卷1，1985年，浙江古籍出版社，杭州。

78. 黃宗羲　子劉子行狀，同上。

79. 方以智　東西均，1962年，中華書局，北京。

80. 顧炎武　日知錄，1985年，上海古籍出版社，上海。

81. 王夫之　思問錄內篇，1956年，古籍出版社，北京。

82. 王夫之　思問錄外篇，1956年，古籍出版社，北京。

83. 王夫之　張子正蒙注，1956年，古籍出版社，北京。

84. 王夫之　尙書引義，1962年，中華書局，北京。

85. 王夫之　周易外傳，1962年，中華書局，北京。

86. 王夫之　讀四書大全說，1975年，中華書局，北京。

87. 紀　昀　閱微草堂筆記，1980年，上海古籍出版社，上海。

88. 顏　元　顏元集，1987年，中華書局，北京。

89. 章學誠　文史通義，1985年，中華書局，北京。

90. 姚廣孝等撰　明實錄

91. 張廷玉等撰　明史

92. 夏　燮　明通鑒

93. 谷應泰　明史紀事本末

94. 龍文彬　明會要

95. 張岱年　中國唯物主義思想簡史，1957年，中國青年出版社，北京。

96. 張岱年　中國哲學大綱，1982年，中國社會科學出版社再版，北京。

97. 嵇文甫　王船山學術論叢，1962年，生活・讀書・新知三聯書店，北京。

98. 侯外廬主編　中國思想通史，卷4（下冊），1960年，人民出版社，北京。

99. 侯外廬、邱漢生、張豈之主編　宋明理學史，下卷（一），1987年，人民出版社，北京。

100. 葛榮晉　王廷相生平學術編年，1987年，河南人民出版社，鄭州。

索　引

世界哲學家叢書（一）

書　　　　　名	作　　者	出 版 狀 況
孟　　　　　子	黃　俊　傑	撰　稿　中
老　　　　　子	劉　笑　敢	撰　稿　中
莊　　　　　子	吳　光　明	已　出　版
墨　　　　　子	王　讚　源	撰　稿　中
淮　　南　　子	李　　　增	排　印　中
賈　　　　　誼	沈　秋　雄	撰　稿　中
董　　仲　　舒	韋　政　通	已　出　版
揚　　　　　雄	陳　福　濱	撰　稿　中
王　　　　　充	林　麗　雪	排　印　中
王　　　　　弼	林　麗　真	已　出　版
嵇　　　　　康	莊　萬　壽	撰　稿　中
劉　　　　　勰	劉　綱　紀	已　出　版
周　　敦　　頤	陳　郁　夫	已　出　版
邵　　　　　雍	趙　玲　玲	撰　稿　中
張　　　　　載	黃　秀　璣	已　出　版
李　　　　　覯	謝　善　元	已　出　版
王　　安　　石	王　明　蓀	撰　稿　中
程顥、程　　頤	李　日　章	已　出　版
朱　　　　　熹	陳　榮　捷	已　出　版
陸　　象　　山	曾　春　海	已　出　版
陳　　白　　沙	姜　允　明	撰　稿　中
王　　陽　　明	秦　家　懿	已　出　版
王　　廷　　相	葛　榮　晉	已　出　版
李　　卓　　吾	劉　季　倫	撰　稿　中
方　　以　　智	劉　君　燦	已　出　版

世界哲學家叢書 (二)

書　　　　　名	作　　者	出 版 狀 況
朱　　舜　　水	張　立　文	撰　　稿　　中
眞　　德　　秀	朱　榮　貴	撰　　稿　　中
劉　　蕺　　山	張　永　儁	撰　　稿　　中
黃　　宗　　羲	盧　建　榮	撰　　稿　　中
顏　　　　　元	楊　慧　傑	撰　　稿　　中
戴　　　　　震	張　立　文	已　　出　　版
竺　　道　　生	陳　沛　然	已　　出　　版
眞　　　　　諦	孫　富　支	撰　　稿　　中
慧　　　　　遠	區　結　成	已　　出　　版
僧　　　　　肇	李　潤　生	已　　出　　版
智　　　　　顗	霍　韜　晦	撰　　稿　　中
吉　　　　　藏	楊　惠　南	已　　出　　版
玄　　　　　奘	馬　少　雄	撰　　稿　　中
法　　　　　藏	方　立　天	已　　出　　版
惠　　　　　能	楊　惠　南	撰　　稿　　中
登　　　　　觀	方　立　天	撰　　稿　　中
宗　　　　　密	冉　雲　華	已　　出　　版
永　明　延　壽	冉　雲　華	撰　　稿　　中
知　　　　　禮	釋　慧　嶽	撰　　稿　　中
大　慧　宗　杲	林　義　正	撰　　稿　　中
憨　山　德　清	江　燦　騰	撰　　稿　　中
智　　　　　旭	熊　　琬	撰　　稿　　中
袾　　　　　宏	于　君　方	撰　　稿　　中
章　　太　　炎	姜　義　華	已　　出　　版
熊　　十　　力	景　海　峰	已　　出　　版

書　　　　名	作　　者	出　版　狀　況
梁　　漱　　溟	王　宗　昱	已　　出　　版
馮　　友　　蘭	殷　　　鼎	排　　印　　中
唐　　君　　毅	劉　國　強	撰　　稿　　中
龍　　　　　樹	萬　金　川	撰　　稿　　中
元　　　　　曉	李　箕　永	撰　　稿　　中
休　　　　　靜	金　煐　泰	撰　　稿　　中
知　　　　　訥	韓　基　斗	撰　　稿　　中
道　　　　　元	傅　偉　勳	撰　　稿　　中
李　　栗　　谷	宋　錫　球	撰　　稿　　中
李　　退　　溪	尹　絲　淳	撰　　稿　　中
伊　藤　仁　齋	田　原　剛	撰　　稿　　中
山　鹿　素　行	劉　梅　琴	已　　出　　版
山　崎　闇　齋	岡　田　武　彥	已　　出　　版
三　宅　尙　齋	海老田輝已	撰　　稿　　中
中　江　藤　樹	木　村　光　德	撰　　稿　　中
貝　原　益　軒	岡　田　武　彥	已　　出　　版
荻　生　徂　萊	劉　梅　琴	撰　　稿　　中
富　永　仲　基	陶　德　民	撰　　稿　　中
楠　本　端　山	岡　田　武　彥	排　　印　　中
吉　田　松　陰	山　口　宗　之	已　　出　　版
西　田　幾　多　郎	廖　仁　義	撰　　稿　　中
柏　　拉　　圖	傅　佩　榮	撰　　稿　　中
亞　里　斯　多　德	曾　仰　如	已　　出　　版

世界哲學家叢書 (四)

書　　　　　名	作　　者	出　版　狀　況
聖　奧　古　斯　丁	黃　維　潤	撰　稿　中
聖　多　瑪　斯	黃　美　貞	撰　稿　中
笛　　卡　　兒	孫　振　青	已　出　版
斯　賓　諾　莎	洪　漢　鼎	排　印　中
洛　　　　克	謝　啓　武	撰　稿　中
巴　　克　　萊	蔡　信　安	撰　稿　中
休　　　　謨	李　瑞　全	撰　稿　中
盧　　　　梭	江　金　太	撰　稿　中
康　　　　德	關　子　尹	撰　稿　中
費　　希　　特	洪　漢　鼎	撰　稿　中
黑　　格　　爾	徐　文　瑞	撰　稿　中
叔　　本　　華	劉　　東	撰　稿　中
尼　　　　采	胡　其　鼎	撰　稿　中
伊本・赫勒敦	張　小　鶴	撰　稿　中
祁　　克　　果	陳　俊　輝	已　出　版
約　翰　彌　爾	張　明　貴	已　出　版
馬　　克　　思	許　國　賢	撰　稿　中
狄　　爾　　泰	張　旺　山	已　出　版
韋　　　　伯	陳　忠　信	撰　稿　中
卡　　西　　勒	江　日　新	撰　稿　中
雅　　斯　　培	黃　　藿	撰　稿　中
胡　　塞　　爾	蔡　美　麗	已　出　版
馬克斯・謝勒	江　日　新	已　出　版
海　　德　　格	項　退　結	已　出　版
高　　達　　美	張　思　明	撰　稿　中

世界哲學家叢書 (五)

書　　　　名	作　者	出版狀況
漢娜鄂蘭	蔡英文	撰稿中
盧　　卡契	錢永祥	撰稿中
哈伯馬斯	李英明	已出版
馬利丹	楊世雄	撰稿中
馬塞爾	陸達誠	撰稿中
梅露·彭廸	岑溢成	撰稿中
德希達	張正平	撰稿中
呂格爾	沈清松	撰稿中
克羅齊	劉綱紀	撰稿中
懷德黑	陳奎德	撰稿中
卡納普	林正弘	撰稿中
卡爾巴柏	莊文瑞	撰稿中
柯靈烏	陳明福	撰稿中
穆爾	楊樹同	撰稿中
維根斯坦	范光棣	撰稿中
奧斯汀	劉福增	撰稿中
史陶生	謝仲明	撰稿中
赫爾	馮耀明	撰稿中
帕爾費特	戴華	撰稿中
魯一士	黃秀璣	撰稿中
珀爾斯	朱建民	撰稿中
詹姆斯	朱建民	撰稿中
杜威	李常井	撰稿中
史賓格勒	商戈令	已出版
奎英	成中英	撰稿中

書　　　名	作　者	出版狀況
洛　爾　斯	石元康	已　出　版
諾　錫　克	石元康	撰　稿　中
希　　　克	劉若韶	撰　稿　中
尼　布　爾	卓新平	撰　稿　中
馬丁・布伯	張賢勇	撰　稿　中
蒂　里　希	何光滬	撰　稿　中
德　日　進	陳澤民	撰　稿　中